LUTZ HACHMEISTER

HÔTEL PROVENÇAL

LUTZ HACHMEISTER

HÔTEL PROVENÇAL

Eine Geschichte der Côte d'Azur

C. Bertelsmann

MIX
Papier aus verantwortungsvollen Quellen
FSC® C014496

Penguin Random House Verlagsgruppe FSC® N001967

2. Auflage

Umschlaggestaltung: total italic, Thierry Wijnberg (Amsterdam/Berlin)
Umschlagabbildung: Antibes Travel Advertisement Poster by Roger Broders
© Swim Ink 2, LLC/Corbis via Getty Images
Lektorat und Satz: Ditta Ahmadi, Berlin
Reproduktionen: Aigner, Berlin
Druck und Bindung: GGP Media GmbH, Pößneck
Printed in Germany
ISBN 978-3-570-10432-3
www.cbertelsmann.de

Dieses Buch ist auch als E-Book erhältlich

INHALT

Diese besondere Küste

Amerikaner, Engländer, Franzosen, Deutsche, Schweden, Italiener. Liebeleien, Enttäuschungen, Streit, Versöhnung, Mord. Die Côte d'Azur erregte ihn, wie ihn kein anderer Ort der Welt, den er je kennengelernt hatte, erregen konnte. Und dabei war diese Biegung der Mittelmeerküste so winzig, an der die herrlichen Namen wie die Perlen einer Kette aufgereiht waren – Toulon, Fréjus, Saint-Raphaël, Cannes, Nizza, Menton und dann San Remo.

PATRICIA HIGHSMITH, *Der talentierte Mr. Ripley*

In Juan-les-Pins war ich zum ersten Mal im Februar 1989. Es war angenehm leer an den Stränden der Französischen Riviera. Graham Greene, dessen langjährige Geliebte Yvonne Cloetta in einer Villa oberhalb des Zentrums von Juan-les-Pins wohnte – er selbst bevorzugte von 1966 bis 1990 als Hauptwohnsitz ein unscheinbares Neubauappartement in Antibes – hatte über diese von allen Kundigen bevorzugte Nebensaison in einer Kurzgeschichte geschrieben:

> Das war die Jahreszeit, die ich am meisten liebe, wenn Juan-les-Pins so schäbig wird wie ein Vergnügungspark, in dem alle Buden mit Brettern verschlagen sind, wenn am Pam Pam und am Maxim Karten mit der Aufschrift »Fermeture annuelle« angebracht sind, und wenn der »Concours International Amateur de Striptease« im Vieux Colombier wieder für eine Saison vorüber ist.

Das sanfte Mittelmeer war unvermutet böse, die einzige Lokalzeitung, der *Nice Matin* – damals weit mehr als heute ein Revolverblatt mit wildem Layout –, berichtete über einen Rentner, den eine Flutwelle von der Seepromenade in Menton in den Vorgarten eines Restaurants gespült hatte, wo er nur noch tot geborgen werden konnte. Es waren auch die letzten Monate der alten Weltordnung, aber das konnte damals keiner wissen. Kurze Zeit später fiel die Berliner

Mauer, der »Ostblock« und der Warschauer Pakt brachen auseinander. Solche welthistorischen Umwälzungen kümmern die Côte d'Azur nicht, denn hier wechselt nur die Nationalität der vermögenden Investoren. Aktuell setzt man auf reiche Chinesen und Araber, in den 1990er Jahren dominierten unangefochten die russischen neureichen Oligarchen, »novarichs« wie Roman Abramowitsch mit seinem pompös renovierten Château de la Croë am Cap d'Antibes. Zuvor wohnten da Bauherr Sir Pomeroy Burton, Generaldirektor der Associated Newspapers, dann der Herzog und die Herzogin von Windsor sowie die griechischen Reeder-Tycoons Aristoteles Onassis und Stavros Niarchos.

Ich war – biografisch eher verspätet – zum ersten Mal an der Côte d'Azur. Sie erschien mir durch ihre filmischen Spiegelungen aber ziemlich vertraut: *Über den Dächern von Nizza, Swimmingpool, Und Gott schuf die Frau, Der Gendarm von Saint-Tropez, Lautlos wie die Nacht, Sag niemals nie, Nur die Sonne war Zeuge, Bonjour Tristesse, Zwei hinreißend verdorbene Schurken* und Hunderte von B-Movies mit deutschen Titeln wie *Nimm's leicht, nimm Dynamit* oder *Der Panther wird gehetzt.* All die Filmpaare – Alain Delon und Romy Schneider, Grace Kelly und Cary Grant, Lino Ventura und Françoise Fabian, Sean Connery und Kim Basinger –, die sich wiederum bruchlos mit der inzwischen untergegangenen Playboy-Szenerie mischten – Aly Khan und Rita Hayworth, Gunter Sachs und Brigitte Bardot, Danielle Darrieux und Porfirio Rubirosa (jener Playboy-Diplomat aus der Dominikanischen Republik mit dem klingendsten Namen, der sich für diese fast ausgestorbene Spezies nur denken lässt) sowie Aristoteles Onassis, auch kein schlechter Name, mal mit Maria Callas, mal mit Jackie Kennedy. In keiner anderen Landschaft der Welt, auch nicht in Kalifornien oder in der Normandie, überlagern und durchdringen Literatur, bildende Kunst und Film alle unmittelbaren Eindrücke und Assoziationen derart. Es handelt sich hier um eine unmittelbar fiktionalisierte Wirklichkeit.

Zunächst verbrachte ich einige Tage in der französisch-italienischen Grenzstadt Menton mit dem kleinen Friedhof der früh verstorbenen tuberkulosekranken Adligen oben am alten Schloss und den gigantischen Hotelpalästen der Belle Époque mit so luxurierenden

Namen wie »Winter Palace«, »Imperial«, »Hôtel d'Orient« – allesamt längst in Einzelappartements umgewandelt. Dann weiter nach Villefranche-sur-Mer zum Hotel Welcome, wo Jean Cocteau seinem Opiumkonsum frönte und die Rolling Stones als britische Steuerflüchtlinge in der Villa Nelcôte am gegenüberliegenden Cap noch härtere Drogen konsumiert und ihr Album *Exile on Main Street* komponiert hatten. Weiter nach Monaco, das mit seiner Mischung aus dem übermediatisierten Fürstenhaus und den Hochhausbatterien eher uninteressant schien, vorbei an Nizza, der Kapitale des Département Alpes Maritimes, die ich erst später en détail kennenlernen sollte, schnell vorbei auch an der Altstadt von Antibes getreu der alten, Alexandre Dumas zugeschriebenen Anekdote: »Wie fanden Sie Antibes?« – »Ich habe es überhaupt nicht gefunden.« Und dann Juan-les-Pins.

Juan-les-Pins, knapp 5000 ständige Einwohner, verwaltungstechnisch von jeher ein Teil von Antibes, seit seiner Gründung 1882 aber ein seltsamer Ort, eine Art Resort für Körperkult, Fun und Games mit ausgeprägtem Eigenleben, erwähnt in einem Popsong, der zu Beginn der 1970er Jahre weltweit von den Radiosendern immer wieder gespielt wurde: Peter Sarstedts »Where Do You Go To My Lovely«. Es geht darin um eine gewisse Marie-Claire, die aus der leeren Welt der Schönen und Reichen befreit werden soll. In der Juan-les-Pins betreffenden Stelle heißt es:

When you go on your summer vacation you go to Juan-les-Pins
With your carefully designed topless swimsuit
You get an even sun tan, on your back and on your legs[1]

Beim Hören des mit eingängigen Akkordeonklängen unterlegten Songs hatte ich mich des Öfteren gefragt, wie ein »carefully designed topless swimsuit« aussehen mochte – gemeint war wohl der von Rudi Gernreich erfundene Monokini –, und auch Sarstedts Refrain

But where do you go to my lovely
When you're alone in your bed
Tell me the thoughts that surround you
I want to look inside your head, yes I do[2]

erschien mir etwas rätselhaft. Klang das nicht irgendwie nach einem unangenehmen und gefährlichen Stalker?

Aber der Name Juan-les-Pins war hängen geblieben, obwohl Sarstedt ihn kaum auszusprechen verstand – es klang irgendwie wie »Janlepon«, hatte aber etwas von Glamour, Verruchtheit und Luxus.[3] Diese vage Verheißung war der eine Grund für meinen Aufenthalt in Juan-les-Pins, der andere und eher handfeste Christian Plumails Auberge de l'Esterel, ein kleines Restaurant mit einem Michelin-Stern und günstiger Übernachtungsmöglichkeit. Die Restaurantführer lobten das unschlagbare Preis-Leistungs-Verhältnis bei gleichzeitig ungewöhnlich kreativer Kochleistung. So war es auch, 150 Franc – auf heutige Verhältnisse umgerechnet 25 Euro – für vier Gänge mit einem umwerfenden Dessert schwerster Schokokompositionen.

Am Tag nach meiner Ankunft machte ich mich auf, den kleinen Ort zu erkunden, der seinen einzigartigen Aufstieg zum Vergnügungszentrum der Côte d'Azur im 20. Jahrhundert – lange vor Saint-Tropez – einem makellosen Sandstrand verdankte, über den Monaco oder Nizza nicht verfügen. Unbestrittener Mittelpunkt von Juan-les-Pins ist der Carrefour de la Joie, eine Straßenkreuzung, an der sich mit dem »Le Crystal« und dem »Pam Pam« zwei Bars der 1920er und 1930er Jahre bis heute gehalten haben. Davor, von Westen aus zum Strandboulevard verlaufend, eine Batterie von weniger exklusiven Snackbars und Boutiquen mit Namen wie »Hysterica«, »Weekend à la mer« oder »Interdit de me gronder«. Gegenüber die alte Pressebuchhandlung und das architektonisch schwer verunglückte, postmoderne Hotel Garden Beach, damals noch mit dem Spielcasino, einst angeblich das eleganteste an der gesamten Küste. Daneben das Pinienwäldchen, das dem Ort den seltsamen Namen gab, und darüber thronend ein riesiges weißes, offenbar leerstehendes Gebäude in einem undefinierbaren Architekturstil, einer Mischung aus Stahlbeton-Gigantismus und neoprovenzalischer Ornamentik. Kein Hinweis, kein Name an diesem Bauwerk, das aussah wie ein im Wald gestrandeter Ozeandampfer.

Ich umrundete den rätselhaften Bau mehrfach und wandte mich schließlich an ortskundige Passanten. Es handele sich, so erfuhr ich, um das ehemalige Luxushotel Le Provençal, das nach seiner Einwei-

Das »Provençal«, 1927 eröffnet, war über fünf Jahrzehnte Geschäftsmotor und Kommunikationszentrum des Seebads Juan-les-Pins. Architekt Lucien Stable hatte 1920 die École des Beaux-Arts in Paris absolviert und war auch für die Konstruktion des Hotels Georges V. an der Croisette in Cannes verantwortlich. Die Fassade des »Provençal« hat zwar Art-déco-Anklänge, aber es war in seiner stilistischen Melange nicht resolut modern; in der Innenausstattung fanden sich provenzalische Lüster und Freskenmalereien des Genueser Künstlers David Dellepiane. Auffällig waren die im Vergleich zu den Belle-Époque-Palästen eher schlichten Zimmer; die mehr oder weniger betuchten Gäste sollten sich hauptsächlich am Strand und vor allem im Spielcasino aufhalten.

hung 1927 als die modernste und aufregendste Herberge der Côte d'Azur galt: 280 Zimmer, in denen Größen wie Winston Churchill, Charlie Chaplin, Lilian Harvey und Jack Warner logierten. Mit rund 350 Angestellten war das Haus der mit Abstand größte Arbeitgeber in Juan-les-Pins. Unvergessliche Galas, schrille Misswahlen und Musikwettbewerbe fanden hier statt. In den 1960er Jahren beherbergte das »Provençal« dann Jazzgrößen wie Dizzy Gillespie, Sidney Bechet und Miles Davis, nachdem 1960 in Juan-les-Pins das erste europäische Jazzfestival ins Leben gerufen worden war – Reminiszenz an das Jazz Age der 1920er Jahre, als Pablo Picasso, Cole Porter, F. Scott Fitzgerald, Ernest Hemingway, Sara und Gerald Murphy und Dutzende andere Künstler und Intellektuelle den Ort und das benachbarte Cap d'Antibes zu einer Art Montparnasse-sur-Mer gemacht hatten. 1977 sei das »Provençal« dann von seinem neuen Besitzer, dem reichen Pariser Juwelier Alexandre Reza, von einem Tag auf den anderen geschlossen worden. Ein Skandal! Die Hinrichtung von Juan-les-Pins! Eine Schande!

Bei meinem ersten Besuch war das »Provençal«, von dessen Rotunde aus man bei klarem Wetter die vorgelagerten Lerinischen Inseln Sainte-Marguerite und Saint-Honorat und sogar Korsika sehen kann, seit dreizehn Jahren geschlossen. Das war schon deshalb reichlich merkwürdig, weil das Hotel an der übergangslosen Grenze zwischen Juan-les-Pins und dem von zahlreichen Milliardären, Oligarchen, Waffenhändlern und Edelganoven bewohnten Cap d'Antibes an einem der teuersten Küstenabschnitte der Welt liegt. Es ging bei dieser Investmentaffäre offenbar nicht nur um das Hotel selbst, sondern um das immense Areal drumherum: zwei vorgelagerte Villen direkt am Meer, auch verfallen, das alte Château Saint-Georges für besondere Gäste, Gesindehäuser, eine Art-déco-Garage mit Appartements darüber – ein ganzes Stadtviertel an der Grenze zum Cap d'Antibes.

Entwickelt hatte dieses Viertel Frank J. Gould (1877–1956), US-Multimillionär und jüngster Sohn des berüchtigten ultravermögenden »Raubritters« Jason Gould, des seinerzeit meistgehassten Unternehmers der USA. Vater Gould hatte ein Vermögen mit dem Bau von Eisenbahnen und Telegrafie-Einrichtungen, Presse-Organen und

Wall-Street-Manipulationen gemacht. Sein Sohn Frank Jay, ein hochgewachsener, hagerer Mann mit markanter Nase, der gern und oft in den Gazetten karikiert wurde, baute das bis 1918 vor sich hin dämmernde Juan-les-Pins mit anderen Investoren zum »Resort« mit Spielcasino, Nobelrestaurants, Tennisplätzen und eben dem zentralen Hotel aus. Schon 1913 verlegte er seinen Wohnsitz von New York nach Frankreich, investierte in die Pferdezucht von Maisons-Laffitte bei Paris, überdies in Papier- und Schokoladenfabriken, besaß bald ein Château in der Normandie, eine Villa in Vichy, war Eigentümer von Hotels und Restaurants in Houlgate, Bagnoles de l'Orne und Évreux und versuchte aus Granville am Ärmelkanal – vergeblich – das »Monaco des Nordens« zu machen. Die Côte d'Azur entdeckte Frank J. Gould 1923 auf der Hochzeitsreise mit seiner dritten Ehefrau Florence, geborene La Caze, einer fantastisch gutaussehenden, feierwütigen und in jeder Hinsicht freigiebigen gelernten Opernsängerin, Salonnière und Literaturmäzenin.

Inzwischen steht das »Provençal« seit 44 Jahren leer. Die Ruine und der sie umgebende Ort sind zu einer Attraktion des Dark Tourism geworden, dessen Anhänger den »ghosts of places«, so der Soziologe Michael Mayerfeld Bell, nachspüren – dem subtilen Einfluss der anwesend Abwesenden. Dass die Côte d'Azur eine lebensphilosophische Projektion ist – im Sinne einer über das ursprünglich Landschaftliche hinausweisenden kulturell-soziologischen Persona –, hat schon der deutsche Publizist Alexander Moszkowski in seiner Autobiografie *Das Panorama meines Lebens*, die 1925 in Berlin erschien, gut beschrieben:

> Der landschaftliche Reiz ist hier nicht das Wesentliche. Der verträgt bis zu gewissem Grade eine Analyse, er läßt sich auf Bekanntes zurückführen, mit anderem Landschaftlichen vergleichen; und ein Globetrotter dürfte mir leicht beweisen, daß der Rivierareiz, nach malerischen und pflanzlichen Momenten beurteilt, keine besondere Vorrangstellung in der Welt zu beanspruchen hat. Aber die sichtbare Landschaft ist hier nicht die Grundursache, sondern nur eine begleitende Bedingung des Effektes, deren wahre Ursächlichkeit gänzlich unerforschlich bleibt. Das Kantische

»Ding an sich« findet sein Gegenstück in einem »Zauber an sich«, der als das Letzte und Wesentliche sich hinter den Erscheinungen verbirgt und sich nur erahnen läßt, wenn man von diesen alles sinnlich Erfaßbare fortdenkt.

Bei allen erkenntnistheoretischen Reflexionen über den »Zauber an sich« verdankt sich die Entwicklung von Juan-les-Pins doch der Kombination aus einem relativ unberührten, tourismusökonomisch ausbaufähigen Landstrich zwischen Antibes und Golfe-Juan mit dem Amerikanisierungsschub in den 1920er Jahren, angelehnt an die Resorts in Florida und Kalifornien, mit Flapper Girls, Dancings, Gambling und frühen Automobilrallyes. Juan-les-Pins wurde ein doppeltes Gegenmodell an der Côte – gegen die existierenden Adelsrefugien wie Nizza und Cannes, aber auch gegen den lieblich-friedvollen Midi im Allgemeinen. Alles war aufregend und neu, und ein Verfallsdatum für diesen Hotspot schien bis in die 1980er Jahre nicht absehbar. 1989 waren die Fenster des »Provençal« noch intakt, wurde das Ganze bewacht von einem Mann mit einem kleinen Sohn und einem Dobermann. Nun gibt es nur noch das halbwegs intakte Stahlbetongerippe. Das alte Hotelgebäude darf nicht abgerissen werden, die Fassade steht unter Denkmalschutz.

Zehn Jahre nach meinem ersten Besuch habe ich die Geschichte dieses Luxushotels in einem Film dokumentiert. Der Eigentümer Alexandre Reza, berühmt geworden als der angeblich »letzte Juwelier von Lady Di«, kam damals zu meinem Erstaunen für ein Interview extra aus Paris angereist und präsentierte mit Verve seine umfangreichen, ausgefeilten Umbaupläne, die aus seiner Sicht von rückständigen lokalen Bürgerinitiativen sabotiert wurden. In weiteren Interviews äußerten sich Jean Leonetti, der Bürgermeister der Gemeinde Antibes – das ist er noch heute – und kurzzeitig französischer Europaminister unter Nicolas Sarkozy, sowie einige Besitzer und Direktoren umliegender Luxushotels wie dem »Belles Rives«, dem »Juana« und dem Grand Hôtel du Cap, Letzteres im Luxusportfolio der deutschen Oetker-Gruppe.[4] Dort steigen während der Filmfestspiele von Cannes Stars wie Robert De Niro, Lars von Trier oder Sharon Stone ab. Ferner kamen ehemalige Hotelangestellte und »Mamo«, der quirlige Prominentenrestaurateur von Antibes, der alle und jeden kennt, sowie Lokalhistoriker und andere Spezialisten zu Wort.

2007 folgte ein weiterer Film über das Cap d'Antibes und seine vermögenden Bewohner. Boris Beresowski, der Mann, der Wladimir Putin ins Amt gebracht hatte und später sein erbittertster Gegner wurde, konnte nur in London interviewt werden und nicht in seinem Château de la Garoupe am Cap d'Antibes, da er von Interpol verfolgt wurde. Er war einer der Finanziers der Orangen Revolution in der Ukraine und damals noch quicklebendig. 2016 wurde er in seinem britischen Exil erhängt aufgefunden – Selbstmord oder eine perfide Aktion von Putins Geheimdiensten, das konnte bis heute nicht aufgeklärt werden.

Inzwischen war ich beruflich oder aus rein privatem Interesse wahrscheinlich mehr als hundertmal in Juan-les-Pins. Cannes erreicht man von dort in neun Minuten mit dem Zug, nach Nizza dauert es eine halbe Stunde. Man kann sich an einem der privat bewirtschafteten Strände des kleinen Ortes – etwa im »Les Pirates« mit seinen türkisen Sonnenschirmen – in aller Ruhe mit den Geistern der intellektuellen und künstlerischen Prominenz beschäftigen, die sich hier einst erholte – neben Hemingway, Fitzgerald und Picasso auch Marlene Dietrich, Bert Brecht, Klaus Mann, Walter Benjamin, Joseph Roth, Stefan Zweig, Lee Miller, Walker Evans, Man Ray –, oder auch mit den vielleicht noch spannenderen geisteshistorischen Konstellationen heute unbekannterer Zeitgenossen – Morphinisten, Transvestiten, Suffragetten.

Die kulturelle und finanzielle Kolonisierung der Französischen Riviera kann anhand der Geschichte von Juan-les-Pins sehr präzise beschrieben werden, zumal der Ort wie kein anderer für den schnellen Wechsel von der adligen Winterkultur mit vornehmer Blässe und den Promenaden mit Sonnenschirm am Strand zur Coco-Chanel-Bräune, zur Bikinischau, zur Körperexzentrik steht – und zu Sexismus und Äußerlichkeiten aller Art. Sieht man von der unmittelbaren Gründungsphase ab, hat es nie irgendeine Art von Architekturplanung für Juan-les-Pins gegeben, und so ist der Ort stets eine Baustelle für die Geschichte der Französischen Riviera geblieben, die »zugleich eine Gegend und ein soziologisches Phänomen« ist, wie Agnès

Varda es im Begleitbuch ihres mittellangen Filmessays *Du côté de la côte* formulierte, den das Office National du Tourisme 1958 finanzierte.

Das Schicksal des »Provençal«, die Geschichte von Juan-les-Pins und die des Cap d'Antibes stellen so etwas wie spezielle Sonden für die Côte d'Azur dar mit Einblicken, die über die konventionellen Reiseführer mit ihrer traditionellen Tour von Marseille nach Menton hinausgehen. Juan-les-Pins wurde nach dem Ersten Weltkrieg *das* Emblem für die kulturelle, künstlerische und architektonische Modernität an der Côte, die nach 1945 eine Zeitlang nicht mehr en vogue war, weil die neuen Block- und Riegelbauten entlang der Küste eher eine nostalgische Wendung zur Belle Époque bewirkten – von Kunstmarkt und Diskokultur einmal abgesehen. Erst 1997 veranstaltete das Departement Provence-Alpes-Côte d'Azur jene zentrale und übergreifende Ausstellung *La Côte d'Azur et la Modernité,* in der Malerei, Design, Film, Fotografie, Gartenbaukunst und Tanz Beachtung fanden. Signifikante Bauwerke wie Robert Mallet-Stevens' Villa Noailles in Hyères, das »Gloria Manson« in Nizza oder Eileen Grays Wohnhaus E.1027 in Roquebrune-Cap-Martin wurden restauriert, und in den letzten Jahren entstand sogar eine – privat organisierte – Besichtigungstour zu den Art-déco-Bauten in Juan-les-Pins und am Cap.[5] Die moderne Côte d'Azur bildet einen scharfen Gegensatz zu den bekannten Provence-Klischees mit den Lavendelfeldern, Bastides, Töpferarbeiten und Bauern mit gelben Gitanes im Mundwinkel,[6] auch wenn die Übergänge fließend erscheinen. An der Côte dominiert das Flair des Halbkriminellen, Demi-Mondänen, ostentativ Luxurierenden. »Die französische Riviera ist Matisse und Picasso, nicht Cézanne und van Gogh«, so hat es bereits 2009 Julian Hale in seiner Kulturgeschichte der Côte formuliert (erschienen in der Oxford-Reihe *Landscapes of the Imagination*); »es gibt Jachten und Speedboote, keine Barken und Jollen. (...) Es gibt Filmstars und Rockmusiker, keine Stierkämpfer und tote Päpste.«

1931, als Juan-les-Pins von der damals führenden französischen Glamourzeitschrift *L'Illustration* zur Kapitale der neuen Unisex-Pyjama-Mode ausgerufen und hier gerade das Wasserskifahren in Europa populär wurde, veröffentlichte der Münchener Piper Verlag *Das Buch von der Riviera* mit betont legeren Texten von Erika und

Klaus Mann. Das *Riviera*-Buch erschien in der Reihe *Was nicht im Baedeker steht,* war also eine Art Vorläufer der »alternativen Reiseführer«. Die literarischen Geschwister nahmen das Projekt nicht sonderlich ernst, entledigten sich ihrer Aufgabe aber mit Eleganz und im lässigen Kumpelstil des Weimarer Feuilletons. In dem Buch werden die Grand Tour des 19. Jahrhunderts von Marseille bis zum Golf von La Spezia beschrieben, eine Reihe angesagter Hotels und Tanzbars aufgeführt und die bis heute aktuelle Frage aller Fragen gestellt: »Woher kommt der große Ruhm dieser blauen Küste? Warum blieb die Côte d'Azur über Jahrzehnte *der* Vergnügungs- und Erholungsstrand des Kontinents und der Welt?« Inzwischen kommt man schneller nach Bora-Bora, Patagonien oder auf irgendeine exotische karibische Insel, doch die Riviera hat ihren Statuswert als Reiseziel eher noch gemehrt.

Bei aller Begeisterung über das rot schimmernde Esterel-Gebirge, die drei grandiosen Corniches zwischen Nizza und Menton, putzige Künstlerdörfer wie Mougins und Saint-Paul-de-Vence oder karibisch anmutende Inselparadiese wie Porquerolles und Port-Cros sollte nicht vergessen werden, dass die Côte seit Jahrzehnten politisch rechts steht, sogar weit rechts außen. Es gibt einen engen Zusammenhang von lokalen Potentaten, Mafia-Organisationen aller Spielarten, Spekulanten und gewöhnlichen Schwerkriminellen. Als Albert Spaggiari, ein bekennender Fan der deutschen SS, nach dem »Bankraub des Jahrhunderts« (1976) auf rätselhafte Weise aus dem Justizpalast in Nizza entkam, war sein Anwalt Jacques Peyrat, der aus dem Milieu des Front National stammt und später über Jahre Bürgermeister von Nizza war, erkennbar nicht unfroh über die spektakuläre Flucht seines Klienten nach Südamerika. Dorthin war auch Peyrats Amtsvorgänger Jacques Médecin 1990 nach anhaltenden Korruptionsvorwürfen Hals über Kopf geflüchtet. In Nizza ist »Jacquot« Médecin heute noch sehr beliebt. Sein Buch über die provenzalische Küche mit der Anleitung, wie die echte Salade niçoise zubereitet wird, gilt nach wie vor als Standardwerk. Darüber hinaus war der unscheinbare Käsehändler neben dem Bahnhof von Juan in einen spektakulären Mordfall verwickelt, bei dem 1999 einige Mafiosi enthauptet und zerteilt in Müllsäcken im Hinterland aufgefunden wurden. Selbst im kleinen Juan-les-Pins gab es eine Zelle der brutalen italienischen 'Ndrangheta.[7]

Überdies ist die Französische Riviera ein Tummelplatz für Diktatoren und Autokraten aller Art – von Ben Ali (Tunesien) über Omar Bongo (Gabun) bis hin zu »Baby Doc« Duvalier (Haiti), der allerdings vor seiner kurzzeitigen Rückkehr auf seine Heimatinsel in einem billigen Hotel in Mougins logieren musste. Unrechtmäßig erworbenes Vermögen wird hier in Villen und Jachten investiert, denn üblicherweise recherchieren französische Untersuchungsrichter zurückhaltend, wenn es um »biens mal acquis« – schlecht erworbene Güter – geht. Der blutig regierenden saudischen Königsfamilie, die missliebige Journalisten schon einmal foltern oder gar zerstückeln lässt, gehören ausgedehnte Ländereien in Golfe-Juan rund um das Château de l'Horizon, das 1932 von Barry Dierks für die US-Schauspielerin Maxine Elliott erbaut wurde, ebenso das neomaurische Château Robert, heute eine gigantische Ruine und einst von Emil Jellinek bewohnt, dem Namensgeber der Daimler-Marke »Mercedes«.

Der kriminelle Hintergrund der Côte muss den gewöhnlichen Touristen nicht kümmern, und Hollywood-Stars werden während der Filmfestspiele von Cannes gewöhnlich verschont. Dennoch lösen die vermehrten Raubüberfälle auf Ferienappartements, bei denen die Bewohner schon einmal mit Betäubungsgas außer Gefecht gesetzt werden, Beunruhigung aus. Nachdem die Tochter seiner Geliebten Yvonne Cloetta einen Mann aus dem »Milieu« geheiratet hatte, der sie offenbar drangsalierte, hat Graham Greene, der Amateurspion und feinsinnige Autor von Bestsellern wie *Unser Mann in Havanna* oder *Der stille Amerikaner*, in dem 1982 verfassten Pamphlet *J'accuse* gewarnt: »Vermeiden Sie die Gegend um Nizza – sie ist das Revier einiger der kriminellsten Organisationen im Süden Frankreichs.« Greene verursachte damit zunächst einigen Wirbel bis hinauf zum französischen Justizminister, schließlich war der damals bereits 77-Jährige nicht irgendwer, aber Nizzas Bürgermeister Médecin kehrte den Spieß einfach um und beschimpfte – mit dem *Nice Matin* im Rücken – den ewigen Kandidaten für den Literaturnobelpreis als »alten Spinner« und weltfremden Ausländer, der sich nie in die spezifische Atmosphäre der Côte habe einfinden können.

Die Nobelpreise erhielten, was die Côte d'Azur anlangt, dann zwei eher zurückhaltende Charaktere: zunächst im Jahr 2008 Jean-Marie

Gustave Le Clézio aus Nizza, bekannt als J. M. G. Le Clézio, und 2014 Patrick Modiano, dessen Romane *Sonntage im August* und *Hochzeitsreise* unter anderem durch ausgezeichnete Recherchen glänzen und einen bemerkenswerten Einblick in das Vichy-Regime an der Côte und die deutsch-italienische Besatzungszeit gewähren. Modianos *Hochzeitsreise* spielt in einem kardinalen Kapitel im »Provençal«, das auch in zahlreichen weiteren Romanen und Spionagestorys von Georges Simenon bis zu Jean-Paul Sartre oder Irwin Shaw vorkommt.

Die klassische Riviera gibt es kulturhistorisch seit dem 18. Jahrhundert, kolonisiert zunächst von reichen Engländern und russischen Adligen, die Côte d'Azur gibt es erst seit 1887, jedenfalls begrifflich.[8] Das wissen wir ziemlich genau, denn Stéphen Liégeard, ein Regionalpolitiker mit literarischen Neigungen, hat in jenem Jahr ein blumiges 630-Seiten-Werk mit dem Titel *La Côte d'Azur* publiziert und damit eine bis heute gültige landschaftliche Weltmarke erfunden. Originell war der Titel nicht, denn das Azurblau unter den Blautönen findet man schon in Théodore de Banvilles Buch *La mer de Nice* (1865).

Liégeard, schwer begeistert von der Sommerfrische der Adligen und dem sanften Klima der Provence und ihrer langen griechisch-römischen Kolonisationsgeschichte, vermischte für seine Côte-Geschichte munter Zeithistorie, Landschaftsekstase und Legenden, wobei er es mit den Fakten nicht so genau nahm, aber eine für die Belle Époque attraktive Lektüre schuf. Allein dreißig Seiten schrieb er über die Lerinischen Inseln vor Cannes, über die mönchische Kultur auf der Insel Saint-Honorat und das Staatsgefängnis auf der Insel Sainte-Marguerite, wo der »Mann mit der eisernen Maske« gefangen gehalten wurde und aus dem 1874 der Marschall Bazaine, der »Verlierer von Metz« im Deutsch-Französischen Krieg, unter suspekten Umständen entkam. Neben den ausschweifenden Beschreibungen von Villenarchitektur und Botanik fehlte das Politische in Liégeards Werk durchaus nicht: Napoleon III. hatte zwar bedauerlicherweise den Krieg von 1870/71 gegen die Bismarck-Koalition verloren, aber 1860 erreicht, dass Nizza als Hauptort des Département Alpes-Maritimes französisch wurde – bis dahin war es Teil des Königreichs von Savoyen und Sardinien. Im Gegenzug hatte der französische Kaiser die Entstehung des neuen italienischen Nationalstaats unterstützt.

Wer würde von der Schönheit der neu entdeckten Küstenregion der Côte d'Azur ökonomisch profitieren, nachdem sie durch den Bau schneller Eisenbahnverbindungen noch an Attraktivität gewonnen hatte? Die Hotellerie und das Gastgewerbe machten nun jedenfalls auch jenseits des Hochadels Angebote an das vermögende Bürgertum und expandierten in dieser von der »industriellen Revolution« noch unberührten Gegend gewaltig. Und auch Liégeard hatte begriffen, worum es ging. Über Juan-les-Pins, das kurz vor Erscheinen seines Buches überhaupt erst als Name auf der Landkarte erschienen war, schrieb er in der zweiten Auflage seines Werkes:

> Eine Viertelstunde von dem kleinen Hafen entfernt, wo die Tartanen die Töpferwaren aus Vallauris an Bord nehmen, zweigt eine neue Straße ab nach Juan-les-Pins. Auf feinem Sand verläuft sie entlang des schaumbekrönten Saums, mit dem das Meer sie liebkost, während das Zwitschern der Vögel und der Schirm der ausladenden Pinien ihr Schatten und Fröhlichkeit spenden. (...) Eine Aktiengesellschaft wurde gegründet, die das Land aufkauft und parzelliert. Schon sind Straßen und Boulevards trassiert, ein Bahnhof hemmt den Reisenden in seiner Fahrt, ein Hotel umwirbt ihn. Doch wird sich der Reisende auch verführen lassen?

Mit dem Hotel meinte Liégeard das erste Grandhotel in Juan-les-Pins, wo es zuvor nur die Künstlerpension Château de la Pinède mit ihrem markanten oktogonalen Turm gegeben hatte. Diese älteste Villa auf dem Terrain des Städtchens steht wundersamerweise noch heute – neben einem pyramidal anmutenden Komplex aus den 1970er Jahren –, ist aber inzwischen in teure Einzelwohnungen aufgeteilt worden. Claude Monet wohnte hier 1888, als er seine berühmten impressionistischen Bilder vom Cap d'Antibes und dem menschenleeren Strand von Juan-les-Pins schuf. Empfohlen hatte ihm die Unterkunft sein Künstlerfreund, der Flaubert-Schüler Guy de Maupassant, damals ein ungeheuer populärer Literat. Wie Monet steht Maupassant für die künstlerische Drift von der Normandie in die wärmeren Gefilde der Côte d'Azur. Jeder Lokalpatriot kennt heute Maupassants prophetische Sätze:

Das alte Grand Hotel von Juan-les-Pins aus den 1890er Jahren (oben) warb vorausschauend damit, dass es auch im Sommer geöffnet sei, als an der Côte noch die Wintersaison dominierte. Die verarmte Isadora Duncan residierte hier 1927 kurz vor ihrem spektakulären Tod an der Prom in Nizza, als sie in den Amilcar des Rennfahrers und Garagisten Benoît Falchetto stieg, sich ihr langer chinesischer Seidenschal in der Hinterachse verfing und ihr Genick gebrochen wurde. Nach 1945 wurde der ursprüngliche Bau komplett abgerissen und das Hotel unter gleichen Namen in einem funktionalen Gebäude weitergeführt (unten), bis es in den 1970er Jahren vollständig verschwand. Heute steht an derselben Stelle der überdimensionierte Mischkomplex »Center Bay«.

> Von weitem sehen die Panzerschiffe wie Felsen aus, wie kleine Inseln, wie von abgestorbenen Bäumen bedeckte Klippen. Am Ufer entlang fliegt der Rauch eines Zuges, der von Cannes nach Juan-les-Pins fährt, das vielleicht später der hübscheste Badeort der ganzen Küste sein wird. Drei Tartaren liegen mit ihren romantischen Segeln, von denen eines rot und die anderen beiden weiß sind, im Fahrwasser zwischen Sainte-Marguerite und dem Festland vor Anker. Das ist die Stille, die süße und heiße Stille eines Frühlingsmorgens im Süden; und schon kommt es mir so vor, als hätte ich die Leute, die reden und umherhetzen, seit Wochen, seit Monaten, seit Jahren verlassen; ich spüre, wie der Rausch des Alleinseins in mich eindringt, der süße Rausch der Ruhe, die nichts stören wird, kein weißer Brief, kein blaues Telegramm, nicht die Klingel meiner Tür noch das Bellen meines Hundes.

Maupassant war mit seiner Jacht Bel Ami, die er 1885 gekauft hatte, an der Französischen Riviera entlanggesegelt und hatte sich auch eine Zeitlang in Antibes, in der Villa Muterse und im Chalet des Alpes an der Route de la Badine, niedergelassen. Viel schöpferische Zeit blieb ihm nicht mehr, er starb schon 1894 mit 44 Jahren an den Folgen der Syphilis. Und Juan-les-Pins wurde nie »der hübscheste Badeort«, wie er es prophezeit hatte.

Hübsch und lieblich war es dort vielleicht noch bis 1914, als der Weltkrieg zunächst einmal alle Spekulationsanstrengungen unterbrach. Als dann Mitte der 1920er Jahre mit Frank Jay Gould und Konsorten der wirkliche Boom einsetzte und die neuen Straßenzüge à la Miami Beach nur noch aus Hotels und Pensionen bestanden – innerhalb von zwei, drei Jahren waren es an die hundert –, spottete Jean Cocteau, aus Juan-les-Pins sei genau die Karikatur geworden, die es schon immer gewesen sei. 1939 ging er dann noch weiter. In einem Brief an seine Mutter bezeichnete er es als eine »ville atroce«, eine scheußliche Stadt. Dabei waren damals die meisten alten Villen noch nicht abgerissen, die den zeittypischen Appartementkomplexen der 1950er und 1960er Jahre Platz machen mussten, weil diese höhere Renditen für die Besitzer versprachen.[9]

1960 war das absurde architektonische Gesamtkunstwerk Juan-les-Pins mit seinen Art-déco-Bauten, den vereinzelt übrig gebliebenen Villen aus der Gründerphase und den vielen skurrilen Betonklötzen allerdings schon so musealisiert, dass dieser Wirrwarr neue Bewunderer fand. Der Fotograf Brassaï erinnerte sich an ein Gespräch unter den riesigen Pinien von Juan-les-Pins mit Henry Miller, der damals – wie übrigens auch Georges Simenon – Jurymitglied beim Filmfestival von Cannes war:

MILLER: »Ich mag diesen Ort. Ich verlasse mich stets auf meinen Instinkt, meine Gewohnheiten. Wenn ich in die Außenbezirke einer Stadt komme, erschnüffele ich, ob sie mir gefällt oder nicht, ob ich dort glücklich sein werde oder unglücklich. Ich habe das Gefühl, Juan-les-Pins wird mir guttun.«
BRASSAÏ: »Picasso hatte das gleiche Gefühl. In Paris hat er diese Stadt einmal gemalt, ohne sie je zuvor gesehen zu haben. Und als er 1920 zum ersten Mal herkam, sah er, dass Juan-les-Pins genau so war, wie er es sich vorgestellt hatte. Überwältigt rief er: ›Kein Zweifel, diese Stadt gehört mir!‹«

Andrew Loog Oldham, in den 1960er Jahren Manager der Rolling Stones, erinnerte sich an die Zeit, als er am Strand von Juan-les-Pins als Aushilfskellner in »Butler's Tea Room« – heute das zentrale Café de la Plage – gearbeitet hatte:

Juan war eine riesige Filmkulisse. Das Licht war unglaublich. Sie hatten da eine Art Licht, von dem England bis dahin nicht einmal wusste, dass es überhaupt existiert. Die Rock-'n'-Roll-Clubs waren fantastisch. Sie lagen alle unter freiem Himmel, versteckt hinter einer langen Hecke. Man konnte die Musik von der Straße aus hören. Nach Juan-les-Pins fuhren die französischen Rock-'n'-Roll-Stars im Sommer, weil das Publikum dort jünger war. Die französischen Rock-'n'-Roll-Stars waren großartig. Im Winter flogen sie zum Shoppen nach Amerika und behaupteten, sie gingen dort auf Tour.

Das ist Juan-les-Pins bis heute geblieben, »eine einzige Filmkulisse«, auch wenn dort keine Intellektuellen und Künstler mehr tanzen, sondern vor allem im Juli und August die Söhne arabischer und afrikanischer Potentaten ihre hochgetunten Lamborghinis und Bugattis röhren lassen. Zehn Monate im Jahr ist es allerdings sehr ruhig und angenehm dort, der eine oder andere Mafioso oder russische Oligarch schaut vorbei, auch Lady Gaga oder Pink beim modernisierten Jazzfestival im Schatten der Ruine des »Provençal«.

Nicht nur das »Provençal« ist heute verlassen, sondern auch ein Dutzend anderer Hotels: das Hôtel du Parc, ehemals »La Girelle«, das »Le Tropique«, das »Cyrano«, das Hôtel de France und andere mehr. Aus Juan-les-Pins ist eine leicht morbide *Stadt der toten Hotels* geworden, während auf der anderen Seite, Richtung Cap d'Antibes, die mondäneren Häuser wie das »Juana«, das »Belles Rives« oder das »Cap d'Antibes Beach«, einst das legendäre Barrestaurant Les Pêcheurs des Jachthafen-Moguls Camille Rayon, mehr denn je florieren, Oetkers Grand Hôtel du Cap ohnehin. Dorthin bringen Limousinenstaffeln mit dunkel getönten Scheiben Ehrengäste wie Jessica Chastain, Milutin Gatsby, Diane Kruger, Harvey Weinstein, Carine Roitfeld oder Nicole Kidman während des Filmfestivals von Cannes. Eine höhere Showbiz-Dichte als in Cannes gibt es – jedenfalls in Europa – kein zweites Mal. Alljährlich zum Filmfestival veröffentlicht das US-Wirtschaftsmagazin *Forbes* eine Liste der Gigajachten, die in der Bucht von Juan-les-Pins ankern (»billionaire superyacht showdown«): Abramowitschs »Eclipse«, die »Dilbar« von Alischer Usmanow, Generaldirektor von Gazprom, die »Sailing Yacht A« von Andrei Melnitschenko, der an diversen Industrieunternehmen Beteiligungen hält und dessen persönliches Vermögen rund 15,5 Milliarden Dollar beträgt, oder die »Odessa II« von Leonard Blavatnik, der zuletzt in den Sport-Streamingdienst DAZN einstieg und über ein persönliches Vermögen von 20,4 Milliarden Dollar verfügt.

Wie es zu dem rätselhaften Nebeneinander von architektonischem Verfall und Superluxus an der Côte d'Azur kam, davon handelt dieses Buch.

DIE UNERZOGENE

Die Anfänge von Juan-les-Pins und die Konkurrenzen an der Côte d'Azur

Der Commandant Camille Rayon hielt mit viel Champagner bewundernswert durch, vom Mittagessen bis zum späten Nachmittag. Wir trafen uns bei »Mamo«, Peppino Mammoliti, dem Prominentenwirt von Antibes, der den Kontakt angebahnt hatte. »Mamo« und der Commandant zeigten sich an diesem Tag zutiefst empört, weil gerade ein französischer Untersuchungsrichter Knall auf Fall die Villa des Waffenhändlers Arcadi Gaydamak, der mit »Angolagate« in die Schlagzeilen geriet, am Cap d'Antibes hatte abreißen lassen. Gaydamak hatte auf seinem Anwesen direkt neben den Quandts widerrechtlich einige unterirdische Etagen ausbaggern lassen – angeblich nebst »chambre du président«, das für keinen anderen als François Mitterrand reserviert war. Vor ihm hatten Ähnliches auch schon andere getan. Als die Quandts die Villa Aigue Marine 1962 erwarben, soll dort ein atombombensicherer Keller eingebaut worden sein. Kanzler Helmut Kohl und König Hassan II. von Marokko waren in der Villa zu Gast. Als Harald Quandt 1967 beim Absturz des firmeneigenen Jets auf dem Weg nach Antibes den Tod fand, beschlossen seine fünf Töchter, das Haus im Gedenken an den Vater nicht zu verkaufen.

Camille Rayon hat seine Kindheits- und Jugendjahre am Cap d'Antibes und in Juan-les-Pins verbracht, als es dort noch nicht einmal elektrischen Strom gab. Antibes war über Jahrhunderte eine kleine, solide und gut eingemauerte Festungsstadt an der Grenze zum Königreich Savoyen-Sardinien, aus dem später die italienischen Regenten bis 1945 hervorgehen sollten. Die Einwohnerzahl kam bis zum Beginn des 20. Jahrhunderts nicht über 5000 Seelen hinaus, die schmale Oberschicht der Guides, Muterses, Reibauds war miteinander verwandt oder verschwägert, und die berühmtesten Söhne der Festungsstadt waren Admiräle und napoleonische Generäle. In den wenigen Landvillen außerhalb der Festungsmauern führte man ein durchaus angenehmes Leben, aber anders als in Cannes, Monaco oder Nizza machte kaum ein gekröntes Haupt mitsamt Entourage in dem Ort Station. Dabei hatte man nicht nur das unvergleichliche Cap, sondern auch den einzigartigen Pinienwald zu bieten, der damals noch Pinède Agard hieß, benannt nach dem einzigen Großgrundbesitzer. Investoren, Notare und Spekulanten strömten erst herbei, nachdem die Festungsgrenze zu Nizza unter Napoleon III. mit dem Vertrag von Turin (1860) hinfällig geworden war, und sie sollten dem stolzen Antibes den Platz an der Sonne sichern, der ihm gebührte.

Der Feuilletonist Maurice Prax erinnerte sich einmal daran, dass ihm ein altes Amateurfoto, »datiert auf 1909 oder 1910«, in die Hände fiel und er sich darauf als kleiner Junge im Badekostüm entdeckte. Das Foto war am Strand von Juan-les-Pins aufgenommen worden, der damals »absolut verlassen« aussah – »vier miserable Kabinen, kein Spielcasino, nur ein kleines Bistro für die wenigen und zögernden Kunden, der Vermouth-Cassis kostete sieben Sous«. Ein paar Badekabinen mehr dürften es schon gewesen sein, schließlich war das durchaus respektable Grandhotel bereits 1894 eröffnet, im Jahr 1900 die Oratorianerkirche Notre-Dame de la Pinède eingesegnet worden, wenig später ein Waisenhaus (Orphelinat) hinzugekommen, und seit 1905 gab es sogar eine Apotheke gegenüber der im Mai 1895 eingeweihten kleinen Bahnstation, vor der gewöhnlich ein paar Pferdekutschen auf die Ankunft der vermögenden Villenbesitzer warteten. Der erste Apotheker Léon Fournet war – wie damals durchaus üblich – auch Lichtbildner und Fotolaborant. Seine Fotos vom frühen Juan-les-Pins sind ein wichtiges Zeugnis zur Entwicklung der neuen Winter- und Sommerfrische, der »station hivernale et balnéaire«.

Der Ortsname Juan-les-Pins, eine Kombination aus Golfe-Juan und Pinienwald, war allerdings recht seltsam zustande gekommen: Nicht der Stadtrat von Antibes hatte darüber entschieden, sondern der Verwaltungsrat der privaten Aktiengesellschaft Société foncière de Cannes et du Littoral (SFCL) auf seiner Sitzung am 12. März 1882 in Cannes. Das ist der Grund dafür, dass sich die Akten zur Gründung von Juan-les-Pins heute nicht im Stadtarchiv von Antibes, sondern im Departementsarchiv von Nizza befinden.[10]

Die SFCL war 1881 von der Cannoiser Bank Rigal mit einigen Notabeln aus Antibes und den umliegenden Orten im Département Alpes-Maritimes gegründet worden zu dem Zweck, möglichst günstig Ländereien zwischen Cannes und Nizza anzukaufen, die Entwicklung der Infrastruktur und die Parzellierung des Landbesitzes voranzutreiben und die Parzellen dann mit Gewinn zu veräußern. Aktionäre waren neben den Bankiers Rigal Père et Fils und ihrem Prokuristen Signoret unter anderen der Duc de Vallombrosa und der Prince d'Essling, vermögende Antibois wie die Familien Routan, Ardisson, Roubaud, die Pflanzenzüchterdynastie Vilmorin-Andrieux und vor allem der Architekt und Planer Claude Vidal, der 1882/83 kurzzeitig Bürgermeister von Antibes wurde, nachdem die SFCL den Amtsinhaber Édouard Olivier durch ihre Überrumpelungstaktik ziemlich gegen sich aufgebracht hatte. Olivier hatte im März 1882 aus der Zeitung erfahren müssen, dass auch die geplante neue Bahnstation den Namen »Juan les Pins« tragen sollte. Er hätte Bezeichnungen wie »La Pinède d'Antibes« oder »Les Pins d'Antibes« vorgezogen.

Der Pinienwald am Strand war für die Entwicklungsgesellschaft das zentrale Objekt der Begierde. Er gehörte dem vermögenden Antoine Agard aus Bar-sur-Loup, der im September 1849 im Alter von 44 Jahren die 19-jährige Alexandrine Emond d'Esclevin geheiratet hatte. Die Emond d'Esclevins waren eine jener Patriziersippen von Antibes, in deren Familienstamm sich mehrere Generäle und Admiräle finden ließen. Der berühmteste war Brigadegeneral Balthazar Joseph Emond d'Esclevin, Baron de l'Empire, tödlich verwundet in der Schlacht von Kulm 1813. Charles, der erste Sohn aus der Ehe von Antoine Agard und Alexandrine Emond d'Esclevin, war im Mai 1850 in New York in der Kirche St. Vincent de Paul zu Manhattan getauft worden – offenbar während einer USA-Reise seiner Eltern. Er wird später im Rahmen der Aktivitäten der Société foncière de Cannes et du Littoral Aktionär und zugleich Landverkäufer bei der Investmentgesellschaft.

Das im Volksmund Château Agard genannte Gutshaus der Agards war die einzige Villa auf dem heutigen Gebiet von Juan-les-Pins, der umliegende Pinienwald ein Ausflugsziel der Antibois, wo traditionell die Fête de St-Barthélemy gefeiert wurde mit gerösteten Schweinen, Lampions und provenzalischen Tänzen. Die 13-jährige Alice Guide schrieb im August 1872 in ihr Tagebuch:

> Was mich am meisten amüsiert hat, war, die Bauern tanzen zu sehen. Monsieur Agar (sic), auf dessen Eigentum das Fest stattfand, hatte eine Art Haus in der Luft erfunden, das heißt eine Art Balkon hoch in einem Baum, und die ganze Familie war in diesem Observatorium zugegen.

Monsieur Agard ging in die Kunstgeschichte ein, als er im Oktober 1867 seine Villa an Jean-Louis-Ernest Meissonier verpachtete, einen der damals berühmtesten französischen Landschafts- und Historienmaler. Mit Meissonier begann die Kunstgeschichte der Côte d'Azur, noch bevor sie so hieß. Er malte Olivenhaine, Ausritte vor den Festungsmauern von Antibes sowie bäuerliche Obst- und Gemüsehändler und etablierte den Ruf des Château Agard als Künstlerpension. Rund zwanzig Jahre später sollte sich hier Claude Monet einmieten. Seine Anfang 1888 gemalten flirrenden Bilder vom Pinienwald und die Stadtansichten von Antibes mit dem Alpenpanorama gehören heute zu den teuersten Gemälden des Impressionismus. Sein Zimmer im Château Agard beschrieb der damals 48-jährige Monet als einen »riesigen Raum mit Blick auf hübsche Gärten und das Meer«, aber die Pension an sich fand er »schrecklich, ein Haus für Maler: Vater Harpignies ist mit Schülern da, und dann ein Freund von Faure« (Jean-Baptiste Faure war der berühmteste Bariton der Zeit und ein großer Sammler von Monet und den Impressionisten).

Mürrisch, aber eifrig widmete sich Monet der Aufgabe, das für ihn überwältigende und verwirrende Licht von Antibes in seinen Bildern einzufangen, mitunter arbeitete er an vierzehn Gemälden gleichzeitig. Nach Meissonier, dem alten Harpignies und Monet kamen Dutzende von Malern nach Antibes: William Lamb Picknell, Fausto Zonaro, Eugène Boudin, Henri Zuber, Paul Signac, Henri-Edmond Cross, Albert Marquet und Pierre Bonnard, um nur einige zu nennen. Selten ist die Ansicht einer Kleinstadt in so verschiedenen Stilen gemalt worden – bis hin zu den einzigartigen Abstraktionen

Als Claude Monet 1888 *La Plage de Juan-les-Pins* malte, war der Strand noch menschenleer, und der Ort hatte erst seit sechs Jahren seinen Namen. Bis zum Ersten Weltkrieg kamen zwar ein paar Villen und neue Hotels hinzu, aber das Ganze machte eher den Eindruck eines verschlafenen Kurorts. Erst mit dem Jazz Age kam der Weltruhm als Emblem für *sex, sand & sea.*

von Nicolas de Staël, der sich im März 1955 vom Balkon seines Appartement im sonnigen Antibes auf die Straße stürzte und so seinem Leben ein Ende setzte.[11]

Der britische Reisechronist Augustus John Cuthbert Hare schrieb 1897 über seine Eindrücke von Juan-les-Pins: »Das Grandhotel liegt direkt am Meer und ist ideal für Künstler, die in der Nähe der Altstadt von Antibes arbeiten möchten, denn es liegt viel näher als das Hotel am Cap. Die Situation ist trostlos (dreary), aber man kann angenehme Spaziergänge ins Landesinnere unternehmen.« Die *Deutsche Rundschau für Geographie und Statistik* kam ein Jahr später zu einem anderen Urteil: »Wir kommen nach Juan-les-Pins, einem aufblühenden *health resort,* ausschließlich von Angloamerikanern aufgesucht, anmutig in einem Pinienwalde gelegen.«

Ob nun trist oder anmutig, die Aktivitäten der Société foncière ließen sich zunächst ganz gut an. Mit der Trassierung des Strandboulevards und der neuen, direkten Straße nach Antibes (heute Boulevard Wilson) ging es rasch voran. Aber dann kam der große Crash: 1884 ging die federführende Banque Rigal, das bis dato nobelste Finanzinstitut von Cannes, in dem überhitzten Investmentmarkt der Gründerzeit krachend pleite. Dabei war die Bank nicht einmal überschuldet, aber die Einnahmen aus den Landverkäufen deckten nicht den benötigten Cash Flow. In Cannes kam es zu einem Aufruhr der Gläubiger.

Die Abwicklungsprozesse der Société foncière sollten sich bis in die 1930er Jahre hinziehen. Es war nicht das Ende der Investments in Juan-les-Pins, bedeutete aber eine erhebliche Verlangsamung. Im Wesentlichen hielt die Familie Vilmorin das Projekt aufrecht, nachdem sich Pläne, mit britischen Investoren einen exklusiven Jachthafen zu bauen, zerschlagen hatten. Der Pariser Architekt Ernest Macé wurde schließlich zum neuer Hoffnungsträger. Er war der eigentliche, aber vergessene Gründervater von Juan-les-Pins, denn ihm gelang in einem nervenzehrenden Prozess im wahrsten Sinne des Wortes der entscheidende Durchbruch: die Schleifung der Festung von Antibes.

Antibes, Antipolis, die »Stadt gegenüber« (von Nizza), war seit ihrer Gründung im vierten Jahrhundert v. Chr. durch griechisch-kleinasiatische Phokäer aus Marseille im Laufe ihrer Geschichte immer wieder angegriffen und besetzt worden – von den Ligurern, den Römern, den Sarazenen und den Habsburgern. Seit dem vierten Jahrhundert nach Christus war sie Bischofssitz, bis dieser 1244 nach Grasse verlegt wurde und die Stadt in den Besitz der Genueser Grimaldis gelangte, wovon noch heute das Château am Meer kündet, in das nach dem Zweiten Weltkrieg das Picasso-Museum einzog, ein Touristenmagnet ersten Ranges. 1483 kam die Grafschaft Provence mit Antibes als östlichem Außenposten unter Ludwig XI. endgültig zum Königreich Frankreich. Ende des 17. Jahrhunderts war Antibes nahezu uneinnehmbar eingemauert, nachdem der königliche Militärstratege Sébastien Le Prestre de Vauban die vorhandene Festungsanlage gründlich modernisiert hatte. In den folgenden Jahrhunderten bezog die Stadt ihre Identität aus ihrer Rolle als französische Grenz- und Garnisonsstadt. 1815 machte sie von sich reden, als Napoleon Bonaparte, der aus dem Exil in Elba kommend mit einer kleinen Truppe Getreuer im Golfe-Juan eingetroffen war, brüsk der Zutritt verwehrt wurde.

»Gegenüber« von Antibes lag seit 1388 das savoyisch-piemontesische Herzogtum mit der Kapitale Turin, das in jenem Jahr die Grafschaft Nizza erwarb. Die Savoyer waren eine durchaus ernstzunehmende, aufstrebende und wehrhafte europäische Mittelmacht, deren Besitztümer sich vom Genfer See bis zum Mittelmeer erstreckten. 1720 nahmen sie den Titel »König von Sardinien« an. Als Nizza und große Teile Savoyens 1860 an Frankreich fielen, kam Antibes zwangsläufig die kulturelle und politische Festungsidentität abhanden. Ende der 1870er Jahre zählte man nur noch 5739 Einwohner, ein Verlust von 1090 Seelen gegenüber 1860. Die Festungsmauern blieben, doch die Posten in der Militärverwaltung fielen nun weg, und die kleine Antiboiser Oberschicht musste schmerzlich erfahren, dass die Stadt im Wettbewerb um den Nobel- und Gesundheitstourismus mit Menton, Hyères, Monaco und vor allem Cannes das Nachsehen hatte.

Menton, italienisch Mentone, das klassische Ziel für überwiegend englische und russische Tuberkulosekranke, erfuhr in der zweiten Hälfte des 19. Jahrhunderts einen kometenhafter Aufstieg. Gab es 1850 noch gar keine Winterkurgäste in Menton, zählte man 1862 schon 300 und 1869 gar über 1000 Familien, die den Winter im durch die Seealpen im Hinterland klimatisch bevorzugten Menton verbrachten. Während der Belle Époque, also Mitte der 1890er Jahre bis 1914, entstand hier eine – selbst nach den Maßstäben der Côte d'Azur – außerordentliche Zahl an Hotelpalästen. Zu den Herbergen, die nach 1945 größtenteils umgewandelt wurden in Eigentumswohnungen, gehörten der »Alexandra Palace«, der in den Wintern der 1880er Jahre auch schon einmal komplett an die Zarenfamilie Romanow vermietet wurde, das »Impérial«, das »Astoria«, das »Majestic«, der »Winter Palace«, der »Riviera Palace«, das Hôtel des Îles Britanniques, das »National«, der »Garavan Palace« sowie das Grand Hôtel des Ambassadeurs, das »Balmoral« und das »Royal Westminster«, die noch immer als Hotel fungieren. Ganz oben stand gewissermaßen das Hôtel du Cap Martin mit Privatsuiten für hochadlige Wintergäste wie die Kaiserin Eugénie, die Witwe Napoleons III. und letzte Monarchin Frankreichs, oder den österreichischen Kaiser Franz Joseph I. und seine Gemahlin Sissi.

Von Mitte der 1920er an ging es mit den Gästezahlen im Winter jedoch bergab, fraglos zurückzuführen auf die neue Wintersportmode in Megève oder Chamonix und die sich allmählich durchsetzende Sommersaison mit der neuen Konvention der drei S *(sea, sun, sand)*. Der Wechsel von der Winter- auf die Sommersaison war schnell, unaufhaltsam, ausnahmslos. Nach 1945 musste Menton sich ganz neu definieren. Die Einwohnerzahl war um ein Drittel von 21 000 (1939) auf 13 864 (1945) gesunken, die schweren Zerstörungen im italienischen Rückzugskampf konnten zum Teil erst Mitte der 1960er Jahre behoben werden. Die Luxusklientel aus der Vorkriegszeit hatte man an Monaco und Cannes verloren. Die Hotelpaläste der Belle Époque blieben für immer geschlossen, denn sie waren veraltet und ungeeignet für den modernen Hotelbetrieb.

Auch Hyères, oberhalb der Halbinsel von Giens und der Insel Porquerolles gelegen, war schon früh ein Ziel für Adlige, Reiche und Intellektuelle, wohl neben Nizza der älteste Winterkurort an der Riviera. Hier gab es bereits seit 1850 das Grand Hôtel des Îles d'Or. 1866 wurde eine ehemalige Bastide, das Château Filhe, zum Parkhotel umgebaut, das dann 1924 Scott und Zelda Fitzgerald auf ihrer ersten Riviera-Tour beherbergte. Hier kurten einst Königin Viktoria und

Goulds Erzfeind Cornelius Vanderbilt, der Großherzog von Luxemburg, Alexandre Dumas, Tolstoi, der tuberkulosekranke Schotte Robert Louis Stevenson und andere Schwindsüchtige. Sie stiegen ab in Nobelherbergen wie dem Grand Hôtel des Îles d'Or, dem »Continental«, dem Grand Hôtel des Palmiers, dem »Chateaubriand« und dem Hôtel d'Albion, alle zur Blütezeit von Hyères in den 1880er Jahren erbaut. Es folgten 1905 das »Golf Hôtel« und in den 1920er Jahren die oberhalb der Stadt von dem Architekten und Avantgardisten Robert Mallet-Stevens erbaute modernistische, heute als Kulturdenkmal klassifizierte Villa Noailles. Den Ansprüchen an die neuen Sommerresorts konnte das fünf Kilometer vom Meer entfernte Hyères dann nicht mehr genügen, und so wurde es vom alten Rivalen Nizza und den jüngeren Wettbewerbern distanziert – auch wenn die Fitzgeralds 1924 noch kamen. In den Krisenjahren nach dem Ersten Weltkrieg wurde ein großes Haus nach dem anderen geschlossen und Hyères zum »Friedhof der Luxushotels«. Heute ist die Kleinstadt vor allem im Winter ein verschlafenes Nest, wo zum Staunen der Touristen in der Altstadt sogar noch Einheimische leben.

Saint-Raphaël wiederum war durch das Engagement des Bürgermeisters Félix Martin und des Journalisten, Satirikers und Gartenbauers Alphonse Karr (1808–1890) aufgeblüht – von der Konkurrenz der nordfranzösischen Seebäder Deauville, Houlgate, Le Touquet, Villerville, Wimereux oder von Biarritz und Arcachon gar nicht zu reden.

Antibes konnte da nicht mithalten. Eine besondere Schmach erlebte es, als 1834 dem britischen Lordkanzler Baron Henry Peter Brougham (1778–1868) wegen einer Malaria-Epidemie die Weiterreise nach Nizza verwehrt wurde. Dem Baron war Antibes als Ausweichquartier empfohlen worden, aber er empfand die Stadt als düster und eng und investierte mit seinen britischen Adelsfreunden lieber in das beschauliche Fischerdorf Cannes. Vor Broughams Engagement hatte Cannes weniger Einwohner als Antibes, doch bis zur Jahrhundertwende schwoll die Einwohnerzahl rasch auf 23 000 an. Von Cannes breitete sich die Kolonie der Reichen bis nach Golfe-Juan aus, unter anderem durch den Kreis um die Salonnière, Schriftstellerin und Anti-Bismarck-Pamphletistin Juliette Adam (1836–1936), in deren Auffassungen sich feministische und rassistische Elemente seltsam verbanden.

Nach 1860 erschienen erstmals Propagandabroschüren und medizinische Schriften, in denen damit geworben wurde, dass das Mikroklima in Antibes noch gesünder, die Sonne noch strahlender sei als anderswo an der französischen Mittelmeerküste. Sehr kennzeichnend dafür ist der *Guide d'Antibes et ses campagnes/Quelques renseignements agricoles, d'histoire naturelle et les principaux usages ayant force de la loi/Vue générale de la ville d'Antibes et vue du Grand Hôtel du Cap*, im Jahr 1877 verfasst von einem gewissen J. B. Meiffret. Meiffret zählte verschiedene »herausragende Persönlichkeiten« auf, deren Name sich mit Antibes verband, und erklärte, dass die Umgebung »genauso heiter ist wie die Landschaft um Neapel oder in Algerien«, darüber hinaus verwies er auf die günstigen Grundstückspreise und das im Vergleich zu Nizza und Cannes viel angenehmere Klima. Die Stadt müsse sich nur wie »ein neuer Lazarus« aus der Totenstarre der Festungsmauern befreien, neben dem gerade eröffneten Etablissement am Cap brauche der Ort ein echtes Grandhotel, um mit Hyères-les-Palmiers, Cannes, Menton und San Remo mithalten zu können. Dann beschrieb Meiffret mit großer Freude zum Detail die bereits existierenden Villen – die Villa Guide, die Villa Muterse, die Villa du Général Vial, ferner die Villen »Marie Thérèse«, »Reibaud«, »Aimable«, »d'Andréossy«, erwähnte die im »neobyzantinischen Stil« erbaute Villa Agard im Pinienwald und die Villa Thuret des bedeutenden Botanikers Gustave Thuret in dem noch heute frei zugänglichen Landschaftsgarten am Cap und vergaß auch nicht die Villa des Chênes Verts des populären Dramatikers Aldophe d'Ennery zu erwähnen, in der später Jules Verne einige seiner Zukunftsromane zu gewinnbringenden Theaterstücken umschrieb, oder die Villa Eilenroc, die heute in kommunalem Besitz ist und ein beliebter Drehort für Riviera-Filme. Dort entstanden etwa Woody Allens *Magic in the Moonlight* und *Une chance sur deux* mit Belmondo und Delon.

Zu einem kulturhistorisch wertvollen Dokument wird Meiffrets 129-Seiten-Schrift aber erst dadurch, dass er auf das »Cap Ville« genannt Spekulationsprojekt hinwies, das 1864 entwickelt worden war und den Bau einer luxuriösen Kolonie für Wohlhabende nach dem

Die Villa Eilenroc, umgeben von einem elf Hektar großen Landschaftsgarten am Cap d'Antibes gelegen, in den 1860er Jahren von Charles Garnier konstruiert, ist seit 1982 nach einer Schenkung durch Lady Helene Beaumont (1895–1988) in kommunalem Besitz. Sie wird von der Stadt Antibes mitunter für Empfänge, Filmdrehs und private Festivitäten vermietet, wie auch die vergleichbaren Villen »Ephrussi de Rothschild« in Saint-Jean-Cap-Ferrat und »Kerylos« im benachbarten Beaulieu-sur-Mer (Bauherr war hier 1908 der Archäologe und Althistoriker Théodore Reinach); dort empfing 2019 der amtierende französische Präsident Emmanuel Macron den chinesischen Staatschef Xi Jinping. Für das politische Beeindruckungsmanagement sind diese Villen offenbar eher geeignet als die beengte Sommerresidenz der französischen Präsidenten an der Côte, das Fort de Brégançon gegenüber den Inseln von Hyères.

Vorbild von Cannes am Cap d'Antibes vorsah. »Der Baron von Fersen und Baron James Close waren sozusagen der Christoph Kolumbus von Cap d'Antibes«, so Meiffret euphorisch, leider seien beide mitten in ihren segensreichen Aktivitäten verstorben. James Close, einst Bankier des korrupten Königs Franz II. von Neapel, hatte sich schon 1864 am Cap d'Antibes niedergelassen.

Geblieben ist von alledem nur das Grand Hôtel du Cap, der gängigen Legende nach vom *Figaro*-Gründer Auguste de Villemessant einst als Villa Soleil eine Heimstätte für mittellose Schriftsteller und Künstler. Der Lokalhistoriker François de Caigny hat 1947 darauf hingewiesen, dass hier schon von Beginn an mit russischen Investoren wie den Grafen Plestcheyeff und von Fersen, den Fürsten Galitzin und Soltykoff nebst dem Duc de Valmy und dem Dramatiker d'Ennery ein umfangreicheres Investmentprojekt geplant worden war – eben »Cap Ville«. Das Grand Hôtel du Cap, damals noch recht einsam im ziemlich unbewaldeten Cap d'Antibes gelegen, musste dann jedoch schon bald nach dem Deutsch-Französischen Krieg zwangsversteigert werden. Erst 1889 setzte mit dem Piemonteser Hotelier Antoine Sella eine nachhaltige Entwicklung ein, der sich eines der berühmtesten Luxushotels der Welt verdankt. Noch kalkulierten die Spekulanten mit einer lukrativen Zukunft des Cap d'Antibes, und keiner hatte ein Auge für den unberührten Pinienwald mit dem ziemlich wertlosen Sandstrand.

Wenn man einmal eine Villa aus dieser Phase näher betrachten möchte, dann bietet sich die Villa Eilenroc an. Wegen ihrer signifikanten Besitzerwechsel steht sie gleichsam prototypisch für die polyglotte Geschichte der Reichen an der Côte d'Azur. »Eilenroc« ist ein Anagramm für Cornélie, wie die Frau des Auftraggebers Hugh Hope Loudon (1818–1891) mit Vornamen hieß, der fälschlicherweise in allen Lokalgeschichten immer als Gouverneur von Niederländisch-Indien ausgegeben wird – der Gouverneur war sein Bruder. Die Loudons waren, obwohl der Name englisch klingt, eine niederländische Patriziersippe, reich geworden mit Kolonialadministrationen in Java. Hugh wurde in Semarang (heute Indonesien) geboren und starb 1891 mit 74 Jahren in San Remo. Seine Ehe mit Baronin Jacoba Wilhemina Cornelia van Pallandt, geschlossen im September 1856, erwies sich als unglücklich. Im ersten Überschwang der Bewunderung für seine frisch angetraute Ehefrau hatte Hope kurzerhand Charles Garnier,[12] den Erbauer der Pariser Oper, für sein neoklassisch-florentinisches Villenprojekt am Cap d'Antibes angeheuert, das in den Grundzügen 1867 fertiggestellt wurde. Dann kaufte es James Willye, ein Schotte, der mit Investments in Indien reich geworden war. Nach Willyes Tod (1908) ging »Eilenroc« an Sir Coleridge Arthur Fitzroy Kennard (1885–1948) über, dessen Mutter Helen, die Tochter von Sir Willye, eine treue Freundin von Oscar Wilde war. Sohn Coleridge, großer Dandy und Mitglied des Bloomsbury Set, Diplomat in Bukarest und Persien, Opiumraucher und großer Spieler, verspielte »Eilenroc« in einer einzigen Nacht, und so gelangte das Objekt an den wahrscheinlich seltsamsten Villenbesitzer von Antibes, den es je gab, an »Harris« Sudreau, der beinahe Bürgermeister von Antibes geworden wäre.

Harris Sudreau, mit Vornamen eigentlich Henri-Louis, war ein geschäftstüchtiger Privatdetektiv, der es sich zu seinen besten Zeiten leisten konnte, halb London mit Werbeplakaten von seinen Luchsaugen zu pflastern. Der Coup seines Lebens war jene skurrile Doppelhochzeit im Jahr 1922, als er die Frau des verrückten »Kaisers der Sahara«, des Abenteurers Jacques Lebaudy,[13] heiratete und sein Sohn Roger die Kaisertochter Jacqueline. Kaiserfrau Marguerite hatte sich ihres Gatten durch einen Pistolenschuss entledigt und war freigesprochen worden mit der Begründung, dass dieser geisteskrank gewesen sei. So konnte Harris Sudreau das reichhaltige Erbe auch dazu nutzen, sich 1925 als Bürgermeisterkandidat von Antibes zu profilieren. Doch dann starb er ganz unerwartet. Zum Bürgermeister wurde Charles Guillaumont gewählt, und zum Topinvestor von Juan-les-Pins wurde an seiner Stelle Frank Jay Gould. Nach dem Tod von Harris ging »Eilenroc« in den Besitz des frankophilen US-Kaufmanns Louis Schoenberg (1857–1942) über, der seinen Namen in »Beaumont« änderte. Beaumonts Witwe Helen M. Thomas-Beaumont vermachte »Eilenroc« 1982 der Gemeinde Antibes.

In dem Buch *Royal Riviera* (1957) hat der britische Autor Charles Graves auf den selten beachteten geopolitischen Zusammenhang hingewiesen, dass das »Königreich Sardinien ein enger Verbündeter, Frankreich dagegen ein verhasster Feind Großbritanniens« war. Nicht zuletzt deshalb kamen so viele vermögende Briten nach Nizza, das bis 1860 weder in Frankreich noch im staatlich damals nicht existenten Italien lag. Auf diese Weise wurde, wie er erklärte, »Nizza sehr bald so etwas wie ein Vorort von London mit Hunderten von schönen Villen, umgeben von Gärten mit den exotischsten Pflanzen«.

Insgesamt waren die Villen, die am Cap d'Antibes entstanden und dann auch bis zum Beginn des 20. Jahrhunderts am Strand von Juan-les-Pins – etwa »La Picolette« oder »Saint-Louis«, heute das Art-déco-Luxushotel »Belles Rives« – im eher zurückhaltend klassizistischen Stil oder in der Chalet-Bauweise gehalten. Das gilt auch für das beeindruckende Château du Crouton, das 1908 von dem US-Parfümeur Richard Hudnut erworben wurde. Tochter Winifred Kimball Hudnut, Tänzerin und Kostümdesignerin, nannte sich gemäß der russophilen Mode der Zeit »Natacha Rambova« und heiratete 1923 den mythischen Schauspielerstar Rudolph »Rudy« Valentino, den man auf alten Fotografien in weißem Anzug mit seinen Doggen auf der Rotunde des Château du Crouton sehen kann.[14]

Vor den Hudnuts war hier, beim russischen Baron Constantin von Silvansky, der auch Immobilien in Cannes besaß, für einige Jahre die alte Königinwitwe Carola von Sachsen, geborene Wasa-Holstein-Gottorp, zu Gast gewesen, deren Tod 1907 in Antibes-Juan-les-Pins gebührend betrauert wurde, denn sie war in jener Zeit so ziemlich die einzige Hochadlige, die den Weg nach Antibes fand. In Nizza und Cannes entstanden damals zahlreiche »folies«, Villen im verrückt-eklektischen Stil, die schottischen Burgen oder maurischen Gemäuern nachgeahmt waren, bis sich dann der Stil der Belle Époque durchsetzte. Den im sozioökonomischem Sinn entscheidenden Schub für die Riviera lösten aber nicht die Villen aus, sondern die Palasthotels, in denen sich die Adligen mitsamt ihrem enormen Gefolge für Monate einmieteten.

1855 brach der sendungsbewusste junge württembergische Pietist Philipp Friedrich Mader (1832–1917) wegen seiner Gesundheit von Basel nach Nizza auf, wo er blieb und eine lutherische Kirche für die deutschen, skandinavischen und niederländischen Protestanten errichtete, die zum Teil seit Jahren an der Riviera überwinterten. Maders Reise mit Postkutsche und Schiff und zuletzt mit der Eisenbahn von Arona nach Genua dauerte damals fünf Tage. »Ich wurde im vorigen Winter von manchen Deutschen aufs dringendste gebeten«, schrieb Mader aus Cannes an seine deutschen Kirchenvorgesetzten, »ihnen doch das h. Abendmahl zu reichen; einige sagten mir, sie seien nun ein Jahr, andere schon 2 u. 3 Jahre nicht mehr dabei gewesen, daß sie sich nicht entschließen können, in der hiesigen französischen Kirche es zu genießen u. sonst keine Gelegenheit haben. Im letzten Frühjahr starben zwei Deutsche hier u. vor ihrem Ende sprachen sie den sehnlichsten Wunsch aus, das Abendmahl auf deutsche Art u. Weise zu empfangen. Ich durfte es nicht thun, so gerne ich es gethan hätte.«

Auch die Prinzessin Augusta, Gemahlin des Großherzogs Friedrich II. von Mecklenburg-Schwerin, verlangte in Cannes nach protestantischen Segnungen, ebenso ihre zahlreichen Domestiken. Und Mader half. Nach endlosen Demarchen in Preußen und beim Pariser Konsistorium gelang es ihm 1866 schließlich, den Bau einer Deutsch-Lutherischen Kirche in der Rue d'Augsbourg in Nizza zu erwirken. Sie steht heute noch, allerdings wurde die Straße später in weniger deutschfreundlichen Zeiten in Rue Melchior de Vogüé umbenannt.[15]

Zu Maders Zeiten hatten Hoteliers und Architekten aus ganz Europa längst die Chancen an der Côte d'Azur erkannt. Deutsche Hoteliers wie Rudolf Grimm in Hyères, Schweizer wie Henry Ruhl oder Rumänen wie Henri Negresco machten dort ihre Geschäfte, vor allem aber der dänische Architekt Hans-Georg Tersling, ein Garnier-Schüler, der Dutzende von Grandhotels in Menton, Monaco sowie am Cap Martin erbaute. Aber als sich die adlige Klientel 1918 weitgehend verflüchtigte, geriet er in Bedrängnis und starb 1920 beinahe mittellos. Der Höhepunkt der Gigantomanie war 1895 das vollkommen überdimensionierte »Excelsior Regina« auf dem Cimiez-Hügel, das in erster Linie für Königin Viktoria, die »Großmutter Europas«, nebst exorbitantem Gefolge gebaut wurde.

Mit Königin Viktorias jüngstem Sohn Leopold, dem bluterkranken Duke of Albany (1853–1884), ist eine weit verbreitete romantische Legende über Juan-les-Pins verbunden: Der Herzog sei die treibende Kraft bei der Entstehung des neuen Seebads gewesen, so kann man in einigen Darstellungen der Antibes-Geschichte lesen, weshalb zunächst der Name Albany-les-Pins in Betracht gezogen worden sei. Dafür gibt es in den Akten keinen Beleg. Der Herzog war kein Aktionär der Entwicklungsgesellschaft und starb bereits im März 1884 nach einem Sturz im »Cercle Nautique« in Cannes. Für ein Grundstück auf dem Terrain von Juan-les-Pins hat er sich nachweislich interessiert, mit der weiteren Entwicklung hatte er indes nichts zu tun.

Angesichts der Entourage der hochadligen Gäste wird verständlich, warum die Investoren in Antibes und Umgebung das Fehlen von Grandhotels beklagten. In Antibes war damals Robert Soleau Bürgermeister, ein früher »Helikopter-Politiker«, dessen immerhin 17-jährige Amtszeit erst kürzlich näher erforscht wurde. Er war 1884 auf einer reaktionär-klerikalen Liste ins Amt gekommen, die ausgerechnet von dem Pleitebankier Rigal junior angeführt wurde. Der Pariser Jurist und Ritter der Ehrenlegion weilte relativ selten an der Côte d'Azur und behielt seinen Pariser Wohnsitz in der Rue de Rennes bei. Die Sacharbeit überließ Soleau seinen Vertretern, dem Stadtrat und dem Stadtplaner Ernest Macé. Zu Beginn seiner Amtszeit war Antibes – so ein Chronist mit übertriebener Ironie – »noch abgelegener als Timbuktu, eine Stadt, die schwerer zu finden ist als die Quellen des Nils«.

Wie schon erwähnt, forcierte Macé die Schleifung der Festung und trieb die Planung für die Zeit danach voran. Verständlich, dass die Bauunternehmen in Nizza, Cannes, Marseille und Grenoble um den lukrativen Auftrag kämpften, der mit seinen Planungen verbunden war. Doch das Rennen machte er am Ende selbst. Schon 1894 hatte er mit dem Grandhotel in Juan-les-Pins einen ersten Schritt unternommen und sich an die schwierige Doppelaufgabe gewagt: zum einen die Schleifung der Festungsmauern, mit der 1896 begonnen werden konnte, zum anderen die Entwicklung des neuen Resorts Juan-les-Pins. Seine Villa L'Isle Verte neben dem Grandhotel belegt, dass er an die Zukunft von Juan-les-Pins glaubte, obwohl sich die Auseinandersetzungen um seine Planungen endlos hinzogen. Die »Felibristen« um den provenzalischen Dichter Frédéric Mistral fochten lange Zeit wacker, am Ende aber vergebens für den Erhalt der Vauban'schen Mauern. Macé konnte schließlich einen Teilabbruch der Befestigungen durchsetzen und das abgeschottete Antibes endlich mit Juan-les-Pins zu einer Einheit verschmolzen werden. Die Gemeinde Antibes erhielt im Zuge der Macé-Planungen eine neue Stadtmitte (heute Place Général de Gaulle) und ein – recht kurzlebiges – Grandhotel (heute das Office de Tourisme).

Ernest Macé starb 1901 während der skandalträchtigen Auseinandersetzungen um seine Rolle als Chefentwickler des neuen Antibes. Mit seinem Tod kam auch das Ende der Amtszeit des Bürgermeisters Robert Soleau, der zu den ersten Investoren in Juan-les-Pins zählte. Immerhin war es den beiden gelungen, die Hotellerie und den Straßenbau in Juan-les-Pins zu entwickeln. Bis 1914 eröffneten zahlreiche Pensionen und Hotels wie das »Alexandra«, das »Splendid«, »Des Mimosas«, »La Réserve«, »La Girelle«, »Windsor«, »Graziella« und das »Miramar« mit seinen Tennisplätzen.

1904 erschien im Jenaer Gustav-Fischer-Verlag das mit Illustrationen von Louise Reusch ansprechend aufgemachte Werk *Streifzüge an der Riviera* des bekannten Bonner Botanikprofessors Eduard Strasburger in zweiter Auflage – eine seinerzeit ungewöhnliche Erkundung der Côte d'Azur in deutscher Sprache. Strasburger beschrieb, seiner Profession gemäß, vor allem Pflanzenwelt, Klimaverhältnisse und Geologie, sparte aber auch nicht mit kulturkritischen Anmerkungen: »Nizza wird immer größer, verliert den ursprünglichen italienischen Charakter, nimmt ganz denjenigen einer eleganten, kosmopolitischen Stadt an und schwelgt in modernen Lustbarkeiten. Endlos folgen im Winter Redouten, Blumenschlachten, Regatten, Pferderennen aufeinander. Die Sucht nach Vergnügen hat hier auch die einheimische Bevölkerung ergriffen. Nizza ist jetzt so ähnlich ›en vogue‹ wie im Altertum etwa Bajä und bietet auch entsprechende Genüsse.«

Strasburgers Ziel war daher nicht Nizza, sondern »vielmehr das Cap d'Antibes, ein Ort, den ich schon vor vielen Jahren lieb gewonnen hatte. Ein Aufsatz von George Sand, in der ›Revue des deux mondes‹ vom Jahre 1868, machte mich mit den Schönheiten dieses Vorgebirges zuerst bekannt. (...) Ich halte das Cap d'Antibes für einen der Glanzpunkte der Riviera« – vor allem natürlich wegen des Thuret'schen Botanischen Gartens. Von der mit zahlreichen Votiven geschmückten Wallfahrtskirche Notre-Dame de Bon-Port auf der Anhöhe des Cap blickte der deutsche Professor in Richtung Cannes und Golfe-Juan auf der einen, Nizza und Bordighera auf der anderen Seite. Ansonsten widmete er sich dem Studium der »kanarischen Chrysanthemen« im Garten des Grand Hôtel du Cap d'Antibes oder der »strauchartigen Polygala myrtifolia vom Kap der Guten Hoffnung«. Von dem Thuret'schen Garten gelangte Strasburger zum Pinienwald, »einst der Stolz des Kaps, jetzt ist er nur noch in Überresten vorhanden. Eine Aktiengesellschaft hat den ganzen Strand gekauft, eine breite Straße, die Cannes mit dem Cap d'Antibes verbindet, durch den Pinienwald gelegt, diesen selbst parzelliert und mit Eisendraht umzogen. Doch steht manche mächtige Pinie noch da, und in ihrem Schatten gelingt es wohl, sich in die alte Herrlichkeit zurückzuträumen.« Hier setzt schon jene Sehnsucht nach dem Ursprünglichen ein, die später für zahlreiche Riviera-Kritiker kennzeichnend werden soll.

Die neuen Investoren sehnten sich indes nicht nach der Stille des alten Pinienwalds zurück, sondern suchten in der Amtszeit des Soleau-Nachfolgers Gustave Chancel (1901–1914) die Attraktivität von Juan-les-Pins weiter zu steigern. Die erste europäische Ausbildungsstätte für Piloten von Wasserflugzeugen entstand, und der Feriengast konnte die italienische Armee am Pinienstrand beim Training mit diesen Maschinen bewundern. 1907 startete der Pariser Architekt Albert Godon dann ein Projekt, das nach dem Ersten Weltkrieg das weitere Schicksal von Juan-les-Pins entscheidend bestimmen sollte: Er errichtete das erste Spielcasino, offenbar angeregt durch den Höhenflug von Monte-Carlo. In das Jahr 1907 fällt auch die Gründung eines »Syndicat local« – einer Art lokalen Vereinigung für die Interessen von Juan-les-Pins – unter Führung des Automobilingenieurs George Gallice. Das war der Beginn einer Bewegung, die in Lokalchroniken als »séparatisme juanais« einging, denn die Zukunft von Juan-les-Pins schien um einiges aussichtsreicher als die von Antibes.

Der Ausbruch des Weltkriegs 1914 machte all diesen Entwicklungen ein Ende. Die Hotels in Juan-les-Pins wurden zu Hospitälern und Heimen für Kriegswaisen, die deutschen Villenbesitzer an der Côte d'Azur zwangsenteignet und kurzfristig auf der Insel Sainte-Marguerite interniert.

Auf Chancel als Bürgermeister folgte in diesem Jahr der altgediente Antiboiser Notar Baptistin Ardisson (1914–1925), der das Pech hatte, dass Juan-les-Pins erst gegen Ende seiner Amtszeit als neues Vergnügungszentrum an der Riviera auf der globalen Tourismuslandkarte auftauchte und seine Nachfolger Charles Guillaumont nebst dem neuen Investorentrupp um Frank Jay Gould die eigentlich auch ihm gebührenden Meriten einheimsten.

Nach 1918 veränderte sich die Soziografie der Côte d'Azur grundsätzlich. Nicht dass die Adligen, Kokotten und Landschaftsmaler auf einmal wegblieben, aber es kamen nun – wohl angeregt durch US-Soldaten des Ersten Weltkriegs – die »Expats«, die Nichteingebürgerten aus den USA, die Bohème aus Paris, die »Sonnenhungrigen« aus aller Welt – und zwar ausgerechnet nach Juan-les-Pins und ans Cap d'Antibes. Denn mit dem Wechsel der Badekultur von den eher gesitteten Kurbädern in der Normandie zum sexuell stärker aufgeladenen Körperkult legte der ausgedehnte Sandstrand von Juan-les-Pins enorm an Wert zu. Es ist ein Mythos, dass vor 1918 im Mittelmeer nicht geschwommen wurde. Reproduzierte städtische Annoncen im Masséna-Museum von Nizza – von Hans-Georg Tersling für den Prince d'Essling erbaut – belegen, dass schon gegen Ende des 19. Jahrhunderts aus »Sittlichkeitsgründen« die »wilde« Bademode unterbunden werden sollte. Aber der bis zum Exzess und zur absoluten Körperbräune getriebene Sonnenkult entstand in Europa tatsächlich in Juan-les-Pins – nicht im damals noch ziemlich bedeutungslosen Saint-Tropez, schon gar nicht in Nizza mit seinem Kieselstrand oder in Monte-Carlo mit seinen Casinogängern und Selbstmördern.

Der erste Avantgardist in Juan-les-Pins nach 1918 ist auch bis heute der berühmteste – der spanische Maler und Töpfer Pablo Ruiz Picasso. Es kann als ziemlich sicher gelten, dass er von Monets Aufenthalt in Juan-les-Pins 1888 wusste und sich in der Wahl seines Urlaubsziels an der Côte d'Azur an diesem orientierte. Jedenfalls war Picasso 1920 zum ersten Mal dort, noch vor dem US-Entertainer Cole Porter (»Anything Goes«) und allen anderen Neu-»Entdeckern« des bis dato vor sich hin schlummernden Resorts. Picasso, kommerziell vertreten von den renommierten Kunsthändlern Paul Rosenberg und Georges Wildenstein, war damals schon eine Berühmtheit. 1918 hatte er in Paris die russische Primaballerina Olga Chochlowa geheiratet, Trauzeugen waren Apollinaire, Cocteau und Max Jacob.

Am 29. Juni 1920 hatte sich Picasso – vom Hôtel Continental et des Bains in Saint-Raphaël kommend – mit Frau Olga in der heute nicht mehr existierenden Villa des Sables eingemietet. Nach zeitgenössischen Schilderungen war er damals zumeist halb nackt und »braun wie ein Indianer«. In Juan-les-Pins kehrte der Kubist zur eher klassischen Malweise zurück und schuf vielfältige Variationen seiner emblematischen Werke *Drei Badende* oder *Nessus und Deianira*. John Richardson, der Biograf Picassos, hat die weiteren Aufenthalte des Malers in Juan-les-Pins minutiös rekonstruiert:[16]

Im August 1923 war er wieder am Cap d'Antibes, wo Cole Porter inzwischen mit seiner Frau das Château de la Garoupe gemietet hatte. Es war jener Sommer, in dem Hotelier Sella sein Grandhotel – eher widerstrebend – an das US-Künstlerehepaar Sara und Gerald Murphy vermietete, nachdem zuvor niemand irgendwelche Ambitionen gezeigt hatte, die Sommersaison in Antibes zu verbringen. Mit dabei im damaligen Picasso-Murphy-Set waren der Glasgower Maler J. D. Ferguson (»Fergus«) und seine Ehefrau, die Tanzlehrerin Margaret Morris, die im Château des Enfants eine Art Freilufttanzschule aufgezogen hatte. (Um der Wahrheit die Ehre zu geben: »Fergus« hatte sich schon 1913 am Cap d'Antibes angesiedelt.) Picassos Mutter Doña Maria kam hinzu, die Murphys harkten die verlassene Plage de la Garoupe zum Schwimmen frei, und es entstanden die ersten »tribalen« Strandfotos von den Picassos und den Murphys. In jenem Jahr fand Picasso Freude an seiner Rolle als Fotostar und ließ sich fortan immer wieder als viriler Malerfürst braun gebrannt fotografieren.

Im Sommer darauf kam die Picasso-Familie wieder, inzwischen erweitert um Sohn Paolo, und quartierte sich in der Villa La Vigie in Juan-les-Pins ein – »eher ein kleines Schloss als eine Villa« (Richardson) –, die bald darauf zum Stammsitz von Frank Jay und Florence Gould werden sollte. Nun malte er in Juan-les-Pins Gebäude als fleischfressende Pflanzen – unter anderem den Turm von »La Vigie« –, wieder einmal im neuen Stil die *Drei Badenden*, aber auch *Stillleben mit Mandoline* und das grafisch extrem reduzierte, fast schon digitale *Constellations*. 1926 mietete Picasso die Villa La Haie Blanche von Frau Blanche Hay, im Jahr darauf lernte er seine neue Muse

Marie–Therese Walter kennen, die sich 1977 in Juan-les-Pins in ihrer kleinen Villa gegenüber vom »Provençal« umbringen sollte.

Mitte der 1920er Jahre waren in Juan-les-Pins die Dämme gebrochen. Die gesamte Pariser und US-amerikanische Künstler- und Literatenbohème kam im Gefolge von Picasso, den Murphys und Cole Porter nach »Juan«. Zur Verwunderung der eingesessenen Antibois wurde das seit drei Jahrzehnten vor sich hin dämmernde Projekt »Juan-les-Pins« zu einem Welterfolg. Frank Jay Gould, der hagere neue Generalinvestor, musste den reifen Apfel nur noch pflücken.

Wer vor 1923/24 in Juan-les-Pins war, konnte sich jedenfalls als wirklicher Entdecker fühlen – und das trübte ironischerweise so manche Erinnerung. Paul Morand und Darius Milhaud etwa machten schon 1920 gemeinsam Urlaub in Juan-les-Pins im bescheidenen Hôtel de la Gare, das Morand in seinen Erinnerungen allerdings als »das einzige Hotel von Juan-les-Pins« ausgab. Nina Hamnett, die »queen of bohemia« und eine der begabtesten Malerinnen ihrer Zeit, weilte 1923 in Juan-les-Pins im Gefolge ihrer skandalträchtigen Bekannten Princesse Violet Murat, einer imposanten, drogensüchtigen Lesbe. Princesse Murats Bruder aus der Sippe der Masséna-d'Esslings hatte ein Anwesen am Strand »mit einem Turm und Zinnen, im Grunde war es recht modern, aber wie ein altes Schloss gebaut«, erinnerte sich Hamnett später. Sie selbst kam im Nebenhaus unter, das einer österreichischen Gräfin gehörte und im Ersten Weltkrieg requiriert worden war.

»Damals«, so Hamnett in ihren Erinnerungen, »befand sich das Casino von Juan-les-Pins noch im Bau. Der Strand war die meiste Zeit über so gut wie leer. Wir nahmen die Mahlzeiten zusammen mit dem Fürsten M. und dessen Gesellschaft ein. Darunter war auch eine russische Baronin, die während des Krieges bei den Kosaken Offiziersbursche eines Generals gewesen war. Man hatte ihr das Georgskreuz verliehen. Sie stammte aus dem Kaukasus und war klein, aber sehr stark. Sie schenkte mir einen Kosakenmantel und ein paar Zigaretten. Alle Bediensteten waren Russen, und abends saßen wir im Schneidersitz um ein Kohlenfeuer im Garten und brieten »Schaschlik«, das heißt Lammfleisch und Speck, welches auf einen langen Spieß gesteckt und über glühende Kohle gehalten wird. Wir sahen aus wie ein Zigeunerlager. Die meisten der russischen Diener waren während des Krieges Offiziere gewesen, und nun mussten sie entweder als Dienstboten arbeiten oder ein Restaurant führen.«

Zusammen mit Sir Hugo de Bathe (1871–1940), dem Ehemann von Lillie Langtry, besuchte Hamnett die Hudnuts in ihrem Château, wo Piano gespielt und Whisky getrunken wurde. Rodolfo war »charmant, groß und gutaussehend – natürlich war sein Gesicht *photogen* und sah auf der Leinwand viel feiner aus als im wirklichen Leben«. Drei Jahre später war »Rudy« tot – im Alter von 31 Jahren mit mehreren Magengeschwüren im »Ambassador« von Los Angeles zusammengebrochen.

Mit den all den Malern, Balletttänzerinnen und Schauspielern war indes kein wirkliches Geschäft zu machen, auch nicht, als der später zum Islam konvertierte Regisseur Rex Ingram (*The Four Horsemen of the Apocalypse, The Magician*) mit seiner Frau Alice Terry 1925 eine Art Hollywood-Zweigstellenstudio in Nizza aufzog und an der Côte d'Azur und in Nordafrika Stummfilme unter anderem für MGM produzierte.

Jean Negulesco, der später mit Marilyn Monroe *Who Wants to Marry a Millionaire* drehte, war in seinen jungen Jahren Eintänzer und Gigolo im Hotel Negresco. 1925 zog er mit seiner Ehefrau für einen Sommer nach Juan-les-Pins, »das sehr klein war, aber immerhin gab es jedem das Gefühl, dieser Ort sei seine eigene Entdeckung und sollte unbedingt geheim bleiben«. In Juan-les-Pins, so Negulesco in seinen 1984 publizierten, mitunter etwas fabulierenden Erinnerungen, »hörte man Englisch vor allem mit amerikanischem Akzent. (…) Die berühmten Pinien, denen der Ort seinen Namen verdankte, standen in symmetrischen Abständen zueinander. Gott war selbst in den goldenen Zeiten von Metro-Goldwyn-Mayer der beste Artdirector. Ihre Umrisse zeichneten sich stolz vor dem dunklen blauen und grünen Wasser ab, durchbrochen von kleinen weißen Wellen und flinken weißen Booten unter dem Kobaltblau des Himmels.«

Negulesco, der damals noch eine Malerkarriere anstrebte, malte – wie so viele vor ihm – drei Tage hintereinander die Pinien. Ein ihm unbekannter Mann in Seemannskleidung betrachtete ihn aufmerksam und fragte ihn schließlich: »Möchten Sie auch mal

Die auffällige Villa El Djézair, 1921 eher verspätet im neomaurischen Stil von dem Cannoiser Architekten Ernest Truch konzipiert, zeigt am Strandboulevard den Übergang von Golfe-Juan zum Stadtgebiet von Antibes-Juan-les-Pins an. Eingezwängt zwischen Eisenbahnlinie und dem bald viel befahrenen Boulevard, wurde sie über Jahrzehnte vergeblich auf dem gehobenen Immobilienmarkt angeboten (seit 1999 allerdings als klassifiziertes »Monument historique«). Seit Kurzem befindet sich darin wieder ein Restaurant mit mittelöstlicher Küche (Villa Djunah), Cocktailbar und ausgedehnter Gartenterrasse.

meine Bilder sehen?« Negulesco lehnte großspurig ab: »Sorry, ich bereite gerade meine große Ausstellung in New York vor.« Lächelnd wünschte der Unbekannte dafür »viel Glück«. Ein paar Tage später traf man sich in einem Restaurant in Cannes wieder, und Rex Ingram stellte den Fremden vor: »Jean, ich möchte dich mit Picasso bekannt machen.«

Im Sommer darauf wurde der Grundstein für das luxuriöse »Provençal« gelegt, das in enger Verbindung mit dem nun professionell gemanagten Spielcasino nebst Feinschmeckerrestaurant La Frégate betrieben wurde. Der neue Mann im Spiel war Frank Jay Gould, für den es ökonomisch entschieden besser laufen sollte als für die britischen Suffragetten Emmeline Pankhurst und Mabel Tuke, die 1925 versucht hatten, ausgerechnet in Juan einen gemütlichen »Tea Shop of Good Hope« aufzuziehen, der schon nach wenigen Monaten wieder geschlossen werden musste. Juan-les-Pins war nie ein guter Ort für Feministinnen, für kalte Investoren in den sexistisch-kapitalistischen Tingeltangel umso mehr.

FRANK JAY GOULD

Der reichste Amerikaner in Frankreich

Der reiche Mann litt unter diversen Krankheiten, fühlte sich alt und verlassen. Und er sorgte sich um die politischen Verhältnisse in seinem Geburtsland, den USA. Frank Jay Gould schrieb im Juni 1951 von Juan-les-Pins aus an eine Bekannte in der alten Heimat:

> Ich bin wie Du der Ansicht, dass die Republikanische Partei wieder an die Macht kommen muss. Unsere Außenpolitik ist schwach und unentschlossen, und auch im Inneren sind die Umstände in jeglicher Hinsicht alles andere als zufriedenstellend. Ich bin ein großer Bewunderer von MacArthur, und die Behandlung, die ihm durch unseren Präsidenten widerfahren ist, hat er nicht verdient. Er ist ein großer Mann und kannte die Situation im Pazifik ganz genau. Bedenke nur, was er in Japan für uns geleistet hat. Die Russen hingegen rücken keine Handbreit von ihrer Politik ab. All das zerrt an den Nerven, und gelegentlich verliert man doch die Zuversicht.[17]

Gould starb am frühen Ostersonntag 1956 an einer Harnvergiftung, auch eine Spätfolge der Geschlechtskrankheiten, die ihn, seine Frau Florence und eigentlich alle damals in den sexuell enttabuisierten Zwanzigern ereilt hatten. Penicillin wurde erst 1928 entdeckt und Syphilis mit einer organischen Arsenverbindung mit Namen Neosalvarsan behandelt, die schwere Nebenwirkungen bis hin zu Leberversagen hatte. Zum Zeitpunkt seines Todes war Gould 78 Jahre alt und hatte über vierzig Jahre in Frankreich gelebt. In den letzten Kriegsjahren bewegte er sich aus *seinem* Juan-les-Pins kaum noch fort und wurde zum Rätsel. Gerüchte machten die Runde, Frank Jay Gould, der reichste Amerikaner in Frankreich, sei tot, von den Deutschen gefoltert und in ein Lager verschleppt. Nichts davon stimmte. Tatsächlich ging es ihm verhältnismäßig gut. 1946 kaufte er die Villa Soleil d'Or zwischen Strand und Pinienhain, um sich dorthin als mittlerweile sonderbarer alter Mann mit seiner langjährigen Haushälterin Madeleine Homo und seinen Pekinesen zurückzuziehen.

In Briefen aus den Jahren 1949 bis 1952 schrieb Gould über das, was im Alter noch wichtig ist – das Wetter, Beerdigungen, seinen Hund Pupsy und allerlei Gesundheitsprobleme: Bandscheibenvorfall (März 1949); Rheuma, Arthrose, und wie schwierig es im Krieg war, einen Arzt zu finden (Dezember 1949); Hexenschuss (Februar 1950); Hexenschuss, Bandscheibe (März 1950); gute Erfahrungen mit dem zu der Zeit sagenumwobenen »Wundermittel« und »Jugendserum« des Ukrainers Michel Bardach vom Pariser Pasteur-Institut (Juli 1950);[18] Asthma (September 1950); die Augen (»Ich sehe praktisch nichts«, November 1950); Gallensteine (November 1952). Im Januar 1951 schrieb er von einer geplanten Reise nach Spanien und Marokko und im April 1951 von der Magen-Darm-Entzündung, die ihn in Casablanca ereilt hatte. Ganz am Ende, ans Bett gefesselt, als ihn nur noch Spritzen am Leben hielten, war seine Frau Florence an seiner Seite. Er wurde zunächst in Antibes begraben, dann ins Familienmausoleum in Woodlawn (New York) überführt. Im Nachruf der *Racine Journal Times* vom Oktober 1956 hieß es: »Seine Erbschaft vergrößerte er zu einem Vermögen von 100 Millionen Dollar, vielleicht auch 50 Millionen mehr. Das Wichtigste: Er hatte Spaß mit seinem Geld.«

Ob er jemals Spaß mit seinem Vermögen hatte, ist fraglich. Geboren wurde Frank Jay am 4. Dezember 1877 in Manhattan als jüngstes von sechs Geschwistern mit einem goldenen Löffel im Mund, wie es sprichwörtlich heißt. Alle Kinder waren von Geburt an millionenschwer und hatten einen Vater, der ein über alle Maßen reicher Spekulant und der meistgehasste Mann Amerikas war. Jason »Jay« Gould, der Eisenbahnmagnat, einer der Gewinner der wirtschaftlichen Blüte des US-amerikanischen Gilded Age, war eine sinistre Figur, der größte Schurke seiner Zeit, eine »dunkle Macht«. James R. Keene hat über Jason Gould gesagt, er »ist der schlechteste Mensch auf dieser Welt seit Beginn des Christentums. Er ist betrügerisch, falsch, feige und ein verabscheuungswürdiger Wurm, unfähig zu Großmut und Freigiebigkeit.«[19]

Jason Gould wurde 1836 in Roxbury, New York, geboren. Er war ein Selfmademan und startete mit mäßigem Erfolg als Landvermesser und Teilhaber einer Gerberei in Pennsylvania. Seinem Schwiegervater Daniel S. Miller wird zugeschrieben, den jungen Gould Ende der 1850er Jahre an das Bankwesen und besonders an die Wachstumsbranche der Eisenbahnen herangeführt zu haben. Jedenfalls spekulierte Gould zur Zeit des Sezessionskrieges von 1861 bis 1865 mit Papieren diverser Eisenbahngesellschaften erfolgreich an der New Yorker Börse. Nach dem Ende des Bürgerkrieges 1865 schlug die Stunde der »Raubritter«, einer frühen Variante der sogenannten Raubtierkapitalisten, wahlweise Oligarchen, die in einem ungeordneten Markt ohne Rücksicht und Skrupel agierten und zu kolossalem Reichtum gelangten. Hier mischte Jay Gould mit.

Gould war ein Eisenbahnkönig, der den Ruhm und Status eines Cornelius Vanderbilt nie erreichte, aber 1882 immerhin 15 Prozent der US-Eisenbahnen kontrollierte. Als seine Verwicklung in »Erie War« und »Gold Corner«, zwei der spektakulärsten Skandale der Börsengeschichte, ans Licht kam, wurde er zum landesweit bekannten Schwindler und »Mephistopheles der Wall Street«. Gould, der mit Vollbart und in einfacher Kleidung wie ein Prophet aus dem Alten Testament daherkam, war von da an festgelegt auf die Rolle des gewissenlosen, dubiosen Geschäftsmanns. Aber je mehr er sich drastischer Kritik ausgesetzt sah, desto mehr entzog er sich. In der Öffentlichkeit äußerte er sich nur noch selten. In starkem Kontrast zu seinen unmoralischen Methoden stand sein mustergültiges, skandalfreies Familienleben, das für ihn von höchster Bedeutung war.

Gould, Vanderbilt, Drew und Fisk waren die Schlüsselfiguren in den als »Erie War« in die Finanzgeschichte eingegangenen Börsengefechten um die »Erie Railroad« mit ihrem Streckennetz von New York bis an die kanadische Grenze. Jay Gould profitierte in diesem Skandal vom Betrug an seinen Freunden, wurde fett vom Bankrott der Aktionäre und erlangte mit Lügen und Bestechung eine Macht, die ihn über das Gesetz erhob.[20] Es sollte nicht Jay Goulds letzter Coup sein. Nachdem Vanderbilt »Erie« in den 1860er Jahren übernommen hatte, manipulierten Gould, Daniel Drew und Jim Fisk den Kurs mit gefälschten Aktien aus einer Geheimdruckerei. Vanderbilt ahnte nichts und machte mit den faulen Papieren acht Millionen Dollar Verlust. Gould zahlte ihm nach einem Prozess einen Großteil zurück und erhielt dafür gemeinsam mit Drew und Fisk im Gegenzug die Mehrheit an der »Erie Railroad«. Die drei waren danach in Machenschaften mit der korrupten New Yorker Tammany Hall-Partei unter ihrem berüchtigten Anführer William »Boss« Tweed verstrickt, bis Gould und Fisk sich 1870 schließlich ihren Partner Daniel Drew vornahmen – wieder mit gefälschten Aktienkursen. Drew ging pleite, Gould sah zunächst wie der Sieger aus, verlor danach eine Million an den ominösen britischen Hochstapler mit dem Pseudonym »Lord Gordon-Gordon« alias »Lord Glencairn« alias »The Hon. Mr. Herbert Hamilton«. 1878, nach all dem Schwindel und dem faulen Management, meldete die Erie Railway Company Konkurs an.[21]

Die strikte Trennung von Privatem und Geschäftlichem wurde für Gould zu einer fixen Idee. Wie genau er die zwei Jahre jüngere Helen Day Miller aus den für ihn eigentlich verschlossenen Kreisen im gehobenen Murray Hill in Manhattan für sich gewinnen konnte, wird sich wohl nie mehr klären lassen und auch nicht, wie er, der gesellschaftliche Niemand, ihren Vater, den bekannten New Yorker Kaufmann Daniel Miller, überzeugen konnte. Jedenfalls heiratete Jay Gould die schlichte, stille, anständige Helen Day Miller am 22. Januar 1863. Das Paar wohnte erst bei ihren Eltern und von 1870 an in einem geräumigen Brownstone-Haus an der 5th Avenue, Ecke 47. Straße. Es hatte sechs Kinder: George Jay Gould I (1864–1923), Edwin Gould I (1866–1933), Helen Gould (1868–1938), Howard Gould (1871–1959), Anna Gould (1875–1961) und Frank Jay Gould (1877–1956).

1880 kaufte sich Jay Gould als Sommersitz ein Märchenschloss in einem 27 Hektar großen Park am Hudson-River: den feudalen neugotischen Palast Lyndhurst in Tarrytown, New York, etwa vierzig Kilometer nördlich von Mid-Manhattan. 1887 unternahm er eine Mittelmeer-Kreuzfahrt auf seiner Luxusjacht Atalanta – zu der Zeit die größte und schnellste Jacht der Welt. Dutzende Reporter berichteten von der Einschiffung in New York, wo Jay Gould sich mit den Worten verabschiedete: »Was werdet ihr Jungs ohne mich machen?« Dann verschwand er für fünf Monate. Die älteren Söhne George und Edwin blieben in New York, Helen und die anderen Kinder waren an

Der junge Frank Jay Gould 1885 mit Familienangehörigen, auf dem elterlichen Stammsitz Lyndhurst (Tarrytown, New York). Das 1880 von dem Eisenbahnmagnaten Jay Gould erworbene Lyndhurst, ein düsteres neogotisches Gemäuer, ist heute öffentlich zugänglich. Nachdem sich Frank Jay Gould eine Zeitlang dem strengen Regime seines Vaters gebeugt hatte, begann er bald mit seinem strategischen Hobby: seine Verwandten mit zahllosen juristischen Klagen zu überziehen. 1913 übersiedelte er endgültig nach Frankreich.

Bord und reisten von Marseille nach Nizza, weiter über San Remo, Florenz, Neapel, Sizilien und Griechenland nach Ägypten. Und so ist es vorstellbar, dass Frank Jay Gould im Alter von zehn Jahren den Strand von Juan-les-Pins, an dem er 69 Jahre später sterben sollte, schon 1887, in den Anfängen seiner Entwicklung, einmal gesehen hat.

Im Frühjahr oder Sommer 1888 wurde Jay Gould von seinem persönlichen Arzt Dr. John P. Munn informiert, dass er sich mit Tuberkulose infiziert habe. »Die weiße Pest« war eine in der Familie schon mehrfach aufgetretene Krankheit und hatte in allen Fällen den Tod des Erkrankten zur Folge gehabt. Jay Gould tat, wofür er bekannt war: Er schwieg und verpflichtete auch Dr. Munn zu absoluter Verschwiegenheit, weil er wusste, jedes Wort über ihn, ob im Ruhestand oder nicht, jedes Gerücht um seine Gesundheit würde auf die Börse und sein Vermögen Einfluss haben. Überdies wollte er die Kinder und besonders seine hinfällige Frau Helen »Ellie« beschützen. Er war noch immer »der große Täuscher«. Bis zu seinem Tod am 2. Dezember 1892 hielten Gould und Dr. Munn die Illusion aufrecht – trotz der immer deutlicheren Symptome, trotz blutiger Taschentücher. Gould wurde nur 56 Jahre alt. Helen war noch vor ihm gestorben, im Januar 1889 nach zwei Schlaganfällen, gerade 50 Jahre alt. Beide wurden in dem Mausoleum auf dem Woodlawn Cemetery in der Bronx bestattet, das Gould Mitte der 1880er Jahre hatte erbauen lassen. Auch fünf der sechs Gould-Kinder fanden dort ihre letzte Ruhe: George (1923), Edwin (1933), Helen (1938), Frank Jay (1956) und Howard (1959).[22]

Frank Jay, das jüngste der sechs Gould-Kinder, 1,75 Meter groß, schlank, elegant, recht gutaussehend, studierte Ingenieurwissenschaften an der New York University und arbeitete bei George im Büro, bis er das Interesse am Eisenbahngeschäft verlor und sich von seinem Clan emanzipierte. Er war ein Freigeist, zeitweise Mitglied in 27 Clubs, darunter der renommierte Union League Club an der Fifth Avenue, East 39th Street. Er züchtete Bernhardiner, war Besitzer zahlreicher erstklassiger Pferde und einer 150 000-Dollar-Jacht, eine irgendwie unbekümmerte Natur mit Dollarmillionen in der Hinterhand. 1901 heiratete er die 17-jährige Helen Margaret Kelly aus Murray Hill, deren Vater Edward Kelly ein ehemaliger Commodore im New York

Die erste Ehefrau von Frank Jay Gould, Helen Margaret Kelly (1884–1952), mit den beiden kleinen Töchtern Helen und Dorothy (rechts im Bild). Nach der Scheidung von Frank (1906) heiratete Helen zur Freude der in die Affären der Gould-Sippe vernarrten US-Presse noch dreimal: einen Zuckerfabrikanten, einen albanischen Fürsten – weshalb sie eine Zeitlang als »Princess Vlora« durch die Gazetten geisterte – und schließlich den Präsidenten der Manhattan Soap Company, was zur Soap Opera der Goulds ganz gut passte. Tochter Dorothy Gould Burns, geschiedene Baroness Graffenried de Villars, wie ihre Schwester in Schweizer Internaten erzogen, war Besitzerin des »Provençal« bis zur ihrem Tod 1969.

Yacht Club und deren Großvater Eugene früher ein Gegenspieler Jay Goulds an der Wall Street gewesen war.

Helen Kelly war ein Mädchen mit »einwandfreien sozialen Referenzen«, das Frank Jays Mutter gefallen hätte. 1902 beziehungsweise 1904 wurden die Töchter Helen und Dorothy geboren, kurz darauf trennten sich die Goulds. Sie waren wohl beide zu jung gewesen für die Ehe und Helen nicht bereit für die Rolle der Hausfrau und Mutter. Franks Schwester Helen Gould[23] übernahm die Vormundschaft für die Kinder. Die attraktive Helen Kelly bekam ihren Geburtsnamen zurück und heiratete 1910 Ralph Hill Thomas, Präsident der American Sugar Refining Company, dann 1917 den albanischen Prinzen Houreddin Vlora und 1926 Oscar M. Burke, den Vorstandschef der Manhattan Soap Company. Auch Frank Jay feierte schon im Jahr nach der Scheidung die nächste Hochzeit. Er machte es wie seine Brüder George und Howard und wählte ein Showgirl, wie man in der Familie sagte, und zwar die britische Tänzerin und Schauspielerin Edith Kelly, die Schwester von Hetty Kelly, Charlie Chaplins erster großer Liebe.

Am 1. Oktober 1911 brachte die *Gazette* aus Colorado Springs einen mehr als halbseitigen Artikel mit dem Titel »Gould-Millionen auf dem Spiel wegen eines *chorus girl*«. Wie war es dazu gekommen? Noch Jahre nach Jay Goulds Tod 1892 hatten die vier Brüder eng zusammengearbeitet und zahlreiche Attacken auf den Finanzmärkten gegen Wertpapiere des Gould-Vermögens abgewehrt. Das war auf einmal vorbei, ausgelöst durch das Verhalten der Brüder gegenüber Franks neuer Ehefrau, der »kleinen Edith Kelly aus dem Revuetheater«, die George[24] und den anderen offensichtlich nicht standesgemäß erschien. Jeder Kontakt, jedes Treffen wurde verweigert.

Es kam zum Bruch in der Familie, was die Presse genau verfolgte. Frank Jay operierte mit Stellvertretern in den Aufsichtsräten, opponierte gegen Edwin (St. Louis Southwestern Railway) und gegen George (Missouri Pacific Railroad). Die *Gazette* nannte es einen »Guerillakrieg«. 1911 brach Jay Goulds zunehmend fragiles Konstrukt zusammen. Der Plan – in den Klauseln des Testaments detailliert festgeschrieben –, die Familie um jeden Preis zusammenzuhalten, ging nicht auf. Anna Gould war schon nach ihrer Hochzeit 1895 nach Paris

Frank J. Gould, Mitte der 1910er Jahre mit seiner zweiten Frau Edith Kelly (nicht verwandt mit der ersten Frau Helen Kelly) und ihrer jüngeren Schwester Henrietta »Hetty« Kelly am linken Bildrand, etwa zwanzig Jahre alt zu dem Zeitpunkt. Hetty Kelly, die heute in Erinnerung ist als Charlie Chaplins erste Liebe im Jahr 1908 in London, starb 1918 an der Spanischen Grippe. Frank J. Gould behielt auch später an der Côte seinen eher konservativen Kleidungsstil bei. Im Partytaumel von Juan-les-Pins wirkte er wie aus der Zeit gefallen. Vielleicht war er deshalb mit seinen Riviera-Investments rätselhaft erfolgreich.

gegangen, Howard zog 1909 nach England, im März 1913 verließ auch Frank die USA und ging mit seiner Frau Edith und den Töchtern aus erster Ehe nach Frankreich. Er sollte lediglich zu Kurzbesuchen in die USA zurückkehren. Offiziell hieß es, er habe das Land empört verlassen wegen der »Einmischung von Presse und Staat in seine Privatangelegenheiten«. In New York – wegen der Geschäfte und wegen des Erbes – blieben am Ende nur Edwin[25] und George.

Frank Jay Gould, Mitte 30, zwei Kinder, zum zweiten Mal verheiratet, orientierte sich neu. Er delegierte seine US-Beteiligungen an externe Manager, kehrte den Eisenbahnen und der Wall Street den Rücken und wechselte den Kontinent. Von Geburt an Bonvivant, konzentrierte er sich in seinem neuen Leben auf das Glücksspiel und teure Hotels, auch die Pferdezucht behielt er bei. Schon vor seinem Umzug investierte er zunächst in Maisons-Laffitte, einen exklusiven Pariser Vorort westlich hinter Neuilly. Um 1910 kaufte er hier ein Schloss »im pompejanischen Stil« und ließ großzügige Stallungen in direkter Nachbarschaft zur Pferderennbahn in der Avenue La Fontaine entlang der Seine bauen, die bis heute gut erhalten sind. Es folgte das erste Projekt in der Normandie, im Frankreich des 19. Jahrhunderts das angesagte Ziel für wohlhabende Reisende auf halbem Weg zwischen Paris und London. Gould hatte sich vorgenommen, aus dem kleinen Badeort Granville am Ärmelkanal gegenüber von Cancale und oberhalb des Mont-Saint-Michel (seit 1870 mit einer direkten Bahnverbindung nach Paris) nichts weniger als das »Monaco des Nordens« zu machen. Im Rückblick fragt man sich allerdings, wie er zu diesem Vergleich kam, da Monaco zu jener Zeit nichts weiter war als ein anrüchiger Platz für Spieler. Goulds bis heute geöffnetes Casino in Granville wurde jedenfalls 1911 eingeweiht, 1912 dann das Luxushotel Le Normandy (139 Zimmer, 50 Badezimmer, heute eine Reha-Klinik in bester Lage). Auch eine Strandpromenade ließ er bauen.

120 Kilometer Luftlinie weiter östlich übernahm Gould im selben Jahr das um 1700 rund 50 Kilometer südlich von Deauville erbaute Château du Robillard in der normannischen Region des Calvados. In Auftrag gegeben hatte es der französische Marschall Pierre de Montesquiou d'Artagnan, Cousin ersten Grades von Charles de Batz-

Castelmore, genannt d'Artagnan, der Pate stand für die gleichnamige Hauptfigur in Alexandre Dumas' *Die drei Musketiere* (1822). Gould modernisierte das 200 Jahre alte Schloss, ließ ein weiteres Gestüt bauen und heimste unter den Farben seines Maisons-Laffitte-Stalls zahlreiche Siege in Frankreich ein, darunter den Prix de Nice, den Prix Noailles in Chantilly und den Prix Greffulhe in Saint-Cloud. Was Frank Jay, inzwischen in Europa ansässig, nicht vorhergesehen hatte, war, dass die Franzosen bei Ausbruch des Krieges einige seiner besten Rennpferde konfiszieren könnten, und so las man am 30. August 1914 in der *Galveston Daily News* in Texas: »Fassungslosigkeit auf berühmtem normannischen Pferdehof: Erstklassige Vollblüter müssen an Kriegsparteien abgegeben werden.« Abgesehen davon blieben Gould und ebenso seine Schwester Anna in Paris und sein Bruder Howard[26] in England vom Ersten Weltkrieg ziemlich unbehelligt. Das Schloss Robillard wie auch »Le Normandy« in Granville wurden 1940 von den Deutschen besetzt. Heute beherbergen das Schloss und der zugehörige Bauernhof eine agrarwirtschaftliche Hochschule.

Noch in New York, etwa zwei Jahre nach der Hochzeit mit Edith Kelly 1910, hatte Gould angefangen zu trinken, manchmal schon frühmorgens. Zuweilen lag er tagelang betrunken im Bett. Nachdem er sein Land und seine Brüder verlassen hatte, verschärfte sich die Lage weiter. Er verschwand für Tage, war bekannt dafür, die »besseren Etablissements« in Paris aufzusuchen, und legte sich eine Geliebte zu, die er mit einem Auto, Schmuck und einer monatlichen Apanage in Höhe von 6000 Franc versah. Sie hieß Sonia und wohnte in Maisons-Laffitte oder Robillard, wenn Edith verreist war. Frank hörte auf, sich zu waschen, und verlor das Zeitgefühl. Zweimal wurde er in Entzugskliniken eingewiesen, und einmal soll er sogar die Tür zum Zimmer seiner Frau eingetreten und sie geschlagen haben. Angeblich wollte er sie vergiften, doch am folgenden Morgen erinnerte er sich an nichts. Schließlich mietete er in Paris eine Wohnung für die bekannte Kupplerin Leone Ritz, die ihm Abend für Abend bis zu drei junge Mädchen zuführte. Im Frühjahr 1918 hatte Edith Kelly genug von dem Drama um Alkohol, Orgien und Gewalt und zog aus. Es folgte bis April 1919 ein in vermögenden Kreisen üblicher schmutziger Scheidungsprozess.

Auch schmutzig, aber viel komplizierter und länger war der Streit, den Frank zur gleichen Zeit mit seinem Bruder George ausfocht. Gemeinsam mit Anna machte er sozusagen eine französische Front auf. Er heuerte fünfzig Anwälte an für Klagen und Gegenklagen, warf George jahrelanges Missmanagement vor, forderte Dutzende Millionen an Entschädigung und Georges Absetzung als oberster Nachlassverwalter. 1927 erfolgte das endgültige Urteil am New Yorker Supreme Court: Vier separate Treuhandgesellschaften sollten das Erbe verwalten. Am Ende war die zweite Generation hoffnungslos zerstritten, Jay Goulds Traum von einer harmonischen Erbengemeinschaft ausgeträumt. George Gould erlebte die Verkündung des Urteilsspruchs nicht mehr. Er war bereits Mitte Mai 1923 mit 59 Jahren in Menton gestorben. Anna[27] und Frank, die sich ebenfalls in Frankreich aufhielten, erschienen nicht zum Begräbnis.

Nur wenige Monate vor dem Tod seines Bruders heiratete Frank Jay Gould seine dritte und letzte Frau Florence Lacaze. Ihr Vater, Victorien Maximin Lacaze, wurde am 17. März 1861 als jüngster Sohn einer einfachen Familie von Weinbauern in Mont-de-Marrast geboren, einem Dorf im südwestfranzösischen Département Gers auf halbem Wege zwischen Atlantik und Mittelmeer. 1879 beschloss er, ohne einen Sou in der Tasche mit dem Schwiegervater seiner Schwester nach Amerika auszuwandern. Die Überfahrt auf einem der neuen Dampfschiffe dauerte ab Le Havre nur zwölf Tage. Er kam in New York an, als es die Freiheitsstatue dort noch gar nicht gab, und machte sich umgehend auf nach San Francisco zu dem Schmied Baptiste Lacaze, einem einige Zeit zuvor ausgewanderten Cousin. San Francisco gehörte erst seit dem Mexikanisch-Amerikanischen Krieg (1846–1848) zu den USA. Zwei Jahre später begann der Goldrausch, Kalifornien boomte. Zwischen 1850 und 1900 wuchs die Bevölkerung von 93 000 auf 1,485 Millionen. Victorien Maximin fand Arbeit bei einem Schriftsetzer in der Montgomery Avenue, machte Karriere und wurde 1905 zum Geschäftsführer der International Printing Company ernannt. 1906 wechselte er die Branche und arbeitete fortan als Lokalredakteur beim französischsprachigen *Le Franco-Californien*. In den 1890er Jahren hatte er die Pariserin Berthe Bazille (1869–1940) kennengelernt, die ihm am 1. Juli 1895 die nach der mütterlichen Großmutter benannte Tochter Florence Juliette Antoinette Lacaze gebar.

Am 18. April 1906 um 5 Uhr 12 wurden bei dem großen Erdbeben in San Francisco mit einer Stärke von 7,8 auf der Richterskala mehr als 80 Prozent der Stadt zerstört. 3000 Menschen starben, Hunderttausende waren obdachlos, vom Haus der Lacazes blieb nur eine Ruine. Victorien beschloss, seine Familie – seine Tochter Florence, die Schwester Isabelle, ihre Mutter und Florinte, die Großmutter – nach Paris zurückzuschicken, wo sie in Montparnasse eine Wohnung in der Rue de Fleurus am Rande des Jardin du Luxembourg beziehen sollten. Florence war nun eine Amerikanerin in Paris, lernte Französisch und begann eine Gesangsausbildung. Anfang Juli 1914 besuchte sie ihr Kindheitsfreund Henry Chittenden Heynemann (1891–1974) in Paris, ein 23-jähriger Architekt auf Europa-Tour. Henry Heynemann verliebte sich in Florence, reiste mit ihr durch Spanien, als der Weltkrieg begann, und heiratete sie am 27. Oktober in Paris. Doch die Ehe stand unter keinem guten Stern. In San Francisco wurde der 19-jährigen Florence Heynemann bald klar, dass er nicht der Richtige war – zu unreif, zu wenig Ehrgeiz, zu sehr verwöhntes Einzelkind. Im September 1917 wurde die Ehe geschieden.

Als der Krieg vorbei war, nahm Florence den Unterricht am ehrwürdigen Pariser Konservatorium wieder auf und gelangte über den Gesang in die Pariser Salons der »années folles«, wie man die Goldenen Zwanziger in Frankreich nennt. Hier wurde er ihr vorgestellt: Frank Jay Gould, der märchenhaft reiche Erbe aus Amerika. Für ihn war es Liebe auf den ersten Blick. Mitten in der Scheidung von seiner zweiten Frau Edith machte er der blonden Schönheit mit den grünen Augen und dem amerikanischen Akzent, den sie immer behalten sollte, einen Heiratsantrag. Er lud Florence ein auf sein Anwesen in Maisons-Laffitte, in sein Gutshaus Robillard und stellte ihr sein Stadtpalais in der Rue Albéric-Magnard im 16. Arrondissement zur Verfügung, bis sie schließlich einwilligte. Im Juni 1920 wurde die Verlobung in erinnerungswürdigem Rahmen öffentlich gemacht: Durch die Vermittlung von Arthur Meyer, 76-jähriger Verleger der renommierten Tageszeitung *Le Gaulois* – die 1929 mit dem *Figaro* fusionierte –, Freund von Boni de Castellane und, wie es hieß, ein platonischer Verehrer der schönen Florence, wurde die Braut in den berühmten Salon der Gräfin de la Béraudière eingeführt und zu einem großen Ball zu Ehren des spanischen Königs Alfons XIII. geladen. Florence sang vor einer illustren Gesellschaft aus *Hoffmanns Erzählungen*, am Klavier begleitet vom Komponisten Reynaldo Hahn. Der Herzog von Aosta war zugegen, die Schauspielerin Cécile Sorel, Marcel Proust, dem die Gräfin de la Béraudière als Modell für die Kurtisane Odette de Crécy in *Eine Liebe von Swann* diente, Fürst Jussupow, der Mörder Rasputins, Coco Chanel und ihr späterer Geliebter Großherzog Dimitri sowie Jorge »Marquis de Cuevas« Bartholin, der legendäre chilenische Choreograf und Ballettimpresario. Nach dem Konzert gab Arthur Meyer die Verlobung bekannt. Am 13. Januar 1921 wurde Frank Jay Goulds zweite Scheidung rechtskräftig, am 10. Februar 1923 heiratete er Florence.

Mit der Hochzeitsreise im August 1923 begann das dritte Leben des Frank Jay Gould. Die schöne und lebenshungrige Florence kümmerte sich um seinen Entzug nach der enthemmten Pariser Zeit. Als es eine Sommersaison im Süden noch gar nicht gab, fuhren die beiden in die Sommerhitze am Mittelmeer – trotz der eigenen Hotels im Norden und obwohl Frank Jay eigentlich Rekonvaleszent war.

Zunächst ging es nach Cannes. In den Hügeln oberhalb der Stadt kauften die Goulds die 1884 erbaute Villa Sémiramis, Avenue du roi Albert Nr. 55. Zehn Minuten von der Stadt entfernt, von einem anderthalb Hektar großen Park umgeben, allerdings ohne – und das war das Problem – privaten Zugang zum Meer. Auf dem bestand Florence Gould aber, und so verbrachten die Goulds wohl nur drei Nächte in der Villa, bis sie sie 1951 verkauften, sagt man. Von Cannes ging es weiter in das seit 1895 an das Bahnnetz angeschlossene Juan-les-Pins, wo es nicht mehr als eine Handvoll Villen und etwa zwanzig Hotels sowie das verwaiste Casino des Sables mit Vorgarten gab. Das Casino, ein Holzbau mit Café, Theater und Restaurant, war 1908 eröffnet worden, nachdem ein Gesetz 1907 Spielbanken in See- und Thermalbädern genehmigt hatte. Bauherr und Besitzer war der Pariser Architekt Albert Godon. 1914 kam es zum Konkurs, im Ersten Weltkrieg wurde das Casino zum Lazarett umfunktioniert.

Florence Gould, geborene Lacaze, am 19. April 1931 bei einer »persischen Gala« im »Provençal«. Die dritte Ehefrau von Frank Jay Gould galt als der Prototyp der Salonlöwin und freigiebigen Mäzenin in Paris und an der Côte d'Azur. Ihre Erscheinung beschäftigte den deutschen Schriftsteller Ernst Jünger offenbar bis ins hohe Alter so sehr, dass er noch mit über hundert Jahren in seinem letzten erhaltenen Tagebucheintrag vom März 1996 schrieb: »Gestern abend war Schlachtfest im ›Löwen‹ – in der Nacht unruhige Träume, unter anderem in Gesellschaft von Florence Gould.«

Zurück in Paris, klagte Frank über Magenkrämpfe und spuckte Blut. Er wurde in eine Privatklinik eingewiesen, wo man einen Abszess im Bauch diagnostizierte. Mit viel Glück überstand er die teilweise Gastrektomie. Ein Artikel in der *Chicago Tribune* vom November 1924 schließt mit der beruhigenden Nachricht: »Dem Patienten geht es den Umständen entsprechend gut nach Abklingen der Anästhesie.« Nach seiner Genesung im Frühjahr 1925 zeigte sich, dass Gould in der Lage war, eine zutreffende Vision zur Entwicklung des gehobenen Tourismus in Südfrankreich zu entwickeln, obwohl er sich nur vier Wochen an der Riviera aufgehalten hatte. Mit der US-Pionieren eigenen Mentalität und von seiner Frau unterstützt, entschied er, aus Juan-les-Pins ein prosperierendes Resort zu machen.

Man kann davon ausgehen, dass sich hinter dem Engagement von Florence auch ein handfestes Eigeninteresse verbarg, da sie im Falle seines Todes nur den ihrer Ansicht nach viel zu geringen Witwenanteil von einem Drittel der französischen Erbmasse zu erwarten hatte. Dieser Anteil würde sich durch Hotel- und Casinogeschäfte vervielfachen. Die ambitionierte Florence, die für Journalisten ihren Nachnamen schon mal von Lacaze in La Caze aufwertete, wollte jedenfalls mehr. Sie hatte einen Millionär zum Mann und entsprechende Ansprüche. Vielleicht fühlte sie sich im Süden auch an ihre kalifornische Jugend erinnert.

Geld spielte keine Rolle. Lokale Geschäftsleute wie der Hotelier Joseph Aletti, der zu jener Zeit das »Negresco« in Nizza leitete, sowie Henri Guénot und Édouard Baudoin, Besitzer des dortigen Restaurants Le Perroquet, hatten 1925 das Casino wiedereröffnet. Gould, gerade erst einigermaßen bei Kräften, stieg als Co-Promotor ein, gründete die Société La Gauloise und übernahm das Casino. Juan-les-Pins wurde »nach dem Vorbild von Miami«, wie Baudoin es sich ausmalte, neu aufgestellt. Gould setzte den Baron Jean-Daniel de Montenach, den Schweizer Ehemann seiner Tochter Helen, als Direktor der »Gauloise« ein und räumte seinem Freund Charles G. Loeb, Vizepräsident der US-Handelskammer in Frankreich, sowie Florence einen Sitz im Vorstand ein. Zu seinem persönlichen Sekretär, zuständig für das Geschäft in Juan-les-Pins und Granville, machte er Léonce

Aslangul, damals ein bekannter armenischer Tennisspieler und Vertrauter von Florence.

In Juan-les-Pins gestaltete Gould den zentralen Pinienhain neu und baute in prominenter Lage oberhalb des Strands das monumentale Hôtel Provençal mit der kennzeichnenden halben Rotunde zur Meerseite. Es war die Krone der neuen Station und entstand unter der Leitung des jungen Architekten Lucien Stable aus Cannes in einer Mischung aus Art déco und neoprovenzalischem Stil mit maurischen Elementen. Auf Fotos sieht man Charles Guillaumont, Bürgermeister von Antibes, bei der Grundsteinlegung am 19. Juni 1926. Ein Monsieur Clavère-Peyré, Präsident der Société La Gauloise, übermittelte Grüße des verhinderten Frank Jay Gould und hieß die zahlreichen Notabeln willkommen. Beim anschließenden Mittagessen im Casino ergriff er »beim Champagner« noch einmal das Wort und lobte Gould als Amerikaner »mit einer Passion für unser liebes Land«. Dann sprachen der Bürgermeister Guillaumont und der Casinobetreiber Baudoin, danach »enthusiastische Bravo-Rufe«, wie man im Lokalblatt *Le Réveil d'Antibes* lesen konnte.

Schon ein Jahr später hieß der Pinienwald Square Franck Jay Gould und wurde überragt von der »imposanten Fassade« des »Provençal«. Am 2. Juli 1927, bei der Eröffnung des Luxushotels mit seinen 290 Zimmern, das auch in technischer Hinsicht nichts zu wünschen übrig ließ, waren weitgehend dieselben Leute anwesend wie bei der Grundsteinlegung und überdies der Hoteldirektor Jules Pacciarella. Clavère-Peyré sprach und ebenso Baudoin. Sie beglückwünschten sich zu dem fabelhaften Hotelnamen und grüßten Gould, der wieder nicht kommen konnte. Bürgermeister Guillaumont verkündete die Umbenennung der vor dem »Provençal« gelegenen Küstenstraße in »Boulevard Édouard Baudoin«. Man feierte das Maximum an Komfort und Eleganz des neuen Hotels, seine Suiten, Privatbäder und Aufzüge, seinen Beach Club, die Restaurants und Tennisplätze. Das Hotel Provençal sollte zum glamourösen Wahrzeichen einer neuen Ära an der Côte d'Azur werden und ganz anders als die noch immer von Kriegsschäden gezeichneten Traditionshäuser in Nizza und Cannes, anders auch, als es das jahrhundertealte Raster von Antibes, angelegt für Pferde und Pferdekutschen, je zugelassen hätte. Neben dem »Provençal« gab es eine Garage und rund hundert Parkplätze.

Das moderne Juan-les-Pins entstand. Dutzende Hotels und Pensionen wurden nun eröffnet, 1936 gab es dann laut *Guide Michelin* auch Edelküchen wie das »La Frégate« im Casino, das zwei Sterne vorweisen konnte, und das »La Rascasse« gegenüber dem »Pam Pam«, das 1927 eröffnet wurde und einen Stern erhielt. Juan-les-Pins boomte, eine internationale Schickeria stellte sich ein, die zu einem erheblichen Teil aus den USA kam, glamourös war und schnelle Autos fuhr. Sara Murphy sollte später sagen: »Es war wie ein großer Jahrmarkt, alle waren so jung.«

Im Mittelpunkt der Szene stand die bezaubernde, sportliche Florence, die der Mode entsprechend die Haare kurz trug. Sie spielte nächtelang im Casino und erschien in Baccara-Pyjamas mit großen Taschen für die gewonnenen Chips. Sie lud Freunde und Berühmtheiten aus der ganzen Welt in ihre Villa La Vigie ein, die sich die Goulds 1928 zwischen dem »Provençal« und der Küste zugelegt hatten. Sie spielte Tennis gegen Suzanne Lenglen, genannt »die Göttliche«, vielfache Wimbledon- und Roland-Garros-Siegerin, und sie führte mit ihrem Leibwächter Léo Roman, dem Barkeeper des »Provençal«, in den 1930er Jahren das Wasserskifahren an der Côte ein. Noch heute heißt es manchmal, der Norweger Eroll Petersen habe 1932 am Strand von Juan-les-Pins als Erster die Idee dazu gehabt, was nicht stimmt. Es war vielmehr der 17-jährige Ralph Samuelson, der im Sommer 1922 als Erster auf zwei Brettern einige Minuten über den Lake Pepin an der Grenze zwischen Minnesota und Wisconsin fuhr. Der erste Wasserskisportbund aber wurde definitiv 1935 von Florence Gould und Léo Roman gegründet. Die erste Weltmeisterschaft für Wasserskisportler fand nachweislich 1949 in Juan-les-Pins statt, mit Start am Strand des »Provençal«.

Nach dem Bau des »Provençal« erlebte Frank Jay Gould, der erkennbar über das Macher-Gen des Vaters verfügte, eine Art Businessrausch. Jahr für Jahr schob er neue Projekte an. Zunächst erbaute er 1927 in nur sechs Monaten das Casino im normannischen Bagnoles de l'Orne, dem historischen Thermalbad für Aristokraten und Politiker. Darüber hinaus richtete er eine Bootsverbindung zum erst-

Jean Médecin, Bürgermeister von Nizza, Frank Jay Gould, Florence Gould und Geschäftspartner Édouard Baudoin auf der Terrasse des Casinorestaurants La Frégate in Juan-les-Pins. Das Restaurant mit livrierten Dienern, aber durchaus entspannter Atmosphäre galt als einer der bevorzugten Treffpunkte von Künstlern, Politikern und Businessmen an der Französischen Riviera. Während Gould als mysteriöser Investor *untouchable* blieb, zog der bullige Restaurateur und Regionalpolitiker Baudoin schon bald Neid und Kritik auf sich, weil er einen Teil des Strandboulevards nach sich selbst benennen ließ.

klassigen Grandhotel am Ufer gegenüber ein, das er ebenfalls aufkaufte und umgehend komfortabler machte, indem er alle 200 Zimmer mit Telefonen ausstatten ließ. 1928 folgte eine weitere Investition in der Normandie und ein weiteres Luxushotel. Diesmal war es das Grandhotel in Houlgate, einem der ältesten Seebäder an der Côte Fleurie zwischen Cabourg und Deauville. Es war 1859 erbaut worden und hatte seither Könige, Prinzen und Prinzessinnen beherbergt. Nun wurde es saniert und die Leitung dem Ehepaar Pacciarella übertragen, das auch das »Provençal« führte. Zwei Häuser also mit einer großen Vergangenheit und bezüglich des Komforts ihrer Zeit weit voraus. Zwei Grandhotels, die es heute nicht mehr gibt. Sie wurden nach dem Krieg in Eigentumswohnungen umgewandelt.

»Ein Palast, wie Cäsar ihn nicht hätte bauen können«, so äußerte sich Gould selbst über seine spektakulärste Unternehmung, das Palais de la Méditerranée von 1929, zu jener Zeit das modernste Casino der Welt. Die Initiative für ein »dem Renommee Nizzas entsprechendes Établissement« ging von Joseph Aletti aus, gebürtiger Schweizer und Sohn italienischer Eltern, den man den »Kaiser der Hotellerie«[28] nannte. Bei seinem Tod 1938 hinterließ Aletti fünf Palasthotels in Vichy mit 2500 Angestellten – Hôtel Carlton, Hôtel du Parc, Hôtel Thermal Palace, Hôtel Majestic, Hôtel Radio – sowie das pompöse, nach ihm selbst benannte Hôtel Aletti (heute Hotel Safir) in Algier, das damals luxuriöseste Haus Afrikas. Gould gelang es, den zunächst zurückhaltenden Aletti davon zu überzeugen, dass er der richtige Investor für das Palais de la Méditerranée sei, indem er kurzerhand zum Zeichen seiner unbegrenzten Solvenz das Hotel, das Aletti zu der Zeit leitete, kaufte. Es war das Hôtel Majestic am Boulevard de Cimiez in Nizza, ein Prachtbau mit 400 Zimmern und nicht zu verwechseln mit den gleichnamigen Luxushotels in Cannes und Vichy. Auch Édouard Baudoin, der loyale Casinobetreiber aus Juan-les-Pins, kam mit ins Boot und wurde – obgleich als Manager nicht vom Format eines Aletti – für die Bauaufsicht und als erster Direktor engagiert.

Unter den Architekten Charles und Marcel Dalmas, die bereits die Hotels »Royal«, »Scribe«, »Ruhl« und »Splendid« in Nizza und die Hotels »Carlton« und »Miramar« in Cannes entworfen hatten,

Das Palais de la Méditerranée an der Promenade des Anglais in Nizza mit dem beeindruckenden Treppenaufgang war Frank Jay Goulds pompöseste Investition. Immerhin blieben die Skulpturen von Antoine Sartorio an der hellenistischen Außenfassade bis heute erhalten, nachdem das Palais im weltweit beachteten Casinokrieg von Nizza in den 1970er Jahren ein begehrtes Abrissobjekt geworden war. Bürgermeister Jacques Médecin wollte seinerzeit im Verbund mit dem mafiotischen Geschäftsmann Jean-Dominique Fratoni aus Nizza das »Las Vegas am Mittelmeer« machen, möglichst ohne alte Gemäuer. Es folgten Mord, Totschlag, Entführungen, und das zog sich lange hin. Noch 1998 wurde Fratonis fünfzigjähriger Sohn Noël in Nizza von einem Dutzend Neun-Millimeter-Kugeln durchsiebt.

war der aufsehenerregende Art-déco-Vergnügungspalast in der neuen Stahlbetontechnik bereits nach einem Jahr fertiggestellt. »Alle Spiele außer Würfelpoker« wurden in dem weltweit größten Baccara-Casino (40 Tische für 600 Spieler) geboten. In dem Haus gab es ferner ein Theater und ein Restaurant mit 2000 Plätzen, es war »ausgestattet mit einem Höchstmaß an Luxus«: märchenhaft angestrahlt die Fassade, monumental die Eingangshalle, gleißend die weißen Marmortreppen, nobel das Edelholz und die Kristallleuchter. *United Press* berichtete anlässlich der Eröffnung im Januar 1929 von einem geheimen Spielsaal, der nur mit einem »verblendeten Aufzug« erreichbar war, wo man unerkannt mit unbegrenztem Einsatz spielen konnte, allerdings diskret beaufsichtigt von den Casinomitarbeitern. Laut Gould, der in New York schon »König der Croupiers« genannt wurde, war es die erste »selbstmordfreie« Spielbank. Über die Baukosten kursierten Angaben zwischen vier und fünf Millionen Dollar plus eine weitere Million Verlust im ersten Jahr. »Goulds Narrheit« hieß der Palast auch, von einem »weißen Elefanten« war die Rede, wie die Engländer Unternehmungen bezeichnen, die viel kosten und nichts einbringen.

In einem Interview vom Januar 1930 – wohlgemerkt in Zeiten der Weltwirtschaftskrise und der Prohibition – erklärte Gould, der Millionär, der sich selbst aus seinem Heimatland »verbannt« hatte, dass mittelfristig mindestens 100 000 reiche Amerikaner ihren ständigen Wohnsitz an der Riviera nehmen würden. Für diese Amerikaner wolle er für zehn Millionen Dollar ein »amerikanisches Venedig auf dem Sand von Juan-les-Pins« bauen. Gould avisierte jetzt ein neues Grandhotel in Danzig. Wenig später, am 26. Juli 1930, berichtete das *Hamilton Evening Journal* vom »Casinokrieg in Europa«, der nach dem Einstieg Goulds im südfranzösischen Glücksspiel ausgebrochen sei. An vorderster Front kämpfte das von der Société des bains de mer (SBM) geleitete Casino in Monte-Carlo, das führend war an der Côte d'Azur. Hier war Goulds Gegenspieler der schwerreiche griechische Waffenhändler Basil Zaharoff, genannt »mystery man of Europe«, der seit den 1920er Jahren Mehrheitseigner der SBM war. Zu seinen Gegnern gehörten ferner die Casinos in Cannes und San Remo sowie die Konkurrenz in Nizza. Alle hatten vergeblich versucht zu ver-

Von den 1930er bis zu den 1950er Jahren blieb die Strandarchitektur in Juan-les-Pins im Wesentlichen gleich. Dann wurden die meisten alten Villen aus Renditegründen rasiert. Als letztes Gebäude aus dieser Zeit blieb der legendäre »Glacier Belge« (im Bild rechts) erhalten, bis auch dieser Eisladen einem Appartementneubau weichen musste. Der erste Appartementkomplex im modernistisch-funktionalen Stil (»Constellations«) am Strandboulevard entstand schon 1959.

hindern, dass Gould eine Konzession für seine Spielbank erhielt. Nach einer Reihe von Besitzerwechseln, Misswirtschaft und Konkurs, nachdem 1981 die Innenausstattung versteigert und 1988 der Versuch unternommen worden war, einen Totalabriss durchzusetzen – was der französische Kulturminister Jack Lang verhinderte, indem er die Art-déco-Fassade unter Denkmalschutz stellte –, landete das Palais de la Méditerranée im Portfolio von Investoren. Seit 2012 ist es ein Fünf-Sterne-Luxushotel unter der Flagge von Hyatt Regency im Besitz von Katara Hospitality, ehemals Qatar National Hotels Co.[29]

Nachdem sich Gould zu Beginn des Jahres 1930 in einem Interview äußerst zuversichtlich zur Entwicklung in Juan-les-Pins geäußert hatte, erschien im Oktober 1930 unter der Überschrift »Juan-les-Pins« ein zweispaltiger Artikel im *Daily Gleaner* in Kingston, Jamaika, über die Entdeckung der Sommersaison in Südfrankreich, verfasst von der Gräfin Crzymala-Kobylanska: »Über Nacht, so scheint es, hat sich der Umbruch vollzogen. Juan-les-Pins, der beliebteste der neuen Badeorte, ist wie ein Pilz aus dem Boden geschossen und hat heute zahllose Fans. (…) Im Zentrum: Das Hotel Provençal des amerikanischen Millionärs F. Jay Gould und das Kasino am Meer.« Auf der Gästeliste des »Provençal« fand man in den folgenden Jahren Größen wie Winston Churchill, Ernest Hemingway, Coco Chanel, Maurice Chevalier, Édith Piaf, die Mistinguett, Ella Fitzgerald, Lilian Harvey, Willy Fritsch, Sir Oswald und Lady Cynthia Mosley. Aus Hollywood Jack Warner, Douglas Fairbanks, Mary Pickford. Und Charlie Chaplin.

Der weltberühmte Schauspieler und Komiker Charles Spencer Chaplin plante nach den schwierigen Dreharbeiten zu *City Lights* (deutsch *Lichter der Großstadt*)[30] eine Auszeit. Vorgesehen war eine Weltreise von Februar 1931 bis Juni 1932 mit Filmpremieren und Stationen in London, Paris, Südfrankreich, Berlin, Wien, Venedig, Budapest, Moskau, St. Moritz. Über Singapur, Bali und Tokio sollte es dann nach Kalifornien zurückgehen. In Frankreich erhielt Chaplin von Frank Jay Gould eine Einladung an die Côte d'Azur. Auch wenn sich die beiden nie zuvor getroffen hatten, gab es zwischen ihnen eine Verbindung über Goulds zweite Frau Edith Kelly, das britische Showgirl, von dem er sich Ende der 1910er Jahre hatte scheiden lassen. Sie war die Schwester der früh verstorbenen Hetty Kelly, in die sich Charlie Chaplin 1908 in London verliebte. Da war sie 15, er 19 Jahre alt. Vermutlich haben Edith Kelly oder ihr Bruder Arthur, den Gould als Privatsekretär eingestellt hatte, die Einladung initiiert.

Ende März 1931 reiste Chaplin mit seinem japanischen Vertrauten und Leibwächter Toraichi Kono und seinem Pressesekretär Carlyle T. Robinson nach Nizza, wo sich sein Bruder Sydney mit seiner Frau Minnie ein halbes Jahr zuvor niedergelassen hatte. Dort wurde er von Frank und Florence Gould sowie unzähligen Fans empfangen, das Ganze organisiert von Goulds umtriebigem weißrussischen Pressemann Boris Evelinoff. Wie man den Aufzeichnungen von Carlyle Robinson (*La vérité sur Charlie Chaplin*, 1935) entnehmen kann, war Chaplin genervt von dem ganzen Trubel in Südfrankreich, wo man seinen Aufenthalt als große Sensation bis ans Limit ausschlachtete. Gould war ein Geschäftsmann, und das hier war sein Coup. Er wollte von dem berühmten Hollywood-Star profitieren und quartierte ihn im »Majestic« ein, chauffierte ihn gleich nach der Ankunft durch Nizza und lud anschließend zum Galadiner in das Palais de la Méditerranée. 2000 bis 3000 Schaulustige bezahlten Eintritt dafür, Chaplin durch die Glasfront beim Essen zuschauen zu dürfen.

Trotzdem blieb Chaplin in Goulds Riviera-Resort, damals das Mekka britischer und amerikanischer Weltreisender. Dort traf er auf die vermutlich österreichische, vielleicht auch tschechische und in der Chaplin-Forschung kaum beachtete Tänzerin May Reeves, die um die 25 Jahre alt war und in Wirklichkeit wohl Mitzi Müller hieß. Wie sie sich kennenlernten, darüber gibt es widersprüchliche Angaben. Reeves selbst schreibt in ihrem gemeinsam mit der deutsch-französischen Schriftstellerin Claire Goll verfassten Erinnerungsband *The Intimate Charlie Chaplin*, sie sei dem Künstler zum ersten Mal durch Vermittlung seines Bruders Sydney, mit dem sie wohl zuvor ein Verhältnis hatte, in seinem Hotelzimmer im »Majestic« begegnet. Chaplin sei sofort von ihr eingenommen gewesen und habe gefragt: »Tanzen Sie Tango?« Worauf sie geantwortet habe: »Tango ist mein Beruf. Ich bin eine akrobatische Tänzerin und erst kürzlich aus Italien, Wien und Berlin zurückgekehrt.« Da sei es um ihn geschehen gewesen.

»Charlie war ganz eingenommen von ihrem Englisch, dem kuriosen Akzent und der charmant ungelenken Anordnung in den Sätzen, ganz eingenommen von ihrer Jugend und Naivität. Er erkannte, dass sie hinter all der Raffinesse ein schüchternes, weltfremdes und erstaunlich unschuldiges Mädchen war.«[31]

Es folgte eine Affäre, die elf Monate dauerte, lebendig festgehalten in Reeves' stilistisch eher schwachem Text, der trotzdem als wertvolle Quelle gilt. Denn ihr Buch zeichnet sich dadurch aus, dass es schon 1935, kurz nach den Ereignissen, veröffentlicht wurde, anders als die Erinnerungen etwa von Lita Grey[32] oder Georgia Hale[33] an ihre Zeit mit Chaplin.

Am 28. April bezogen Kono und Chaplin die Zimmer 223 bis 225 im »Provençal«, und May Reeves nahm sich ein Zimmer in Juan-les-Pins. Er flehte: »Komm sofort ins Provençal!«, und sie gab nach. »Von da an lebten wir zusammen, und ich galt als seine Verlobte.« Was folgte, steht in ihrem Buch: Sie verbrachten Stunden in der Sonne auf dem Hotelbalkon, oder »wir haben Delfine gespielt« in der Badewanne. »Deine Haare sind wie Ariadnefäden. Jedes hat ein eigenes Leben«, schwärmte er, während er sie wusch und schnitt. »Wir haben Ball gespielt, uns massiert und lagen in der Sonne« am Strand, sie spielten Baccara und Roulette im Casino von Juan-les-Pins, tanzten im Ballsaal des »Provençal«, gingen zur *City Lights*-Premiere in Antibes und verabredeten sich mit Emil Ludwig, Maurice Chevalier, Gloria Swanson und H. G. Wells. In seiner Euphorie erwog der frisch verliebte Chaplin sogar, May ein Haus an der Küste zu kaufen. Im Winter würde er in Hollywood arbeiten, den Sommer über wollte er in Südfrankreich sein – bei ihr und dem Baby, von dem auch die Rede war. Er ließ sich Häuser im Hinterland von Antibes, Cap Ferrat und Biot zeigen. Doch dann verlor er das Interesse.

Charlie Chaplin war, wie sich wieder einmal zeigen sollte, launenhaft, brutal gegenüber Freunden und in diesem Fall eifersüchtig auf May Reeves' früheren ägyptischen Liebhaber. Er war, wie seine spätere Frau Paulette Goddard treffend bemerkte, »schwierig, aber liebenswert«. Als Reeves und er Ende April 1931 für ein paar Tage in das prunkvolle Hotel Aletti nach Algier reisten, empfahlen ihm seine Berater, die Sache mit ihr nicht öffentlich zu machen. May Reeves

Charlie Chaplin 1931 mit seiner kurzzeitigen Geliebten Mizzi Müller alias »May Reeves« am Strand des »Provençal«. Chaplin, der absolute Weltstar, der von Frank Jay Gould in Nizza, Cannes und Juan-les-Pins als Werbe-Ikone für seine Unternehmungen funktionalisiert worden war, blieb schließlich wegen Mizzi Müller länger als ursprünglich geplant im »Provençal«. Die originalen Typoskripte der Chaplin-Erinnerungen von May Reeves, in Form gebracht von der Schriftstellerin Claire Goll, liegen heute nebst Briefwechsel noch unerforscht im »Sonderarchiv Moskau«. Die Gestapo hatte die Blätter nach dem deutschen Einmarsch 1940 in Paris beschlagnahmt, später gerieten sie in den Besitz der Roten Armee.

musste allein reisen, um einen Hype um die Affäre zu vermeiden. Vor der Reise nach St. Moritz im Winter 1932 schrieb sie von ihrer Schwangerschaft, von dem Kind, das sie verlor, und vom Abschied in Neapel. Für Chaplin war es schon länger vorbei. Wie so oft war es für ihn eine Liebe nach dem Muster »auf Leidenschaft folgt Ernüchterung«.

In der Chaplin-Biografie von David Robinson liest man: »Am Kai von Neapel nahm Chaplin endgültig Abschied von der ergebenen May. Als das Schiff ablegte, sah er sie ein letztes Mal, wie sie tapfer zu lächeln versuchte und seinen Tramp-Gang imitierte.« Chaplin schreibt in seiner Autobiografie *Geschichte meines Lebens* über die Episode mit May Reeves, sie sei ein »sehr reizendes junges Mädchen« gewesen. Er schreibt vom Hotel, vom Casino, von dem ägyptischen Liebhaber. Ihren Namen erwähnt er nicht.

Nachdem er innerhalb kurzer Zeit so viel in die Sommerfrische in Juan-les-Pins investiert hatte, plante Gould, für die vermögende, junge Sommerklientel des »Provençal« und des Palais de la Méditerranée in Nizza eine »Spielwiese« für den Winter, einen Palast in den Bergen im Westen der Grafschaft Nizza, nahe dem Dorf Beuil und etwa 75 Kilometer von der Küste entfernt. Ihm schwebte ein Megève oder ein Davos in den französischen Südalpen vor, die bis dahin nur ein schneebedecktes Hintergrundmotiv waren für die Urlauber an der Küste. Gemeinsam mit Baudoin gründete er im Juni 1931 die Société des hôtels et des sports d'hiver de Beuil et de la Côte d'Azur, und bereits in der folgenden Wintersaison, am 6. Januar 1932, wurde der massive, im Stil des »Néo-Montagnard« erbaute Komplex des Hôtel du Mont-Mounier eröffnet. Anwesend war diesmal auch Gould, es waren Baudoin und der Hoteldirektor Monsieur Bopp gekommen, ferner Lokalhonoratioren wie Jean Médecin, Bürgermeister von Nizza, und Léon Baréty sowie einige Adlige wie der Graf Gautier-Vignal, die Gräfin Béarn, der Prinz Obolenski und die Prinzessin Aga Khan. Doch das Projekt am Mont-Mounier scheiterte – trotz Pferdeschlitten aus St. Moritz, Sprungschanze und Bobbahn. Die große Wirtschaftskrise, die schlechte Verkehrsanbindung – die Straßen waren eng, der Weg zu beschwerlich – und die Konkurrenz in den Nachbarorten Auron und Valberg machten dem Unternehmen den

Garaus. Nach dem Krieg brachte man an der Südfront des Hotels Balkone an und teilte es in Appartements auf.[34]

Privat lief es auch nicht gut. Mitte der 1930er war den Goulds klar: Ihre Ehe war nach zehn Jahren am Ende. Für Aufsehen in der US-Presse sorgte Florence Goulds Trip nach New York 1934 – ihre erste Rückkehr in die Vereinigten Staaten seit der Scheidung von Henry Chittenden Heynemann 1917. Der *Syracuse Herald* aus New York brachte im Oktober 1934 einen Sonderbericht von der Ausschiffung: Mrs. Gould zeigte sich von der Skyline begeistert und von dem Plan, »wunderschöne amerikanische Strümpfe zu kaufen. (…) Sie hat außerdem Termine mit Innenausstattern für ihre neue Residenz in Ardsley-on-Hudson.« Das nicht ganz abwegige Gerücht, die Goulds würden in die USA zurückkehren, machte die Runde. Als ihm aber klar wurde, welche Folgen die amerikanische Einkommensteuer auf sein Vermögen haben würde, verwarf der fast 57-jährige Gould die Umzugspläne in die Kleinstadt Ardsley, dreißig Kilometer nördlich von Midtown Manhattan. Da er kein Interesse an einer weiteren teuren Scheidung hatte, vereinbarte er mit Florence ein alternatives Beziehungsmodell.

Frank Jay Gould, stets mit Krawatte und schon damals veraltetem Kläppchenkragen, erschien auf den mondänen Empfängen des »Provençal« nur noch selten. Er zog sich zurück, entwickelte Züge eines Hypochonders, hatte hin und wieder Affären, kümmerte sich ansonsten um seine Pekinesen und soll sich seine Zeit damit vertrieben haben, durch das Fernglas die jungen Frauen am Strand von Juan-les-Pins zu beobachten. Währenddessen sammelte die hinreißende Florence Liebhaber – Armand de La Rochefoucauld, Bob de Thomasson, Melchior de Polignac, Henri Garat, Pierre Benoit, George Ducros – an der Riviera und in Paris. Frank tolerierte das, solange sie zum Frühstück wieder da war. Sie erwarb sich den Ruf, die »standfesteste Spielerin an den Baccara-Tischen« zu sein, die »gewinnt und verliert mit einem Lächeln auf den Lippen«. Ihre Einsätze lagen selten unter 1000 Dollar.

LOST GENERATION IN PYJAMAPOLIS

Der Aufstieg zum Vergnügungszentrum der Côte d'Azur

Scott versuchte es aber immer wieder. Jeden Tag versuchte er zu arbeiten und schaffte es nicht. Die Schuld daran gab er Paris, der für einen Schriftsteller am besten geeigneten Stadt von allen, und immer glaubte er, irgendwo müsse es einen Ort geben, an dem er und Zelda wieder ein gutes Leben führen könnten. Er dachte an die Riviera, wie es dort gewesen war, bevor man alles zugebaut hatte, mit dem herrlichen blauen Meer und den Sandstränden und den Bergen des Esterel, die sich bis ins Meer erstreckten. Er hatte die Gegend so in Erinnerung, wie sie war, als er und Zelda sie entdeckt hatten, bevor die Leute anfingen, dort den Sommer zu verbringen.

ERNEST HEMINGWAY, *Paris – Ein Fest fürs Leben*

Ernest Hemingway schrieb *A Moveable Feast* Ende der 1950er Jahre auf Kuba und überarbeitete den Text noch einmal im Herbst 1960 in Ketchum/Idaho, seinem letzten Wohnort. Wenig später, Anfang Juli 1961, erschoss er sich dort mit seiner Jagdflinte. F. Scott Fitzgerald war da schon länger tot, Zelda auch. Kaum jemand wird in Hemingways bösen Erinnerungen an seine Schriftstelleranfänge in Paris und an der Côte d'Azur, die dann 1964 postum erschienen, stärker ironisiert und fertiggemacht als Scott Fitzgerald. Dieser Effekt wird durch den stets lakonisch-zynischen Grundton und dadurch, dass Hemingway das literarische Genie von Fitzgerald vorbehaltlos und generös anerkennt, noch verstärkt. Aber die Distanz wird schon in Kleinigkeiten deutlich: »Fitz« habe es über Jahre nicht vermocht, den Namen »Hemingway« richtig zu schreiben. Dann geht es um Fitzgeralds Unfähigkeit, auch nur normale Quantitäten von Alkohol anständig zu vertragen, und dem »Schwanzvergleich« ist gar ein ganzes Kapitel gewidmet. Hemingway bringt Fitzgerald darin während einer Besichtigung von antiken Statuen im Louvre bei, dass er eigentlich ganz normal bestückt sei und sich aus abwertenden Bemerkungen von Ehefrau Zelda nichts machen solle. Fitzgerald habe immer eine ungesunde Neigung zur fahlen Welt der Reichen und Schönen gehabt, urteilt Hemingway, und schließlich den größten Fehltritt begangen, indem er Zelda Sayre heiratete, die Tochter eines Richters am Supreme Court in Alabama.

> Zelda hatte Falkenaugen und einen schmalen Mund und das Gebaren und den Akzent einer Südstaatlerin. Wenn man ihr Gesicht beobachtete, sah man, wie ihre Gedanken die Tischrunde verließen und sich der Party der vergangenen Nacht zuwandten und wieder zurückkehrten, ihre Augen erst ausdruckslos wie die einer Katze und dann vergnügt und das Vergnügen zeigte sich auf der dünnen Linie ihrer Lippen und verschwand dann wieder. Scott war der gutaufgelegte Gastgeber, und wenn er einen Schluck Wein trank, sah Zelda ihn an und lächelte glücklich mit ihren Augen und auch mit dem Mund. Ich lernte dieses Lächeln sehr gut kennen. Es bedeutete, dass sie wusste, Scott würde an diesem Tag nicht mehr schreiben können.

Das war die große psychologische Einsicht des Katzenfreundes Hemingway: Zelda war eifersüchtig auf den literarischen Erfolg ihres Ehemanns, kannte seine Schwachstelle, verführte ihn zu immer härterem Trinken und war somit verantwortlich dafür, dass Fitzgerald neun Jahre lang an *Tender Is the Night* herumwerkelte, dem Riviera-Roman schlechthin.

Hemingway, der in Spanien an der Fertigstellung von *The Sun Also Rises* (deutsch *Fiesta*) gearbeitet hatte, kam 1926 auf Einladung von Scott nach Juan-les-Pins. Er pendelte Anfang 1926 zwischen Paris und New York, wo er seinen neuen Vertrag mit Scribner's fixierte, und Pamplona. Von dort kommend, traf er am 28. Mai in Juan-les-Pins ein. Ehefrau Hadley und der grippekranke Sohn »Bumby« waren schon da, in der Villa Paquita, die ihnen die Fitzgeralds kostenfrei überließen, nachdem sie in die größere Villa Saint-Louis – heute das Luxushotel Belles Rives – direkt ans Meer umgezogen waren. Hemingway, hungrig und abgebrannt, war dritter Klasse mit dem Zug von Bayonne nach Juan-les-Pins gekommen. Mit dabei auch Pauline Pfeiffer.

> Die Villa war hübsch, und Scott hatte ein sehr schönes Haus nicht weit davon, und ich war sehr glücklich, meine Frau, die die Villa herrlich in Schuss gebracht hatte, und unsere Freunde wiederzusehen, und der erste Aperitif vor dem Mittagessen war sehr gut, und wir tranken noch einige mehr. An dem Abend gab es für uns eine Willkommensparty im Casino, nur eine kleine Party, die MacLeishes, die Murphys, die Fitzgeralds und wir, die wir in der Villa wohnten.

Und dann kommt der Clou der Geschichte (und in gewisser Weise ist *A Moveable Feast* Hemingways brutalster *literarischer* Text):

> Zelda war sehr schön und hatte eine wunderbar goldgebräunte Haut und war sehr freundlich. Ihre Falkenaugen waren klar und ruhig. Ich wusste, alles war in Ordnung und würde am Ende gut ausgehen, als sie sich vorbeugte und mir ihr großes Geheimnis verriet: »Ernest, meinst du nicht auch, Al Jolson ist größer als Jesus?« Niemand außer Pauline dachte sich damals etwas dabei. Das war nur ein Geheimnis, das Zelda mit mir teilte, wie ein Falke etwas mit einem Menschen teilen mag. Aber Falken teilen nicht. Erst nachdem Scott erfuhr, dass sie geisteskrank war, brachte er wieder etwas Vernünftiges zustande.

Die Passage ist ziemlich aufschlussreich. Man könnte ja annehmen, dass Zelda mit Al Jolson[35] und Jesus nur einen Partywitz machen wollte, aber dann ist da »Pauline«, die alles – also die Geisteskrankheit von Zelda – längst begriffen hat. Hadley dachte zunächst, die sportive, dunkelhaarige Pauline sei *ihre* Freundin, stattdessen war sie die Geliebte ihres Mannes. Hemingway konvertierte für Pauline sogar zum Katholizismus. Das Trio, Hadley, Pauline und Ernest, wechselte nach dem Auslaufen des Mietvertrags der Fitzgeralds für die Villa Paquita ins Hôtel de la Pinède. Hadley fand die Situation wenig amüsant. Es begann das Spiel der Geschlechter – Pauline bezeichnete Ernest und Hadley etwa als »my two men« –, das Hemingway nach 1945 auf Kuba in seinem monumentalen Roman *The Garden of Eden* (deutsch *Der Garten Eden*) verarbeitete. Die erste Fassung hatte tausend Seiten Umfang. Der Roman erschien schließlich – um drei Viertel gekürzt – 1986 bei Scribner's.

In Juan-les-Pins kam es jedenfalls zu der berühmten Ménage à trois mit Hemingway, seiner Noch-Ehefrau Hadley und Pauline Pfeiffer (1895–1951), Redakteurin bei der Pariser *Vogue,* Absolventin der School of Journalism der Universität Missouri und Tochter eines vermögenden Immobilienmaklers aus Arkansas, die Hemingway 1927 ehelichen sollte. Diese Verwicklungen werden in *A Moveable Feast* indirekt den Fitzgeralds und mehr noch den Murphys angelastet, all diesen »Lotsenfischen«:

> Vielleicht waren die Reichen gut und anständig, und der Lotsenfisch war ein Freund. Mit Sicherheit haben die Reichen nie etwas zum eigenen Nutzen getan. Sie sammelten Menschen, wie man Bilder oder Zuchtpferde sammelt, und sie unterstützten mich bei jeder rücksichtslosen und bösen Entscheidung, die ich traf, und all diese Entscheidungen schienen so unausweichlich und logisch und anständig, und alle beruhten sie auf Täuschung. Die Entscheidungen waren nicht alle falsch, auch wenn sich am Ende herausstellte, dass sie alle schlecht waren und ihnen immer derselbe Charakterfehler zugrunde lag.

Charakterfehler hin oder her, tatsächlich hatten die Murphys, Sara und Gerald, die »Lotsenfische«, nahezu alle großen Hoffnungen, Modernisten aller Couleur, die sich zumeist schon aus Paris kannten, von 1925 an in ihrer neuen Villa America am Cap d'Antibes um sich versammelt, Motto: edle Reduzierung auf das Wesentliche. Es war eine Art Lifestyle-Bauhaus an der Côte, an dem kleinen Strand de la Garoupe, den Gerald Murphy selbst freigeharkt hatte, mit direktem Blick auf die maritimen Alpen. Auf allen Fotografien, über die wir aus den Jahren 1925 bis 1929 verfügen, wirkt diese Gesellschaft mit ihren lustigen Indianerdarstellern und Joga-Übungen wie eine Sekte zur Abwehr der Belle-Époque-Geister. Es ist eine Art verfeinertes »Zurück zur Natur«, Avantgarde war Pflicht, und Juan-les-Pins war als Phänomen noch so aufregend neu, dass hier eine Art Freiluftgesamtkunstwerk konstruiert werden konnte. Im Vergleich zu Berlin

Pablo Picasso im August 1923 beim Picknick am Strand von La Garoupe am Cap d'Antibes, hier mit Ehefrau Olga und Sara Murphy. Sara Sherman Wiborg und ihr Ehemann Gerald Murphy, beide von Hause aus vermögend, ließen sich gern als Entdecker eines frugal-verfeinerten Lebensstils am Strand von La Garoupe und in ihrer Villa America bewundern und versammelten mit Dorothy Parker, John Dos Passos, den Fitzgeralds und Hemingways die Elite der damaligen US-Expats um sich. Gerald Murphy war als Vertreter des »konkreten Kubismus« und Vorläufer der Pop-Art selbst ein talentierter Maler, Picasso wurde aber vorbehaltlos als Meister aller Klassen akzeptiert. Nach dem Crash an der Wall Street im Jahr 1928 und persönlichen Schicksalsschlägen kam diese Form des »making paradise« (so der Kunsthistoriker Kenneth Silver) schneller als gedacht an ihr Ende.

mit seinen später verklärten Goldenen Zwanzigern war in Paris und an der Riviera auch der literarische Konkurrenzdruck viel höher, besonders unter den Amerikanern. Der linke Journalist und Propagandakritiker George Seldes machte später in seinen Memoiren sogar noch einen weiteren verblüffenden internen Unterschied aus:

> Der größte Unterschied zwischen den Literaten- und Künstlerkolonien der 1920er und 1930er Jahre in Montparnasse und an der Riviera war der: Im Pariser Quartier Latin drängten sich Zehntausende hoffnungsvoller Männer und Frauen, eine ganze Reihe von Schriftstellern, Malern und Dichtern sowie Tausende Blender, wohingegen an der Riviera alle arbeiteten. Dort gab es kein Gewirr von Cafés, dort hörte man nicht eine einzige (falsche) Geschichte über eine verlorene Generation.

George Seldes (1890–1995), Bruder des bekannteren Literaturkritikers Gilbert Seldes, wurde 104 Jahre alt und dürfte damit der älteste Überlebende des literarischen Paris-Riviera-Sets gewesen sein. Er arbeitete wohl wirklich konsequenter und trank weniger als die meisten anderen. Es gab ihn wohl, den Konflikt zwischen Partykultur und Alkoholkonsum auf der einen und dem aufmerksamkeitsökonomischen Verlangen, der stilistisch Beste zu sein, den größten literarischen Coup zu landen und den Wettbewerbern zuvorzukommen, auf der anderen Seite. Hemingway erklärte dem unkontrollierbaren Fitzgerald jedenfalls ein ums andere Mal, dass man Trinken und Schreiben diszipliniert abstimmen müsse.

Die beiden Anwärter auf Platz eins in der schriftstellerischen Champions League hatten sich im Frühjahr 1925 zum ersten Mal in der Pariser Dingo-Bar in der Rue Delambre getroffen. Hemingway machte sich später in *A Moveable Feast* einen makabren Spaß daraus, zu schildern, wie »Fitz« schon damals nach ausgiebigem Champagnerkonsum ausfiel, dass er trank, »bis das Gesicht wie ein Totenkopf aussah (...) und die Farbe wich aus seinem Gesicht, so dass es die Farbe von benutztem Kerzenwachs hatte«. Fitzgeralds *The Great Gatsby* war damals gerade bei Scribner's erschienen, und Hemingway hatte eins der ersten Exemplare bekommen.

> Scott erzählte mir, dass er von Maxwell Perkins (dem Scribner's-Lektor) gehört habe, dass sich das Buch nicht gut verkaufte, aber dass es ausgezeichnete Kritiken gehabt hätte. Ich erinnere mich nicht, ob es jener Tag war oder viel später, als er mir eine Kritik von Gilbert Seldes zeigte, die nicht besser hätte sein können. Sie hätte nur besser sein können, wenn Gilbert Seldes besser gewesen wäre. Scott war ratlos und gekränkt, weil das Buch sich nicht besser verkaufte, aber wie gesagt, er war damals überhaupt nicht verbittert, und er war beides, schüchtern und glücklich, was die Qualität seines Buches betraf.

Hemingway, der gelernte Journalist, Kurzgeschichtenautor und Kämpfer an der Italienfront des Ersten Weltkriegs, hatte damals noch keinen Roman veröffentlicht. Fitzgerald vermittelte ihn an Perkins, half ihm mit signifikanten Verbesserungsvorschlägen bei der Korrektur von *The Sun Also Rises*. Es hätte eine schöne Freundschaft werden können – wenn Zelda nicht gewesen wäre.

Zelda und Scott waren im Mai 1924 zum ersten Mal an der Côte d'Azur. Sie reisten aus den USA mit der »Minnewaska« zunächst über Le Havre nach Paris, mit 17 Koffern und der gesamten *Encyclopaedia Britanica* im Gepäck, denn Scott wollte seine Allgemeinbildung verbessern. Als erstes Riviera-Ziel wurde Hyères ausgewählt, wo schon Robert Louis Stevenson und Joseph Conrad gewohnt hatten, und wo vor allem Edith Wharton im Château Saint-Clair mit großem Landschaftsgarten lebte, die Henry-James-Freundin und Autorin von *The Age of Innocence* und *Ethan Fromme*. Zu einer Begegnung der Fitzgeralds und Wharton kam es an der Riviera nicht, und ein späterer Gesprächsversuch in Paris endete desaströs.

Die Fitzgeralds fanden das »Grimm's Park Hotel« in Hyères ziemlich verstaubt und altbacken und zogen bald in die herrschaftliche Villa Marie nach Saint-Raphaël-Valescure um, wo sie 79 Dollar im Monat für das Quartier nebst englischer Nanny, Hausmädchen und Koch bezahlten. Schon Matthew Bruccoli, Fitzgeralds Chefbiograf und Sammler einer zuletzt millionenschweren Kollektion von Fitzgeraldiana, hat darauf hingewiesen, dass der Fitzgerald-Aufenthalt zunächst wenig mit einer kulturellen Frankreich-Sehnsucht zu

tun hatte, sondern die beiden wohl eher die Aussicht lockte, dort preiswert leben und arbeiten zu können. Scott schrieb darüber einen bekannten Essay für die *Saturday Evening Post*, die schon früh zu seiner Haupteinnahmequelle geworden war. Der Beitrag erschien im September 1924 unter der Überschrift »Wie man mit fast nichts über die Runden kommt«. Scott beschwerte sich darin über die »Einheimischen«, die ihn und Zelda stets übervorteilen würden, denn »unsere wöchentliche Rechnung bei Lebensmittelhändler und Metzger betrug fünfundsechzig Dollar, mehr, als sie je auf einem teuren Pflaster von Long Island betragen hätte«.

In jenem Jahr kam es noch vor dem Bau der Villa America zu der ersten Begegnung mit den Murphys im Grand Hôtel du Cap d'Antibes und zu der Affäre Zeldas mit dem französischen Fliegeroffizier Édouard Jozan, die sich nie ganz aufklären ließ – Jozan sagte später, es sei nichts Ernsthaftes gewesen. Zelda hatte ihre Zeit mit dem schneidigen, braun gebrannten Jozan, der nach dem Zweiten Weltkrieg Vizeadmiral in Indochina wurde, und seinen Fliegerkollegen am Strand verbracht, während Fitzgerald sein *Gatsby*-Manuskript korrigierte. Scott fühlte sich durch die Affäre seiner Frau tödlich verwundet. »Ich weiß, dass etwas geschehen ist, das niemals mehr repariert werden kann«, schrieb er in sein Tagebuch. Für ihre verzweifelten

Panoramablick aus der Villa America der Murphys in Antibes-Juan-les-Pins

Emanzipationsversuche aus der Umklammerung einer stets auch literarisch ausgebeuteten Beziehung hatte er kaum Verständnis, obwohl er in einem Brief an Max Perkins seine Zelda-Fixierung selbst als »schreckliche Angewohnheit« bezeichnet hatte. Aus dieser frühen Zeit an der Riviera stammen die ersten Berichte über Selbstmordversuche von Zelda. Das weitere Drama bis zu Zeldas komplettem Nervenzusammenbruch in Paris 1930 mit den anschließenden Aufenthalten in der Psychiatrie ist bekannt – und nicht zuletzt in *Tender Is the Night* (deutsch *Zärtlich ist die Nacht*) von Scott und *Save Me The Waltz* (deutsch *Ein Walzer für mich*) von Zelda fiktionalisiert worden.

Im August 1925 kamen die Fitzgeralds mit dem Train Bleu via Marseille wieder zu den Murphys ans Cap. Deren von den US-Architekten Hale Walker und Harold Heller umgebaute Villa America stand kurz vor der Fertigstellung: 14 Zimmer, eine kleinere Bastide als Gästehaus, ein weiteres Malstudio für Gerald, Gärtnerhütte, Orangen- und Zitronengarten und ein neues Flachdach als Sonnendeck mit fantastischem Ausblick nach Juan-les-Pins auf der einen, Nizza und das Cap Ferrat auf der anderen Seite. Nun wurde Juan-les-Pins von allem überrollt, was künstlerisch Rang und Namen hatte. Scott Fitzgerald übte sich im September 1925 in einem Brief an seinen Freund John Peale Bishop im ironischen Namedropping:

> Ich kann es nicht erwarten, Deinen Roman zu lesen. Ich habe selbst gerade mit einem neuen angefangen. Es war kein Mensch in Antibes außer mir, Zelda, den Valentinos, den Murphys, Mistinguett, Rex Ingram, Dos Passos, Alice Terry, den MacLeishes, Charlie Brackett, Maude Kahn, Esther Murphy, Marguerite Namara, E. Phillips Oppenheim, dem Geiger Mannes, Floyd Dell, Max und Crystal Eastman, Expremier Orlando, Étienne de Beaumont – der perfekte Platz, um durchzuschnaufen, um vor der Welt einfach mal seine Ruhe zu haben.

Von den erwähnten Filmemachern, Malern, Schauspielerinnen und Literaten hatte der heute beinahe völlig vergessene Max Eastman (1883–1969) wohl die farbigste Biografie. Vielseitig begabt als Dichter, Polemiker und politischer Analyst, schlank und sehr gutaussehend, sozialisiert im Umfeld des linken New Yorker Greenwich Village, betätigte er sich als Mitarbeiter und Unterstützer seiner feministischen Schwester, der früh an Nierenversagen verstorbenen Suffragette Crystal, indem er etwa als Promotor der Men's League for Women' Suffrage wirkte. Eastman edierte die linken Blätter *The Masses* und *The Liberator* und war einer der wenigen amerikanischen Intellektuellen, die die Machtkämpfe zwischen Stalin und Trotzki vor Ort in Russland miterlebten. Er war dreimal verheiratet: mit der feministischen Rechtsanwältin und Schauspielerin Ida Rauh, mit der Malerin Elena Krylenko, der Schwester des Sowjetkommissars für Justiz Nikolai Krylenko, der mitverantwortlich war für die stalinistischen Schauprozesse, schließlich mit der gebürtigen Ungarin Yvette Szkely, die zuvor länger mit Theodore Dreiser liiert war. Eastman verfolgte am Cap die zunehmend exzessiven Trinkgewohnheiten der Fitzgeralds:

> Er und Zelda und Elena und ich hatten einige sehr angenehme Treffen, und wir hätten sie auch häufig gesehen, wenn ihr maßloser, unausgesetzter Alkoholkonsum dies nicht unmöglich gemacht hätte. Sie tranken nicht aus Geselligkeit oder auch nur dem Wunsch heraus zu trinken, sondern automatisch. Es war eine ebenso reflexhafte Handlung wie das Atmen und genauso wenig wie dieses der Kontrolle ihres Willens unterworfen.

Eastman empfand Scott auf eine gewisse Art als ebenso fragil wie Zelda und wunderte sich über dessen Erfahrungshunger, der sich in zahlreichen Späßen, meist mutwilligen Jungenstreichen, Bahn brach. Überdies gehörte Eastman zu den wenigen Zeitgenossen, die *The Great Gatsby* zwar für eine gute Geschichte hielten, darüber hinaus aber nichts mit dem Roman anfangen konnten: »Für mich macht dieser Anflug von bewusster Kunstfertigkeit, der nicht ganz so perfekt ist wie der von Robert Louis Stevenson, Scotts Prosa unreif.«

In seiner Autobiografie *Love and Revolution* hält Eastman, was das Namedropping angeht, mühelos mit. Amüsiert berichtet er, dass Scott in der von Max und Elena Eastman gemieteten Villa Parthénite am Cap eines Tages beim Diner auf den schwarzen Autor Claude McKay traf und ganz selbstverständlich davon ausgegangen sei, dass dies der Koch oder der Diener sein müsse. Zu seinen Sommerbekanntschaften gehörten Glenway Wescott, Paul und Essie Robertson, Lloyd Osborne – der Schwiegersohn von Robert Louis Stevenson –, Waldo Pierce, Rockwell Kent, Jan Boissevain und Charlotte Yves, Somerset Maugham, H. G. Wells und Rebecca West, die 1926 im Hotel Josse nach ständigen Streitigkeiten mit ihrer Schwester einen Nervenzusammenbruch erlitt. Das »Josse« gibt es, architektonisch modernisiert, noch heute am stark befahrenen Boulevard James Wyllie zwischen Antibes und Juan-les-Pins. Die symbolistische Literatur von James Joyce oder T. S. Eliot empfand der eher pragmatische Eastman als Teil eines »Kults der Unlesbarkeit«. Politisch sollte er sich – wie auch John Dos Passos – später als Redakteur des konservativen Blatts *National Review* weit nach rechts bewegen bis in die Nähe des McCarthyismus der 1950er Jahre.

In Juan-les-Pins entstand in jener Zeit eine Reihe von Art-déco-Bauten wie das Palais Biagini, das Palais du Soleil, das Palais Mirasol, das Palais Wilson, das »Rhodiana«, das »Beau Rivage« und die Pension Le Pin Doré am Beginn des Boulevard Wilson, die in den letzten Jahren detailgetreu rekonstruiert wurden. Für die Art-déco-Architekten von Nizza wie Léonard Varthaliti und Georges Dikansky entwickelte sich Juan-les-Pins regelrecht zum Auftragsparadies. Dikansky plante unter anderen die neuen Hotels »Juana« (1927) und »Les Ambassadeurs« (1930), heute »Le Grand Pavois« direkt neben dem

»Provençal«; César Cavalin baute 1929 die Villa Saint-Louis am Strand für die russischstämmige Hoteliersfamilie Estène zum »Belles Rives« um.

Dass Juan-les-Pins ein Paradies für Architekten sei, sprach sich spätestens nach der Fertigstellung des »Provençal« herum. 1931 kam sogar der alte Adolf Loos vorbei, dem es schon vor dem Ersten Weltkrieg gelungen war, den österreichisch-ungarischen Regenten Franz Joseph mit seinem schmucklosen »Haus ohne Augenbrauen« am Michaelerplatz gegenüber der Hofburg nachhaltig zu verstören. »Loos baut die Riviera um«, betitelte seine dritte Ehefrau Claire eine Passage in ihren Erinnerungen *Adolf Loos privat*. Aber Loos, über sechzig und gesundheitlich angeschlagen, realisierte schließlich gar nichts, weder das Hotel Babylon an der Promenade in Nizza noch einen Umbau des Grand Hôtel du Cap, über den er angeblich mit Besitzer Sella verhandelt hatte, noch ein Hotel an der Pinède in Juan, von dem sich immerhin ein Konstruktionsentwurf erhalten hat. Claire Loos über die Juan-les-Pins-Episode:

> Ein Einheimischer wird angehalten. »Sagen Sie mir«, fragt Loos den Franzosen, »wo sind die Pinien von Juan-les-Pins?«
> »Ja«, sagt der Franzose und zuckt hilflos mit den Schultern, »vor ein paar Jahren war hier noch ein ganzer Pinienwald, aber dann fand man den Strand – die ganze Küste ist ja steinig. Man begann zu bauen. Der Ort wurde stärker besucht, Hotels waren notwendig, die Bäume wurden gefällt, Häuser gebaut.«
> »Schade«, sagt Loos. »Schade! Man hätte bauen können und trotzdem die Bäume schonen. Schade, jammerschade!« Traurig sieht er zur hässlichen Häuserreihe, für die die Bäume fallen mussten. (...) Ein paar Tage später entdeckt Loos ein Grundstück, auf dem mehrere wunderschöne Pinien stehen. Loos schickt Kurt Unger aus, um zu erforschen, was mit dem Grundstück geschehen soll. Kurt Unger berichtet, dass der Besitzer die Absicht habe, hier ein Haus mit Kleinwohnungen zu errichten. Loos kauft ein Reißbrett und Lineal und ist für acht Tage äußerst beschäftigt. Er entwirft einen Plan. Fieberhaft wird gearbeitet. »Die Pinien, die Pinien«, ruft er ein über das andere Mal, »müssen gerettet werden!«

Die Terrasse des Hotels Belles Rives, Teil des Sternerestaurants La Passagère und der Hemingway-Cocktailbar, kann als einer der angenehmsten Orte der Côte d'Azur gelten. Die Villa Saint-Louis, die 1925/26 von Scott und Zelda Fitzgerald gemietet worden war, haben der russischstämmige Hotelier Boma Estène und seine Frau Simone 1929 neu herrichten lassen zum Hotel Belles Rives, das sein Art-déco-Interieur bis heute weitgehend erhalten hat. 2006 kaufte die heutige Besitzerin Marianne Estène-Chauvin das unweit am Pinienwald gelegene »Juana« hinzu.

Der Loos-Entwurf sieht ein ziemlich wuchtiges Grandhotel mit großem Entree und einem Innenhof vor, in dem die Pinien stehen bleiben können. Auch dieses Projekt hätte dem Autor von *Le Réveil d'Antibes* nicht gefallen, der unter dem Pseudonym »Argus« schon 1929 in einem Artikel bemängelt hatte, dass bei aller erfreulichen Zukunft von Juan-les-Pins kaum über »Regeln zum Hochbau« gesprochen würde. Schon jetzt gebe es »schreckliche Kasernen über fünf Etagen« – noch ein halbes Dutzend mehr dieser »Hochhäuser«, und vom Charme der Sommerfrische werde nichts bleiben. Juan-les-Pins verdanke seinen Erfolg aber dem Umstand, dass es ganz anders sei als Nizza oder Cannes. Es müsse »sein elegantes Villenflair um jeden Preis erhalten«, und »es müsse offen bleiben, offen für den Himmel, offen für die Sonne und offen für das Meer«. Die architektonische Entwicklung hin zu mehrstöckigen Eigentumswohnungen wurde dem neuen Antibes-Bürgermeister Aimé Bourreau angelastet, der vom *Réveil* während seiner gesamten Amtszeit (1929–1935) als autokratisch, klientelistisch und unfähig angegriffen wurde, während ihn das Konkurrenzblatt *Le Progrès d'Antibes* in höchsten Tönen lobte.

Der konservative Bourreau störte sich nicht am Immobilienboom, dafür umso mehr an der Lärmentwicklung in den neuen, offenen Nachtclubs von Juan-les-Pins. Darüber stritt er sich besonders mit der Mistinguett, Geburtsname Jeanne Florentine Bourgeois, die ihren kurzlebigen Club La Cage aux Poules neben dem Casino betrieb. Bourreau (französisch für »Henker«) versuchte, den Club schließen zu lassen, worauf die Mistinguett mit einem Lärmkonzert vor dem Haus des Bürgermeisters reagierte. Im März 1932 kaufte sie die Villa Champ Tercier am Chemin du Crouton unweit vom »Provençal« und taufte sie auf ihren eigenen Namen um. Als solche firmiert sie noch heute – mit goldenem Mistinguett-Schild – in russischem Besitz.

Die lokalpolitischen Querelen interessierten die angloamerikanischen Intellektuellen nicht, wahrscheinlich wussten die aufstrebenden Literaten nicht einmal, wie die jeweiligen Bürgermeister von Nizza, Cannes oder Antibes gerade hießen, schließlich fühlten sie sich als die eigentlichen »Erfinder« dieses Landstrichs. In der Sommersaison 1925 galt das Restaurant La Frégate im Casino von Juan-les-Pins mit seinen eleganten Korbstühlen und den livrierten Kellnern neben dem »Eden Roc« am Cap als *der* Treffpunkt an der Côte. 1926 wurde dann gar zum magischen Jahr der angloamerikanischen Künstler- und Literaturelite in Juan-les-Pins und Antibes.

1926 war Hemingway finanziell ziemlich am Ende, da er seine journalistische Arbeit vollkommen aufgegeben hatte. Bei seiner Ankunft in Juan-les-Pins schmissen die Murphys für ihn eine Kaviar-und-Champagner-Party, für Hemingway eine ziemlich skurrile Situation, der so blank war, dass er sich von Scott und anderen Bekannten Geld für das Nötigste leihen musste. Später kehrte sich das Verhältnis um: Der Autor von *The Sun Also Rises* und *A Farewell to Arms (In einem andern Land)* wurde ziemlich wohlhabend. Scott, der mit der Arbeit an *Tender Is the Night* nicht vorankam, was er vollständig Zeldas psychischer Erkrankung anlastete, war am Ende seines Lebens ein armer Mann und zwangsweise Drehbuchautor in der Hollywood-Hölle.

Hemingway korrespondierte von Juan-les-Pins aus mit Max Perkins über einige nach Auffassung des engagierten, aber im Verlagssinne vorsichtigen Lektors strittige Passagen in *The Sun Also Rises.*[36] Nachdem er abgereist war, blieben die Fitzgeralds noch bis zum Dezember 1926 in der Villa Saint-Louis. Zum Entsetzen besorgter Freunde verhielten die beiden sich zunehmend wirr, vor allem unter dem Einfluss von vielen harten Cocktails. Dos Passos erinnerte sich daran, dass Scott einmal unter die Türmatte des Casinos krabbelte und den Gästen weiszumachen versuchte, er sei eine Schildkröte. Es gibt zahlreiche ähnliche Anekdoten: Scott nimmt die Orchesterband des »Provençal« gefangen, Scott wirft reife Tomaten nach der Fürstin von Caraman de Chimay und ein anderes Mal mit den kostbaren venezianischen Gläsern der Murphys – wofür er einige Zeit aus der Villa America verbannt wird. Aber es gibt auch gefährlichere Situationen: Mal schlafen die Fitzgeralds in ihrem Wagen ein, der direkt auf den Bahngleisen zum Stehen gekommen war, mal lässt sich Zelda in dem Künstlerlokal Colombe d'Or in Saint-Paul-de-Vence abrupt in einen Abgrund fallen, weil sich Scott ihrer Meinung nach zu intensiv mit Isadora Duncan unterhält. Alle diese Anekdoten werden später in verschiedensten Varianten erzählt, und man weiß nicht, wie dramatisch die Vorgänge im Einzelnen wirklich waren, aber sie tendierten vom Studentenulk doch immer mehr zum Suizidalen.

»Zelda konnte unheimlich sein«, so erinnerte sich Sara Murphy, »manchmal hatte man das Gefühl, dass sie einen mit ihren indianischen Augen belauerte.« Trotz ihrer unerschütterlichen Freundschaft fühlten sich die Murphys von Scott, der ständig Anregungen für seinen nächsten Roman suchte, in ihrem Habitus beobachtet. Zeldas Aufenthalte in der Psychiatrie hat er dann ja tatsächlich in *Tender Is the Night* verarbeitet.

Scott, der nicht nur trank, sondern sich auch in immer neue Aktivitäten flüchtete, um sich vor dem Schreiben zu drücken, wollte in jenem Sommer in Juan-les-Pins einen lustigen Film mit der Sopranistin und Schauspielerin Grace Moore drehen, die auf Empfehlung von Condé Nast in der kleinen, rosafarbenen Villa Les Cèdres auf dem Gelände von Sellas Grand Hôtel du Cap residierte. Der Arbeitstitel lautete »Love's Betrayal, or a Simple Story of Incest«. Moore sollte »Prinzessin Alluria, die böseste Frau in Europa« spielen. Scott und seine Kollaborateure, der Playboy Ben Finney und der Drehbuchautor Charles MacArthur, der dreimal für den Oscar nominiert wurde, schmierten als Zwischentitel gedachte obszöne Parolen an die Fassade der Villa Les Cèdres – das war vorgeblich Teil des Skripts. Grace Moore, die 1947 bei einem Flugzeugunglück auf dem Flughafen Kopenhagen umkam, schrieb dazu in ihrer Autobiografie *You're Only Human Once*:

> Nachts dachten sich die Beteiligten stets ein paar neue nicht druckbare Titel aus, und wenn ich morgens nach draußen schaute, wusste ich nie, welches neue Vier-Buchstaben-Grauen mit Kreide an mein Haus geschmiert worden war, um die urlaubenden Lehrerinnen, die womöglich vorbeikämen, in helle Aufregung zu versetzen. Ein, zwei Mal beschwerte ich mich und schrubbte alles weg, aber die neuen Titel, die darauf folgten, waren so viel schlimmer als die vorherigen, dass ich mich lieber mit den Vier-Buchstaben-Wörtern abfand, die ich kannte, als mit solchen, von denen ich noch nichts ahnte.

Schon um 1930 war der Strand von Juan-les-Pins hoffnungslos überfüllt mit zahllosen Wassersportaktivitäten und frühen Fitnesstrainern. Die Zeiten, in denen der Ort noch als ursprünglicher Geheimtipp gelten konnte, waren schnell vorbei. Besonders der Betrieb der Spielcasinos boomte und brachte wesentlich mehr Geld ein als die Hotellerie. Seit 1926 verfügte Juan-les-Pins, Gipfel der Modernität, sogar über eine Radiostation mit eigenem Programm inklusive einer filmkritischen Sendung (»Le film parlé«) und einer speziellen »Chronique anglaise« für das angloamerikanische Publikum.

Aus dem provokativen Film wurde nichts. Ende 1926 schrieb Scott in sein Notizbuch: »Sinnlos, beschämend, nutzlos, aber die Belohnungen von 1924 in Höhe von 30 000 US-Dollar wirken. Selbstekel. Gesundheit weg.«

Die Frivolitäten gingen weiter, bis sich die US-Avantgarde in Juan-les-Pins nach dem Wall Street Crash von 1929 und der daraufhin rasch einsetzenden Großen Depression zunehmend verflüchtigte. Gerald und Sara Murpy gingen 1929 in die Schweizer Berge, da ihr Sohn Patrick an Tuberkulose erkrankt war, und kamen nur noch selten in ihre Villa America zurück. Schon im Juni 1928 war – sollte das ein Vorzeichen gewesen sein? – einer der damals populärsten Broadway-Texter, Avery Hopwood *(The Gold Diggers, The Demi-Virgin)*, beim Schwimmen direkt vor dem »Provençal« ertrunken. Hoteldirektor Jules Pacciarella hatte ihn zuvor noch im Casino getroffen. »Er hatte ein sehr rotes Gesicht und sah aus wie ein Mann, der zu viel getrunken hatte«, sagte der Hotelchef in der polizeilichen Befragung aus. Yves Le Bihan, der Schwimmtrainer des »Provençal«, konnte den 44-jährigen Starautor nur noch tot bergen. Offizielle Todesursache: akute Gehirnblutung.

Allmählich änderte sich die Mischung des Publikums in Juan-les-Pins, nicht zuletzt durch das »Provençal«. Zwar dominierten immer noch die Angloamerikaner, aber es kamen jetzt mehr Skandinavier, Holländer, Deutsche. An diesen Ort des Vergnügens zog es jetzt auch Filmindustrielle wie Jack Warner, Schauspielerpaare, Wall-Street-Bekannte von Frank Jay Gould, Modeschöpfer, Politiker und Konzernlenker. Das heißt nicht, dass die künstlerische Elite weggeblieben wäre: Picasso logierte 1930 in der Pension Bachlyk, Man Ray fotografierte seine Geliebte und Mitarbeiterin Lee Miller auf der Casinoterrasse. Das Model wurde später eine berühmte Kriegsfotografin, dokumentierte das zerstörte Köln und die Schrecken nach der Befreiung des Konzentrationslagers Dachau. Wyndham Lewis malte *Boxing at Juan-les-Pins*, und die heroinabhängige, lesbische Schriftstellerin Mireille Havet war da. Sie starb, erst 33-jährig, 1932 in einem Schweizer Sanatorium. Ihre Tagebücher wurden Anfang der 2000er Jahre publiziert. Die englische Poetin Mary Butts, die Opium rauchte und den Sexmagier Aleister Crowley bewunderte, fand sich ebenfalls ein.

Sie fühlte sich in Juan an Kreta erinnert und schrieb darüber ein Gedicht.

Die Atmosphäre war nun weniger lauschig, die Unterhaltung auf Revuen und Galas getrimmt, es wurde geschäftiger – gut für Frank Jay Gould und Édouard Baudoin. Im dialektischen Sinne nahm die Kritik an der Sommer-Riviera und am Juan-les-Pins-Kult zu. Kurt Tucholsky alias Peter Panter schrieb im März 1928 in der *Weltbühne* einen bissigen Text: »Es gibt so viel süße Schilderungen der französischen Riviera; sauer macht lustig, warum soll man nicht einmal. (…) Die Riviera liegt da und sieht aus. Sie ist die zweidimensionalste Landschaft, die sich denken läßt: für den Küstendampferpassagier ist sie ein Traum, für den, der auf einer Klippe steht und in die Bucht hineinsieht, ein Paradies – man darf nur nicht in das Paradies hineingehen. Dann ist alles aus. Die französische Riviera ist nur gemalt, und zwar auf Blech.«

Alfred Döblin hatte Juan-les-Pins schon im Sommer 1926 als »Nepomuk-les-Moustiques« verulkt, und auch in *The Rock Pool*, dem einzigen Roman des britischen Literaturkritikers Cyril Connolly, der 1936 erschien und von einem jungen Künstler handelt, der sich unter all den anderen Poseuren an der Côte einsam fühlt, wird Juan heruntergemacht:

> Er verabscheute es. (…) die breite Promenade, auf der die haarige Häßlichkeit des Mannes so viel augenfälliger war als die Schönheit der Frauen, (…) das Casino mit seiner vorgetäuschten Eleganz.

Trotz allem behielt Juan etwas Unwiderstehliches, das auch deutsche Schriftsteller und Intellektuelle anlockte, interessanterweise vor allem jene, die sich schon zu Beginn der 1930er Jahre über die kommende politische und gesellschaftliche Katastrophe wenig Illusionen machten: Joseph Roth, Stefan Zweig, Klaus Mann, Walter Benjamin, Bert Brecht und Karl Kraus, den man hier gar nicht vermutet hätte. Der Kulturtheoretiker und Essayist Walter Benjamin begann in Juan-les-Pins am 4. Mai 1931, »morgens ¼ 1« von Neuem, ein Tagebuch zu schreiben:

> Das Wichtigste aber: ich bin müde. Müde vor allem den Kampf, den Kampf um das Geld, von dem ich nun noch einige Reserven gesammelt habe, um hier zu sein. (…) Endlich verbindet sich diese Müdigkeit auf seltsame Weise mit dem, was mir die Unzufriedenheit mit meinem Dasein hervorruft. Es ist eine wachsende Abneigung, auch Mangel an Vertrauen hinsichtlich der Wege, die ich die Menschen meiner Stellung und meiner Art in Deutschland einschlagen sehe, um der trostlosen geistespolitische Lage Herr zu werden.

Benjamin quälte »die Undeutlichkeit und die Unexaktheit der Parteiungen unter den wenigen mir nahe stehenden Leuten, was meinen innern Frieden, der auch Friedfertigkeit ist, verletzt ist das Mißverhältnis zwischen der Schärfe, mit welcher solche Meinungsverschiedenheiten vor mir – wenn auch längst nicht immer an sich – ausgefochten werden und den oft sehr geringen sachlichen Differenzen«.

Der stille und bescheidene Benjamin, der die höchsten intellektuellen Ansprüche an sich selbst stellte, thematisierte hier bereits die Pfauenhaftigkeiten und die Rankünen, die sich in den Emigrantenzirkeln nach 1933 noch stärker ausprägen sollten. Bei einem Ausflug nach Saint-Paul-de-Vence mit dem Schriftsteller Wilhelm Speyer *(Der Kampf der Tertia)* und dessen Frau Maria »erschienen auf dem Marktplatz Willy Fritsch und Lilian Harvey in größerer Gesellschaft« – die beiden wohnten im »Provençal«. »Die Berliner Filmgesellschaft polterte ohne etwas zu sehen um den Marktplatz«, den Benjamin dann eingehend beschreibt. Immerhin ergaben sich am Hafen in Le Lavandou Gespräche mit Bert Brecht. »Es wurden die verschiedensten Gegenstände gestreift: die internationale Gesellschaft materialistischer Freunde der hegelschen Dialektik; die Idee zu einem Kriminaldrama; der Prozeß gegen Friedrich Schiller; am Ende sogar – gestern – in einem einstündigen Gespräch, dem Marie Großmann beiwohnte, Proust.«

Am meisten frappiert heute an Benjamins Tagebucheinträgen die nahezu grenzenlose Bewunderung für Hemingway: »Das ganz Glückliche, ganz Bedeutende kann man sich oft nicht besser einsichtig machen als indem man es ganz nah ans Mißlungene, ganz Banale

Walter Bendix Schoenflies Benjamin (zweiter von links) mit Emil Hesse-Burri, Bertolt Brecht sowie Bernard und Margot von Brentano am Strand von Le Lavandou, 1931. Nach der Machtübernahme der Nationalsozialisten in Deutschland wurde die Situation für die intellektuellen deutschen Emigranten in Frankreich, dessen höfisch-ziselierte Kultur sie zumeist bewunderten, äußerst bedrohlich. Sie waren dort schon vor 1940 nicht unbedingt willkommen, aber spätestens mit dem Einmarsch der deutschen Wehrmacht drohten unter dem Vichy-Regime Internierungslager und Deportation. Benjamin gelang noch im September 1940 der Grenzübertritt ins spanische Portbou. Dort brachte er sich dann um, so jedenfalls die allgemein akzeptierte Version.

heranhält. So Hemingway an den schlechten Schriftsteller.« Der schlechte Schriftsteller sei »der Schriftsteller, der immer mehr sagt, als er denkt«. Es gelte für den guten Schriftsteller, wie im Körperlichen, alle »ausfahrenden und schlenkernden Bewegungen« zu vermeiden. Es sei der »Zauber von Hemingway diese Erscheinungen, die sonst nur das geübte Auge an einem streng und geistvoll trainierten Körper erkennt, im Stil sichtbar zu machen«. Hemingway hätte diese Analyse wahrscheinlich goutiert, wenn er gewusst hätte, wer Walter Benjamin war.

Der Bekanntenkreis Benjamins in diesem Frühjahr 1931 an der Côte – die Speyers, Walter und Gertrud »Gert« Frank, Eva Hermann – überschnitt sich in Teilen mit dem Klaus Manns, der sich in Juan in der neuen Hotelpension Du Pin Doré eingemietet hatte und an seinem Roman *Treffpunkt im Unendlichen* arbeitete. Walter Frank spiele Baccara im Casino, schrieb Klaus Mann am 13. April 1931 an Schwester Erika, die diesmal nicht dabei war. »Er will jetzt ganz davon leben, Gert ist sehr schmuck in großen Pyjama-Aufzügen. (…) Das Hotel Pin Doré ist lächerlich kalifornisch, fast schon honolulisch. Am Strand tummeln sich sehr viele Menschen; ab morgen beginne ich meine Seebäder.«

In dem schon erwähnten *Buch von der Riviera* hatten die Geschwister Mann festgestellt, dass Juan-les-Pins sich auch »dem bourgeoisen und kleinbourgeoisen Publikum geöffnet« hatte, es beinahe »dominiert (…) wie übrigens eigentlich fast überall auf der Welt«. Da war der Ort gerade einmal ein Jahrfünft in Mode und vor allem im Sommer etwas völlig Unvergleichliches. Juan-les-Pins, so schreiben sie, sei

> einer der besten Rivieraorte. Es gilt als sehr fein und richtig, dort im Kasino zu Mittag zu essen, auch wenn man eigentlich ganz woanders wohnt, zum Beispiel in Cannes oder in Cap Martin. Viele Menschen, die auf sich halten, kommen herbeigefahren, um am schönen Sandstrand von Juan-les-Pins ihre originellen Badekostüme zu zeigen, in denen sie übrigens beileibe nicht zu schwimmen gedenken und zu tanzen; eleganter Badekostümball zwischen 11 und 12 Uhr in der Bar neben dem Kasino. Zwischendurch in der Sonne liegen; nachher Lunch im Kasino. So die Leute, die auf sich

> halten. (…) Wenn Sie zufällig in Juan wohnen, tun Sie es nicht unter dem Provençal-Hotel, das, eine Burg des Reichtums, von erhöhter Stelle aus den Blick über das Meer beherrscht. Oh, so distinguished! preisen es die englischen Prospekte.

Das Herz der Geschwister hatte allerdings das noch exklusivere Hôtel du Cap, einen Kilometer weiter Richtung Antibes, erobert: »Das Hotel liegt so prachtvoll (…) zum Meer herunter führt ein so sehr herrschaftlicher Park, und unten ist dann erst die Hauptsache, der Clou: nämlich das Felsenschwimmbad Eden Roc.«

Sehr fein hatten sie beobachtet, dass jeder Ort an der Riviera seine »ganz bestimmte Note, seine atmosphärische Eigenheit« habe, wenn man ihn nur recht kenne. Bei Juan-les-Pins handele es sich aber »wohl um Unwägbares«. Und weiter:

> Man könnte sagen, dass es eine ungefähre Mischung aus Cannes und St. Tropez ist; anspruchsloser, lustiger, harmloser als das eine; weniger Bohème, eleganter als das andere. Ausgesprochener Sommerort, der es ist, spielt hier der Strand eine größere Rolle als die Promenade oder das Kasino, das Badekostüm ist wichtiger als das Teekleid oder Abendtoilette.

Hauptautor war bei allem offenbar Klaus Mann, die Schwester mehr die Redakteurin. Er war beim Erscheinen des Buchs 23, Erika 25 Jahre alt. Als homosexueller Connaisseur empfahl er die »Sanzibar« in Cannes: »Wer kleine Kneipen mit etwas speziellem Einschlag gern hat, kann an dem Platz hinterm Hafen die Sanzi-Bar suchen, ein ganz gemütlicher Keller, aber er verspreche sich keine Wunderdinge.« Heute ist die einstige »Sanzibar« eine Dependance der Eiskette Amorino. In der alten »Sanzibar« war Klaus Mann 1949 noch ein paarmal mit einem seiner letzten Geliebten, dann – es regnete mehrere Tage lang an der Küste des Lichts, die Restaurationsverhältnisse in Deutschland waren fürchterlich, der Drogenentzug klappte nicht – brachte er sich um und wurde auf dem Cimetière du Grand Jas in Cannes begraben. Der Vater, der Zauberer und Nobelpreisträger, hatte keine Zeit für die Grablegung, auch die Mutter kam nicht, nur ein Bruder spielte einsam die Violine bei der Beerdigungszeremonie. Die Vergnügungskultur, auch die Suche nach dem mittelmeerischen Geist mit der Sehnsucht nach Verschmelzung von Landschaft und Seele, mischen sich an der Côte mitunter eben sehr heftig mit Depression und Selbstmordgedanken. Schlechtes Wetter, das es hier zuweilen auch gibt, schlägt umso mehr aufs Gemüt, weil man strahlendes Licht und Wärme erwartet.

Bei der lockeren Lektüre der Mann-Geschwister – das Buch wurde in jüngster Zeit noch dreimal aufgelegt, fällt auf, wie apolitisch der Text ist. Das lag nicht am jugendlichen Alter der Wunderkinder, die waren schon damals deutlich antifaschistisch eingestellt, vielmehr war Klaus Mann eher wider Willen dem Wunsch des Verlages gefolgt, die Riviera in klassischer Manier zu schildern, und in Italien regierte seit dem »Marsch auf Rom« von 1923 Benito Mussolini diktatorisch mit seinen Schwarzhemden. Aber auch im Teil über die eigentliche Côte fehlt jeder Bezug zur regionalen Politik, zum autokratischen Regime der Bürgermeister in Marseille, Cannes, Toulon oder Nizza. Es wird nur erwähnt, dass der »Südfranzose« einen angenehmen, eher bäuerlich-schlitzohrigen Gegentypus zur zentralen, kälteren Pariser Bourgeoisie verkörpere.

Im Grunde nehmen die Manns in leicht liberalerer Diktion eine Art kolonialistische Einstellung zur Côte d'Azur ein: Die Einheimischen sind Köche, Kellner, Bauarbeiter oder Fischer, die entscheidenden Kräfte für die »Erfindung« der Côte – ein gebräuchliches Erklärmodell seit dem 1992 erschienenen Standardwerk von Mary Blume – sind die fremden Investoren und adligen Tunichtgute, von den französischen Malern des Impressionismus, Pointillismus oder Kubismus einmal abgesehen. In dem 1972 erschienenen sentimentalen Buch des britischen Autors Patrick Howard kommt diese Sichtweise schon im Titel *When the Riviera Was Ours (Als die Riviera noch uns gehörte)* zum Ausdruck, wobei mit »uns« die Angloamerikaner gemeint sind. Eine sozialhistorische Riviera-Geschichtsschreibung »von unten« ist dagegen selbst in Frankreich nur schwach ausgeprägt. So ist heute ziemlich vergessen, dass sich etwa in Beausoleil bei Monaco Anfang des 20. Jahrhunderts ein Quartier aus Baracken und prekären Behausungen herausgebildet hatte, genannt »Le Tonkin«, in dem vor allem italienische Emigranten und schlecht bezahlte Arbeitssklaven hausten. Und der Bahnhof von Villefranche sieht auch heute noch aus wie eine Bahnstation in Kongo-Brazzaville.[37]

Im Frühjahr 1931 hielt sich auch Joseph Roth in Südfrankreich auf. Im Grand Hôtel du Cap in Antibes schrieb er am *Radetzkymarsch*, Abgesang auf die Habsburgermonarchie und eines der Meisterwerke der europäischen Literatur. Roth, schwer alkoholsüchtig und damals 36 Jahre alt, hat dort eine Affäre mit der zwanzigjährigen, sehr katholischen belgischen Bankierstochter Maria Gillès des Pélichy, die von einem »Tuteur« beaufsichtigt wird »mit langem Bart und großem Bauch, den der Katholizismus vernagelt hat. Die Kleine kommt in der Nacht, obwohl er nebenan schläft, betet, bekreuzigt sich und fängt an zu sündigen. (...) Sie weint viel, erfinderisch in Körperlichkeiten, außerordentlich begabt für Perversitäten, äußerst empfindlich gegen Schmerz im Normalen, aus dem Psychischen her«, so Roth am 24. März 1931 in einem seltsamen Brief an seinen Freund Stefan Zweig, der ihn kurz zuvor in Antibes besucht hatte.

Sieht man von der belgischen Bankierstochter einmal ab, zeigt Roth herzliche Abneigung gegen die prominenten Hotelgäste: »Remarque ist hier mit ekelhaftem Troß und Protz, Adolf Loos sehr arm und peinlich, mit unglücklicher Frau.« Da konnte Roth gut mithalten, denn er befand sich in ständigen Auseinandersetzungen mit seiner eigenen Ehefrau. Er berichtet von der Versteigerung des Flaubert-Teilnachlasses aus dem Besitz der Nichte Carolin Franklin-Grout, die in der Villa Tanit im Quartier de la Rostanque zwischen Juan-les-Pins und Antibes residiert hatte. Heute steht hier eine Hapimag-Urlaubsresidenz. Die Auktion habe »nichts Besonderes zu bieten«, schrieb Roth ennuyiert an Zweig – ein krasses Fehlurteil.

Von diesen und anderen Aktivitäten deutscher oder österreichischer Literaten berichtete die englischsprachige *Cannes News & Riviera Review*, eines jener zahlreichen kurzlebigen mondänen Blätter, natürlich nicht. Aber die ausgiebigen Chroniken der Aufenthalte, An- und Abreisen der Reichen und Mächtigen in dem Blatt vermitteln doch ein recht präzises Bild von der Upperclass in Juan und am Cap. In der »Hauptstadt von Pyjamaland«, an der »Küste mit dem mysteriösen Klima« vergnügten sich bei Bridge-, Tennis- und Golfturnieren, beim

»Speed Boat Cocktail« oder beim »Wettbewerb um den elegantesten Herrn am Strand« etwa die Comtesse de La Rochefoucauld, Major Jack Coats, Sir Henry und the Hon. Lady Norman, Mr. und Mrs. Virgil Neal, Prince Leopold de Loewenstein-Wertheim, Prince Toussum, Prince Habib Lotfallah – um nur einige wohlklingende Namen zu nennen – und eben auch »Mr. Willy Fritsch and Miss Lilian Harvey«.

Als Mr. Winston Churchill wegen einer »politischen Krise« in Großbritannien Ende August 1931 seinen Aufenthalt im »Provençal« abbrach, wurde das ebenso angezeigt – oberhalb der Meldung »Sultan of Morocco sees Pyjamaland« – wie der Aufenthalt von »Zeitungsbesitzer und Sonnenanbeter« Sir Oswald Mosley mit Lady Cynthia Mosley, des späteren britischen Faschistenführers. Churchill, der vergeblich auf einen neuen Kabinettsposten gehofft hatte, kehrte bald zurück, verhandelte mit Verlegern über neue Rekordhonorare und widmete sich der Landschaftsmalerei.

Das Label »Pyjamapolis« hatte der französische Journalist Robert de Beauplan dem Ort im August 1931 in einem Artikel der Glamourzeitschrift *L'Illustration* verpasst. Zwar hatte sich die Mode der zweiteiligen Strandpyjamas, promotet von Couturiers wie Coco Chanel und Jean Patou, längst auch in Deauville, Biarritz, Cannes und am Lido in Venedig ausgebreitet, aber für Juan-les-Pins war sie besonders kennzeichnend, was zahlreiche Postkarten und Sketche des Karikaturisten und Radiomoderators Edmond Lahaye beweisen. »Man muss wirklich jung und hübsch sein, um diese Pyjamas mit Anstand tragen zu können«, warnte die *Riviera Review & Cannes News* – vergeblich. Pyjamapolis-Autor de Beauplan (1882–1952) wurde später als politischer Redakteur von *Le Matin* und Kommentator bei *Radio Paris* ein prominenter Unterstützer des Vichy-Regimes. Im November 1945 wurde der deutschfreundliche Kollaborateur zum Tode verurteilt und schließlich zur Zwangsarbeit auf der Île de Ré begnadigt.

Für den Winter 1931/31 mietete der von Hemingway und Walter Benjamin gleichermaßen geschätzte Romancier der Substanzworte Georges Simenon von seinem Schriftstellerkollegen Henri Duvernois die am Ostufer des Cap d'Antibes am Boulevard du Bacon gelegene Villa Les Roches Grises. Er arbeitete dort mit Regisseur Jean Renoir am Drehbuch von *La Nuit du Carrefour*, kaufte sich einen schweren

Das Model Renée Perle (1904–1977) 1931 im zeittypischen Outfit mit Palazzo-Hose in Juan-les-Pins. Anfang der 1930er Jahre war die jüdisch-rumänische Schönheit für zwei Jahre die Geliebte und »Muse« des Fotografen Jacques-Henri Lartigue, der heute als der signifikanteste Rivieria-Lichtbildner des 20. Jahrhunderts gilt. »Sie ist zärtlich, hingebungsvoll, leidenschaftlich. Vor allem ist sie verliebt. Sie macht immer Szenen. Ist es Eifersucht, oder ist es Verrücktheit?«, notierte Lartigue über seine Begleiterin im Tagebuch. Nach dem Ende der Beziehung mit Lartigue teilte Renée Perle (von der man nicht einmal weiß, ob das nicht ihr Künstlername ist) das Schicksal vieler »Musen« und geriet völlig in Vergessenheit, bis eine Lartigue-Renaissance einsetzte und eine Art Renée-Perle-Stil von der internationalen Modeszene wiederentdeckt wurde.

Chrysler und kreuzte damit an der Côte umher. Simenon, gebürtig aus Lüttich, bringt man immer eher mit nebligen normannischen Hafenstädten oder dem Pariser Quai des Orfèvres in Verbindung, aber erstaunlich viele Simenon-Romane spielen in Südfrankreich, etwa *Le cercle des Mahé (Die Ferien des Monsieur Mahé)* über einen Arzt, der seine bürgerliche Existenz aufgibt und auf Porquerolles[38] verlottert. *Les volets verts (Die grünen Fensterläden)* sind direkt am Cap situiert und porträtieren einen alternden, dem Alkohol verfallenen Starschauspieler, in *Mon ami Maigret (Mein Freund Maigret)* bringt der französische Kommissar einem britischen Kollegen die berühmte Methode des intuitiven Herumschnüffelns bei. In *Liberty Bar (Maigret in der Liberty Bar)*, erschienen 1932, spürt Maigret eher lustlos in Antibes, Cannes und Juan-les-Pins dem Tod eines vermögenden Australiers namens Brown nach, dessen aus Australien herbeigeeilter Sohn standesgemäß im »Provençal« absteigt und sich aus dem Ableben seines Vaters offensichtlich nicht sonderlich viel macht.

Wie immer bei Simenon geht es um Stimmungen und Gerüche. Maigret erinnert sich etwa an den »süßlichen Geruch des Portweins im ›Provençal‹, den er nicht getrunken hatte und der sich mit dem ebenfalls etwas fad-süßlichen Geruch von Browns Toilettenwasser mischte«. Der konservative Kommissar fühlt sich in Juan einfach fehl am Platz: »Maigret musste am Strand entlang um lauter halb nackte Körper herumgehen. Die bronzefarbenen Leiber wurden noch betont durch grellbunte Badeanzüge.« Am Ende ist Maigret froh, wieder bei seiner treusorgenden Frau am Boulevard Richard Lenoir in Paris zu sein.

Am 18. Oktober 1933 schrieb Karl Kraus, der Wiener Sprachpurist und publizistische Alleinunterhalter der *Fackel*, von der Pension d'Aiguilly in Juan aus sehr sanft an seine Freundin Sidonie Nádherny von Borutin: »Das Meer hat ganz mir gehört. Kein anderer Schwimmer.« Und zwei Wochen später: »Die Einsamkeit ist sehr groß, aber wertlos ohne Dich (ohne die Deine).« Da hatten die SA-Schlägertrupps, die Papen-Hindenburg-Clique und schwache bürgerliche Parteien Adolf Hitler und seine NS-Gangster in Berlin schon an die Macht gebracht. Kraus wollte sich dazu gar nicht äußern, was er dann aber angesichts der politischen Ungeheuerlichkeiten doch tat.

Von der deutschsprachigen Emigration blieb Juan-les-Pins so gut wie unberührt, dafür war es zu angloamerikanisch und vor allem zu teuer. Im fortdauernden Glamourtaumel an der Côte d'Azur interessierte man sich noch weniger als anderswo in Frankreich – von Paris einmal abgesehen – dafür, ob an der Spree ein schnauzbärtiger Österreicher oder sonst wer das Sagen hatte. Zur neuen »Hauptstadt der deutschen Literatur« (Ludwig Marcuse) wurde Sanary-sur-Mer bei Toulon, wo heute eine Gedenktafel an all die Exilierten erinnert von Bertolt Brecht, Lion Feuchtwanger, Franz Hessel über die Mann-Familie, Annette Kolb, Valeriu Marcu, Balder Olden und Theodor Wolff bis zu Arnold und Stefan Zweig. Der Quartiermacher vor allem für die Manns war hier der elsässische Schriftsteller René Schickele, Übersetzer der ersten deutschen Flaubert-Gesamtausgabe und von den NS-Kulturbarbaren als jüdischer »Pazifist und Vaterlandsverräter« stigmatisiert. Er war schon im Herbst 1932 nach Frankreich retiriert und traf am Abend des 29. September an der Côte d'Azur ein.

In seinen »Blauen Heften« hat Schickele mit vielen eingeklebten Zeitungsausschnitten den völkischen »Festrausch« in Deutschland festgehalten, die Kapitulationserklärungen von Sozialdemokraten, Kirchen und Gewerkschaften, die Selbstmorde von jüdischen Ärzten, Anwälten und Intellektuellen. Am 11. Mai 1933 notierte Schickele:

> Thomas [Mann] sehr unglücklich. Es geht ihm wie den meisten Deutschen seiner Geistesart. Sie sehen wohl, was vorgeht, und auch, was kommen wird, aber im Grund wollen sie es nicht wahrhaben, weil sie sich nicht eingestehen wollen, daß sie ihr Vaterland verloren haben. (...) Gestern haben die Schafsköpfe in Deutschland über eine Million Bücher verbrannt.

Golo Mann, der angehende Historiker, erinnerte sich im zweiten Teil seiner Memoiren *Lehrjahre in Frankreich* daran, dass er damals die deutschsprachigen Emigrantencliquen an der Côte durchaus verachtet habe, und zitierte aus seinem Tagebuch von 1933:

> Gestern abend war Arnold Zweig da, der so ein eitler, mittelgescheiter, geschwätziger Mann ist wie die anderen auch. Außer dem Alten und Heinrich habe ich noch keinen wirklich bedeutenden Emigranten getroffen. (…) Wenn man sich hier in ein Café setzt, schwapp, sitzt eine gestürzte Größe neben einem.

Walter Hasenclever, der expressionistische Dramatiker aus Aachen *(Der Sohn, Ein besserer Herr)*, Jahrgang 1890, war eher keine »gestürzte Größe«, sondern steht für die vielen Emigranten, die – anders als die Mann-Familie – von materieller Not existenziell bedroht waren. Am 14. Juni 1939 schrieb er aus Cagnes-sur-Mer an seinen Freund Kurt Pinthus:

> Die Alternative für unsere Gangster ist: machen sie Krieg, dann können sie sich begraben lassen. Und machen sie keinen, dann werden sie begraben, denn dieses Regime kann ohne Raub und Mord nicht leben. (…) Ferner: wäre etwas Journalistisches über Monte-Carlo und den Sommerbetrieb an der Côte d'Azur zu verwerten, etwa ein Feuilleton über Juan-les-Pins, wo es von Amerikanern wimmelt? Für mich ist jeder Dollar viel Geld! Wer von Euren Bekannten, der mich auch kennt, gibt eine Zeitschrift heraus, bei der man etwas unterbringen könnte? Vielleicht kriegt man einen kleinen Auftrag.

Wenige Monate später, nach dem Angriff der Wehrmacht auf Polen, wurde Hasenclever, der noch an seinem Roman *Die Rechtlosen* arbeitete, von den Franzosen in das zum Internierungslager umgewandelte Fort Carré in Antibes gesperrt, dann mit dem Zug ins Camp Les Milles verbracht, wo er sich im Juni 1940 mit einer Überdosis Veronal das Leben nahm. Im Januar des Jahres war schon René Schickele, 56-jährig, in Vence an Herzversagen gestorben. »Man hat den Eindruck – er hat demissioniert. Er wollte eigentlich nicht mehr«, schrieb Valeriu Marcu an Hermann Kesten.

In jenem Jahr »demissionierte« auch F. Scott Fitzgerald. Am 20. Dezember hatte er sich in Los Angeles in Anwesenheit seiner letzten Lebensgefährtin Sheila Graham Notizen für einen Artikel über das Football Team von Princeton gemacht und sich dann unvermittelt aus seinem Sessel erhoben. Gleich darauf war er tot zusammengebrochen, nachdem er zuvor bereits mehrere Herzattacken erlitten hatte. In den 2000er Jahren erschien eine Fülle von biografischen Fiktionalisierungen über Hemingway, Fitzgerald und die Murphys, während sich für die deutschsprachigen Exilanten an der Côte – von den Manns und Bert Brecht einmal abgesehen – im Grunde nur Literaturhistoriker und Exilforscher interessierten.

In dieser Literatur wird vielfach aus der vor allem von Frauen neu entdeckten Innenperspektive erzählt. Das liest sich in dem mit dem Prix Goncourt prämierten Roman *Alabama Song* (2007) von Gilles Leroy so:

> Einige Wochen lang habe ich tatsächlich geglaubt, dass für Scott und mich vielleicht doch noch nicht alles verloren sein könnte. Bis der Fettwanst in unser Leben getreten ist. Der Liebhaber von Stierkämpfen und starken Empfindungen, Schriftstellernutte und aufgehender Stern am Literaturhimmel unserer Heimat. Damals war er allerdings noch nicht so dick und auch nicht berühmt. Er hatte noch nicht einmal etwas veröffentlicht. Scott hat an Maxwell bei Scribner geschrieben und ihm den vielversprechenden jungen Mann ans Herz gelegt. Jung war er, doch er platzte bereits vor Eitelkeit; war richtig aufgebläht von seiner Phantasterei.

Oder in Liza Klausmanns *Villa America* (2015):

> Linda Porter saß an ihrer Frisierkommode in ihrem geräumigen Zimmer in ihrem großen venezianischen Palazzo und legte Lippenstift auf. Sie weinte, aber es waren Tränen der ja, was für Tränen? Der Frustration? Ja, der Frustration, aber da war noch etwas. Jedenfalls keine Traurigkeit. Es war nicht gut gelaufen in Venedig, und die Murphys machten es nur noch schlimmer. Seit der Ankunft der beiden war sie wütend auf sie. Dieses beschissene Sich-selbst-genug-Sein, diese offensichtliche Zuneigung. Saras Gerede darüber, wie gut Gerald mit seinem Bild vorankomme.

So oder so ähnlich liest man es auch in Erika Robucks Romanen *Hemingway's Girl* (2012) und *Call me Zelda* (2013), in Therese Ann Fowlers *Z. A Novel of Zelda* (2013), in Naomi Woods *Mrs. Hemingway* (2014) oder in Emily Waltons *Der Sommer, in dem Scott Fitzgerald beinahe einen Kellner zersägte* (2016) – mit allen bekannten oder halbwahren Anekdoten. Es sind romantische Fiktionalisierungen selbst von geschönten Lebensläufen, gleichsam Re-Inszenierungen der Inszenierung, geschrieben in einem Zeitalter, in dem Avantgarde nur noch technologisch gedacht, Kunst kaum anders als in Kategorien des Marktes begriffen wird und Literatur – wie auch die Kritik an ihr – enorm an gesellschaftlicher Prägekraft verloren haben.

REFUGIUM UND SCHATTENSPIELE

Die Côte d'Azur und das »Provençal« 1939 bis 1945

Weniger stark als vor zwanzig Jahren, können wir auch weniger Freunde zählen, zu wenige Kinder, zu wenige Waffen, zu wenige Alliierte. Das sind die Ursachen unserer Niederlage. (…) Seit dem Sieg hat der Geist des Genusses über den Geist der Opferbereitschaft gesiegt. Anstatt dienen zu wollen, hat man lieber Ansprüche gestellt. Man wollte der Anstrengung aus dem Weg gehen; heute begegnet man dem Unglück.

MARÉCHAL PETAIN, *20. Juni 1940*

Ingrid, die jüdische Arzttochter, angehende Tänzerin, und Rigaud, ihr Beschützer und vorgeblicher Ehemann, kommen im Frühjahr 1942 in Juan-les-Pins an. Der Ort liegt jetzt noch in der von den Deutschen »unbesetzten Zone«, in Vichy-Frankreich. Ingrid ist gerade 16, Rigaud 21 Jahre alt. Sie verstecken sich im »Provençal«.

> Sie kamen aus Paris und hatten heimlich die Demarkationslinie überschritten. Ingrid trug eine falsche Kennkarte auf den Namen Teyrsen Ingrid, verheiratete Rigaud, bei sich, die sie drei Jahre älter machte. Rigaud hatte im Futter seines Jacketts und auf dem Grund seines Koffers mehrere hunderttausend Francs versteckt.

Ingrid und Rigaud sind Figuren aus Patrick Modianos Roman *Hochzeitsreise* (1991), dem Vorläufer des archetypischen Modiano-Romans *Dora Bruder* (1997). Modiano, der Literaturnobelpreisträger von 2014, hatte schon damals seine Fakten gut beisammen: Die Beschreibung der letzten noch halbwegs funktionierenden Saison in Juan-les-Pins vor dem Ende des Zweiten Weltkriegs gibt die gespenstische Szenerie in der einstigen Riviera-Kapitale des Jazz Age ziemlich gut wieder. Die Hollywood-Größen und Starlets fehlen, dafür sind umso mehr Flüchtlinge angelandet, deren vorrangiges Anliegen es ist, sich möglichst unauffällig zu verhalten. Denn sie werden von Agenten der französischen Geheimpolizei in Kooperation mit der Gestapo beobachtet, die einstweilen noch keinen direkten Zugriff hat. Juan-les-Pins war seit seiner Gründung immer apolitisch und auf individuelle Performancekultur aus – abgesehen von einem Bombenattentat auf eine Tanzbar im Jahr 1927, das mal Mussolini-Faschisten, mal italienischen Anarchisten zugeschrieben wurde. Doch nun wird das Seebad ziemlich brutal von der Weltgeschichte eingeholt.

Modianos Romane kreisen, biografisch bedingt, um ein Thema: die deutsche Okkupation Frankreichs in den 1940er Jahren, um die Deportierten, Gebrochenen, aber auch um die Hasardeure, Schmuggler und Kollaborateure jener extremen Epoche. Das Konstruktionsprinzip der Romane besteht im Wesentlichen darin, lineare Geschichten in verschachtelte Erinnerungsmuster aufzulösen, Figuren verschwinden und wieder auftauchen zu lassen, reale Nebenfiguranten der Zeitgeschichte einzubinden und in die Atmosphäre mit Denunzianten, Geschäftemachern und Verrätern zu verweben. Das kann man auf die Dauer als etwas kaltes, mathematisch-konstruiertes Romanprinzip empfinden, aber von den Eingeweihten wunderte sich niemand, als Modiano, einer der bedeutendsten Romanschriftsteller nach 1945, den Nobelpreis erhielt.

> In Juan-les-Pins tat man so, als gäbe es den Krieg nicht. Die Männer trugen Strandhosen und die Frauen Pareos in hellen Farben. All diese Leute waren um die zwanzig Jahre älter als Ingrid und Rigaud, doch das merkte man kaum. Dank ihrer gebräunten Haut und ihrem sportlichen Gang wahrten sie ein jugendliches Aussehen und den Anschein von Sorglosigkeit. Sie wussten nicht, welchen Lauf die Dinge nehmen würden, wenn der Sommer zu Ende gehen würde.

Modiano, Zeithistoriker und Romancier, wusste es natürlich schon: Nach der deutschen Besetzung der Südzone im Zuge des »Unternehmens Anton« im November 1942 marschierten Truppen des Achsenpartners Italien unter General Mario Vercellino ein, von den zahlreichen an der Côte lebenden Italienern mit wenig Enthusiasmus empfangen. Nach dem Sturz Mussolinis im Juli 1943 folgte dann im

September die deutsche Wehrmacht nebst Adolf Eichmanns und Alois Brunners SS-Einheiten auf der Jagd nach Juden an der Côte d'Azur, unterstützt von Vichy-Bürokraten und Milizionären. Im Roman lässt Modiano seine Protagonisten in Juan-les-Pins überleben: Ingrid und Rigaud ziehen auf den Rat eines freundlichen Portiers vom halb verlassenen »Provençal« in eine nahe gelegene Villa am Strand um, die unschwer als Florence Goulds »La Vigie« zu identifizieren ist.

Modiano war auf den Schauplatz Juan-les-Pins nicht zuletzt auch wegen Maurice Sachs (1906–1945) gekommen, einst der betrügerische Sekretär von Jean Cocteau und André Gide, dann katholischer Seminarist, Radiomoderator sowie Galerist in den USA und am Ende seines turbulenten, recht kurzen Lebens Gestapo-Kollaborateur in St. Pauli. Im April 1945 haben ihn die Deutschen unter mysteriösen Umständen erschossen. Sachs war die Modiano-Figur par excellence, ein Literaturkritiker von *Le Monde* vermutete sogar, das gesamte Werk Modianos sei im Grunde ein einziger Kommentar zu dessen Biografie.

Sachs hatte einige Zeit mit Modianos Eltern am Pariser Quai Conti gewohnt und war wohl, so vermutete Modiano später jedenfalls, mit seinem Vater in irgendwelche Schwarzmarktgeschäfte verwickelt. Dem zum mystischen Katholizismus übergewechselten Juden Sachs, geboren in Paris als Maurice Ettinghausen, war schon 1926 in Juan-les-Pins etwas gelungen, das nach ihm keiner mehr fertigbringen sollte: Er hatte einen Skandal wegen seiner sexuellen Orientierung provoziert. In seiner frischen Seminaristensoutane hatte er am Strand mit einem amerikanischen Liebhaber herumgemacht, was selbst in der ungewöhnlichen Libertinage von Juan-les-Pins offenbar als unerhört empfunden wurde. Sachs hat in seinem kalkulierten Skandalbuch *Der Sabbat* später über Juan-les-Pins geschrieben:

> Die Ferien waren gekommen, und ich hatte die Erlaubnis, sie mit meiner Großmutter zu verbringen. Sie reiste mit mir an einen kleinen Ort, dessen Ruhe und Frieden sie einst auf ihrer Hochzeitsreise sehr genossen hatte. Ich hatte noch nie von ihm gehört, denn er kam erst in diesem Jahr in Mode. Kurz, der stille friedliche Ort hieß Juan-les-Pins. Picasso, die Gräfin von Chambrun,

Marie Laurencin, die Beaumonts und eine Menge von Personen, deren Aufmerksamkeit mir schmeichelte, waren dort und empfingen mich freundlicher als für gewöhnlich. Zugegeben, in den Augen von Leuten, die das Leben kennen, muß das Erscheinen eines Seminaristen in einem Modebad – eines Seminaristen, der den inneren Ruf erst kürzlich vernommen hat und dessen Vergangenheit höchst profan ist – den Gedanken nahe legen, dass er den Skandal sucht. Niemand zweifelte daran; ich verstehe das heute sehr gut.

Sachs glaubte später, »dass einige meiner amerikanischen Freunde, die den Sommer dort verbrachten – Glenway Wescott, Monroe Wheeler und Lloyd Morris, denen sich Rebecca West angeschlossen hatte –, mich nur allzu gern zu einem Skandal verleiten wollten«, gab allerdings auch zu, dass er »übrigens kaum verleitet zu werden brauchte«: Eines Morgens habe er am Strand jemanden gesehen, in den er sich »zugleich und mit größter Leidenschaft verliebte. Der Abgrund, der sich plötzlich vor mir auftat, schien unermesslich.«

Sie [Ingrid und Rigaud] kehrten ins Hotel zurück, und in den mondlosen Nächten überkam beide eine Unruhe. Keine einzige Straßenlampe, kein einziges erleuchtetes Fenster. Das Restaurant der Prinzessin von Bourbon erstrahlte noch, als sei sie die Letzte, die es wagt, der Sperrstunde zu trotzen. Doch nach ein paar Schritten verschwand dieses Licht, und sie gingen im Finstern. Alle Leute, deren Anwesenheit an den Tischen sie beruhigte und die sie tagsüber am Strand sahen, kamen ihnen jetzt unwirklich vor: Statisten, die zu einer Theatertournee gehörten, die der Krieg in Juan-les-Pins gestoppt hatte und die gezwungen waren, ihre Rolle als falsche Sommergäste auf dem Strand und im Restaurant einer falschen Prinzessin von Bourbon zu spielen. Das »Provençal« selbst, dessen weiße Masse man auf dem Grund der Finsternis ahnte, war eine riesige Dekoration aus Pappmaché.

Auch Modianos »falsche Prinzessin von Bourbon« war real. Mit bürgerlichem Namen hieß sie Andrée Cotillon, hatte, wie er es formuliert, in Juan-les-Pins »Protektion« genossen und dort 1941/42 das Hotelrestaurant Stella Maris betrieben. Die Villa am Strand steht heute noch, direkt neben Frank Jay Goulds letztem Refugium Villa Soleil.

Madame Cotillon, geschiedene Salviati, die sich als Verwandte des Hochstaplers Karl Wilhelm Naundorff alias Ludwig XVII. von Frankreich ausgab (also ein doppelter Bluff), war als 14-Jährige aus einem Erziehungsheim ausgerissen, hatte in Paris Karriere als Kokotte und Besitzerin eines Feinkostladens gemacht, war 1934 eine wichtige Belastungszeugin im Prozess gegen den späteren Gestapo-Gangster Inspektor Pierre Bonny und wurde nach ihrem Schlemmerleben 1944 von der Résistance hingerichtet, wie auch Bonny selbst. Im September 1941 hatte das seinerzeit auflagenstärkste Massenblatt Europas, der *Paris Soir*, einen Reporter nach Juan-les-Pins geschickt, um die suspekte »Prinzessin von Bourbon« aufzuspüren. *Paris Soir*, einst von dem Anarchisten Eugène Merle gegründet und mit Reportern wie Georges Simenon, Ilja Ehrenburg und Titayina nobilitiert, war da schon längst ein lupenreines deutschfreundliches Kollaborationsblatt. So liest man in jener Nummer, in der die Andrée-Cotillon-Geschichte erschien, auch den berüchtigten Aufruf des Militärbefehlshabers in Frankreich General der Infanterie Otto von Stülpnagel: Alle Personen »männlichen Geschlechts«, die feindlichen Fallschirmspringern zu Hilfe kämen, »auf welche Weise auch immer, werden sofort erschossen«.

Der Reporter vom *Paris Soir* spürte jedenfalls im »Stella Maris« eine dekadente, Whisky trinkende Gesellschaft auf, und zwar die Dramatiker und Drehbuchautoren Marcel Achard, Armand Salacrou und Pierre Chenal nebst dem »ewigen Baron E.« (wahrscheinlich Jean Empain). Pierre Chenal, der Regisseur von *Schuld und Sühne* (1935), der in dem Artikel explizit als »Jude« identifiziert wird, zog es danach vor, umgehend nach Südamerika zu emigrieren. Und so kam Juan-les-Pins, das die Besatzer und ihre französischen Helfershelfer als das »parfümierte Ghetto« jüdischer Flüchtlinge identifizierten – wie übrigens auch Cannes und Nizza –, die Klientel abhanden. Die Stadtväter von Antibes beklagten, dass der Stadt wegen der

Schließung des Casinobetriebs und der Verminung des Strands die lukrativen Einnahmequellen aus dem Tourismus verloren gingen. Doch in Adolf Eichmanns Referat IV b 4 im Reichssicherheitshauptamt brannte man im Herbst 1943 förmlich darauf, an der Côte d'Azur – mit Hauptquartier im Hotel Excelsior in Nizza nahe dem Bahnhof – die letzten »Judennester« auszuräuchern, obwohl oder vielleicht gerade weil der NS-Eroberungskrieg nach Stalingrad definitiv verloren war. Allerdings waren Eichmann und seine Vernichtungsexperten – allen voran der »Bluthund« Alois Brunner – mit den in Judenangelegenheiten wenig kooperationswilligen Italienern äußerst unzufrieden. Gestapo-Referent Kurt Lischka schrieb im März 1943 von Paris aus an das Referat IV b 4 nach Berlin:

> So ist insbesondere die Côte d'Azur zu einem Asyl für das Judentum geworden, wie es bisher wohl kaum ein Landstrich in Frankreich gewesen ist. Die Juden fühlen sich dort in völliger Sicherheit und gehen ihren schmutzigen Geschäften, insbesondere dem Schwarzhandel völlig ungehindert nach. Da es sich in der Hauptsache um reiche Juden handelt, hat das Judentum einen großen Einfluss nicht nur auf französische Kreise, die von dem jüdischen Geld leben, sondern auch auf italienische Soldaten entwickelt.

Den jüdisch-italienischen Bankier Angelo Donati, der vor allem für die Juden in Nizza Fluchtpläne entwickelt hatte, wollte das Eichmann-Referat kurzerhand entführen lassen. Im September 1943 kam Eichmann, der im monegassischen Fürstentum rund 15 000 geflüchtete Juden vermutete – in Wirklichkeit waren es nur wenige Hundert –, höchstpersönlich für einige Tage nach Nizza und Monaco, um deren Verfolgung zu überwachen.[39]

Serge Klarsfeld, nach 1945 gemeinsam mit seiner Frau Beate einer der bekanntesten »Nazi-Jäger«, musste als Siebenjähriger, versteckt in einem Wandschrank, miterleben, wie sein Vater in Nizza von Brunners SD-Einsatzkommando verhaftet und deportiert wurde. Die Schülerin Simone Veil aus dem bürgerlich-wohlhabenden Quartier des Musiciens in Nizza, später erste Präsidentin des Europaparlaments, konnte im März 1944 die Abiturprüfungen noch unter ihrem echten Namen ablegen, kam dann ins »Excelsior«, wurde ins Sammellager Drancy deportiert und schließlich in die Hölle von Auschwitz.[40]

Hitler und seine Entourage hatten ursprünglich kein klares »Frankreich-Konzept«. Zwar waren die Franzosen aus nationalsozialistischer Sicht kein slawisches Volk von »Untermenschen« wie die Polen, aber ein »ritterlicher Friede« mit dem westlichen Nachbarn kam nach 1918 auch nicht in Betracht, vor allem aber war eine Entente zwischen Großbritannien und Frankreich zu verhindern. So wurde schließlich die komplexe »Aufsichtsverwaltung« unter der Führung des »Militärbefehlshabers in Frankreich« (MBF) mit Sitz in Paris installiert, und es kam zum teilautonomen, nationalautoritären Vichy-Regime unter Philippe Pétain und Pierre Laval in der Südhälfte und einem kleinen Mussolini-Residuum in und um Menton. Von Beginn an war eine nordfranzösische Zone – nicht nur aus militärpolitischen Gründen – dem Militärbefehlshaber Belgien zugeschlagen worden. Letztlich lief es auf die Parzellierung und Auflösung Frankreichs durch Gebietsabtrennungen hinaus, wovon Elsässer und Lothringer, dann Flamen, Bretonen und Basken profitieren sollten.

Diese Planung wurde unterstützt von akademischen »Westforschern«. Schon kurz nach dem deutschen Sieg über Frankreich hatte der vielseitig verwendbare SS-Intellektuelle und spätere Staatssekretär des Innern Wilhelm Stuckart eine Art »Generalplan West« vorgelegt, und Hitler hatte 1942 in einem seiner »Tischgespräche« geäußert, »dass ein großes Stück deutscher Geschichte im alten Königreich Burgund gespielt habe, daß dieses Land also uralter deutscher Boden sei«. Joseph Goebbels notierte daraufhin in seinem Tagebuch, »daß Burgund wieder zum Reichsgebiet kommt«. Hermann Göring und die NS-Tourismusexperten kalkulierten da pragmatischer. Sie dachten an die mondänen französischen Badeorte Le Touquet, Deauville, Biarritz, Nizza und Monaco – Kleinstaat hin oder her – mit ihren Grandhotels und gemütlichen Pensionen, die doch erst einmal zu ökonomisch lukrativen Erholungsorten für die deutschen Volksgenossen werden könnten.

1936 war in Frankreich zum ersten Mal eine Linksregierung unter dem jüdischen Premier Léon Blum an die Macht gekommen. Die eng mit dem stalinistischen Regime in Russland verbandelte

Kommunistische Partei stellte aber vorsichtshalber keine Minister. Andererseits zeigten immer mehr französische Rechtsintellektuelle unverhohlen ihre Bewunderung für die starken »Führerstaaten« Italien und Deutschland, vor allem nachdem Hitler die Rheinlandbesetzung gewagt und gewonnen hatte. Die Regierung Blum setzte den bezahlten Urlaub für Arbeiter und kleine Angestellte durch. Zeitgenössische Filmaufnahmen von Juan-les-Pins zeigen überfüllte Strände und Wassersportaktivitäten aller Art.

1937 kam Picasso, der mit den Kommunisten sympathisierte, mit seiner Künstlerentourage – Eileen Agar, Paul und Nusch Éluard, Lee Miller – noch einmal nach Juan-les-Pins und Mougins, wo man idyllische Picknicks und avantgardistische Fotosessions mit Aktmodellen veranstaltete. Mit der zunehmenden Kriegsfurcht tauchten in den Jahren danach Flüchtlinge aller Couleur in Juan-les-Pins auf, zunächst einige republikanische Spanienkämpfer, im Jahr darauf polnische Soldaten, österreichische und deutsche Intellektuelle und mehr oder weniger vermögende Juden.[41] Nach dem »Anschluss« Österreichs ans Hitler-Reich kam unter anderen der Waffenhändler Fritz Mandl, Ex-Ehemann des Stummfilmstars Hedy Lamarr, ans Cap d'Antibes in die Villa Daisy Roc. Im Jahr 1940 zog er nach Argentinien weiter.

Von all dem ahnten die Reichen und Berühmten in den beiden Saisons vor dem Kriegsausbruch noch nichts. Sir Alexander Korda, der britische Produzentenmogul, und die exotische Schauspielerin Merle Oberon heirateten im Vorkriegssommer 1939 im Rathaus von Antibes, und in der Saison 1938/39 kamen noch einmal alle Stars, Literaten und Diplomaten, die es sich leisten konnten, ins Grand Hôtel du Cap, ins »La Frégate«, »Pam Pam« oder »Vieux Colombier« in Juan-les-Pins. Im noblen Grand Hôtel du Cap hatten sich zwei ganz unterschiedliche Clans eingemietet: zum einen Marlene Dietrich mit Entourage, das waren Tochter Maria, Pro-forma-Ehemann Rudi Sieber, dessen Geliebte Tamara Matul, Regisseur Josef von Sternberg und Marlenes neuer Favorit, der Schriftsteller Erich Maria Remarque; zum anderen die Kennedys mit Patriarch und Multi-Unternehmer »Joe«, damals US-Botschafter in London, Ehefrau Rose und die vielköpfige Kinderschar, darunter John, Bobby und

Tochter Rosemary, die wenig später auf Anweisung des Vaters einer brutalen Lobotomie unterzogen wurde. »Rosemary«, so erinnerte sich Marlene Dietrichs Tochter Maria, »das behinderte Kind inmitten dieser scheinbar vollkommenen Geschwisterschar, war meine Freundin. Vielleicht weil wir beide Außenseiter waren, fühlte sich jede von uns in der Nähe der anderen wohl. Wir saßen Hände haltend im warmen Schatten und blickten auf das stille Meer.«

Marlene Dietrich ist damals 37 Jahre alt, eine der bestbezahlten Schauspielerinnen Hollywoods und eine androgyne Stilikone. Aber ihre Karriere befindet sich bedrohlich in der Sackgasse. Im Mai 1938 hatte Harry Brandt, Präsident der unabhängigen Kinobesitzer Amerikas, in Annoncen der einschlägigen Fachblätter die Studios dazu aufgefordert, keine Filme mehr mit der Dietrich oder mit Mae West, Joan Crawford, Katharine Hepburn oder Greta Garbo in der Hauptrolle zu produzieren, keine unterkühlten, allzu unabhängigen Frauen mehr an der Kinofront also – diese seien »Kassengift«. Der NS-Propagandaminister Joseph Goebbels hatte der Dietrich im Gegenzug Avancen gemacht, nach Deutschland zurückzukehren, und Emissäre geschickt – mal den Theaterregisseur Heinz Hilpert, mal Dietrichs Schwager Georg Will, der mit Marlenes »verleugneter Schwester« Liesel auf dem »Truppenübungsplatz« Bergen-Belsen ein Soldatenkino betrieb. Am 9. Juni 1939, kurz vor der Abreise nach Europa, hatte sich Marlene Dietrich entschieden und in Los Angeles den Eid auf die amerikanische Verfassung abgelegt: »Ich bin froh, eine Nichte von Uncle Sam zu sein«, sagte sie danach zu den wartenden Reportern. Die US-Steuerbeamten reagierten indes unfreundlich mit einer Steuernachforderung in Höhe von 248 000 Dollar, so dass Marlene und ihre Crew beinahe nicht mit der »Normandie« nach Frankreich reisen konnten.

Joe Kennedy, zu Prohibitionszeiten im Alkoholschmuggel engagiert, war ein Mann mit enormen Hollywood-Investitionen sowie belastbaren Mafiakontakten und überdies unter anderem Geliebter von Gloria Swanson. Kennedy galt als hitlerfreundlich, jedenfalls wollte er die USA aus allen möglichen europäischen kriegerischen Konflikten heraushalten. Marlene und der bullige Unternehmerdiplomat lernten sich im Sommer 1938 am Cap d'Antibes kennen. »Er war damals schon alt« – er war 49 –, »aber süß und stellte mir natürlich nach«, so die Dietrich in ihren Memoiren. Ob es zu einer sexuellen Affäre kam, ist unsicher, Marlene hat dem späteren US-Präsidenten John F. Kennedy, mit dem sie tatsächlich ein Verhältnis hatte, jedenfalls auf die Frage, ob sie jemals mit seinem Vater ins Bett gegangen sei, versichert, daran sei nichts. Die kolportierte Antwort des Präsidenten lautete: »Ich wusste immer schon, dass der Hurensohn lügt.«

Im Sommer 1939 war die Atmosphäre im Grand Hôtel du Cap jedenfalls irgendwie unwirklich. Jeder, der seine Augen und Ohren offen hielt, konnte wissen, dass Hitler trotz des Münchener Abkommens, nach dem Neville Chamberlain den »Frieden für unsere Zeit« verkündet hatte, den Endkampf mit Plutokratie und Bolschewismus wollte. In Südfrankreich aber regierten in diesen Wochen noch Sonne, Luxus und Frivolitäten. Der sensible Remarque, »der von einer fast krankhaften Melancholie und Verletzlichkeit« war, wie Marlene feststellte, zerbrach fast unter diesem Widerspruch und begab sich des Öfteren auf ausgedehnte Alkoholtouren in die angesagten Nachtbars von Juan-les-Pins. Und die Dietrich bändelte am Cap zudem mit der reichen lesbischen Speedboat-Weltmeisterin Marion »Joe« Carstairs (1900–1993) an, deren Jacht im Hafen von Antibes ankerte. Die stämmige, tätowierte Carstairs, eine Zeitlang Betreiberin des »X-Garage«, eines Taxiservices für Frauen, hatte immer ihren Fetisch dabei, die Steiff-Puppe »Lord Tod Wadley«.

Tochter Maria schrieb über jenen Sommer:

> Das Hotel war eines der schönsten an der ganzen Côte d'Azur. Die Hautevolee der dreißiger Jahre fand sich dort ein und tauschte ihre Klatschgeschichten aus. Sie unterschied sich von der heutigen ganz erheblich. Vielleicht lag es an ihren Seidenkleidern und Leinenanzügen von Patou, Lanvin, Molineux und Schiaparelli, oder daran, dass es damals noch keine Jeans, Turnschuhe und Unisex gab. Jedenfalls umgab sie eine Aura echter Eleganz. So wie die Stars der Kinoleinwand in ihrer Erscheinung einzigartig waren, so besaßen auch die Vornehmsten der Vornehmen eine Individualität, die man heute selten trifft, auch nicht auf den teuersten Jachten, die im Hafen von Monte-Carlo ankern.

Marlene Dietrich und Erich Maria Remarque 1938 in einem der Nachtclubs von Juan-les-Pins. Remarque (links im Bild) nannte die Dietrich seinen »Panther«. Mit seinem Roman *Im Westen nichts Neues* (1928) wurde er zu einem der intellektuellen Hauptfeinde der Nationalsozialisten. Nachdem ihm 1938 die deutsche Staatsbürgerschaft aberkannt worden war, zog er sich – wie auch Marlene Dietrich – im Jahr drauf offiziell in die USA zurück.

An formaler Eleganz mangelte es in diesen letzten Vorkriegswochen am Cap d'Antibes tatsächlich nicht. Mitunter kamen der abgedankte Eduard VIII. und seine extrem dünne Frau Wallis Simpson, die das benachbarte Château de la Croë gemietet hatten und dort Hof hielten. Die entthronten Windsors hatten 1937 in Frankreich auf dem Château de Candé des Multimillionärs und mysteriösen Unternehmensberaters Charles Bedaux geheiratet. Wallis ließ am Cap eine erlesene Innendekoration von Elsie Mendl entwerfen, es gab selbstverständlich jede Menge livrierte Diener, und selbst den Cockerspaniels Pookie, Detto und Prisie wurden ihre speziellen Menüs mit Silberbesteck verabreicht. Da solche Exaltationen von der Entourage gern kolportiert wurden, sank das ohnehin angeschlagene Ansehen des abgedankten Königs, der in England 1937 zudem mit seinem Besuch auf Hitlers Berghof für Entsetzen gesorgt hatte, in britischen Politikerkreisen auf den Nullpunkt. Churchill, damals Erster Lord der Admiralität, veranlasste Anfang September 1939, dass Wallis und Edward mit dem Zerstörer »HMS Kelly« nach Portsmouth gebracht wurden. Der lästige und dauerbeleidigte Edward wurde kurzzeitig in Paris und im Norden Frankreichs als eine Art Pseudo-Militärberater tätig und schließlich mitsamt seiner Angetrauten auf den weit entfernten Posten eines Gouverneurs der Bahamas abgeschoben.

Noch in Antibes wurde Marlene Dietrich von Produzent Joe Pasternak von der Universal die Hauptrolle in der Westernkomödie *Desty Rides Again (Der große Bluff)* mit James Stewart als Partner angeboten. Remarque drängte sie, die Offerte anzunehmen, obwohl die Gage mit 75 000 Dollar nur ein Sechstel des zuvor Üblichen ausmachte. Am 1. September 1939 begannen die Kostümproben in New York, Regie führte Georges Marshall. Bald hatte Marlene auch wieder einen neuen prominenten Liebhaber: den Bretonen Jean Gabin. »Joe« Kennedy trat nach der Wiederwahl Roosevelts im November 1940 von seinem Londoner Botschafterposten zurück und widmete sich fortan neben seinen Geschäften seinem Lieblingsprojekt, einen seiner Söhne zum US-Präsidenten zu machen.

Im August/September 1939 logierten Jean-Paul Sartre und Simone de Beauvoir, ein noch ziemlich unbekanntes Paar, in der Villa Sull'Onda von »Madame Morel« in Juan-les-Pins, direkt gegenüber dem »Provençal«. Die beiden waren damals im Hauptberuf noch Gymnasiallehrer. Sie hatten das vermögende Ehepaar Morel – einen invalide-hypochondrischen Arzt und seine aus Argentinien stammende lebhafte Ehefrau – Mitte der 1930er Jahre kennengelernt. In den Tagen von Juan-les-Pins schrieb Sartre:

> Der Strand war leer, das Meer glitzerte und lärmte. Auf dem hölzernen Floß des Provençal tranken drei junge Frauen in Strandanzügen Tee. Odette schloß die Augen. Sie lag im Sand, lag tief in einer zeit- und alterslosen Hitze; der Hitze ihrer Kindheit; wenn sie die Augen schloß, lag sie auf demselben Sand und spielte, sie wäre in einer großen, rotblauen Flamme ein Salamander. Dieselbe Hitze, dieselbe feuchte Liebkosung des Badeanzugs; man glaubte es zu spüren, wie er leise in der Sonne dampfte, dasselbe Brennen des Sandes im Nacken; in den anderen Jahren war sie eins gewesen mit Himmel, Meer und Sand, hatte die Gegenwart nicht mehr von der Vergangenheit unterschieden. Sie richtete sich auf und machte große Augen; heute war es eine ganz richtige Gegenwart; die Angst in der Magengrube; Mathieu, der braun und nackt im Schneidersitz auf seinem weißen Bademantel hockte.

Simone de Beauvoir ist 31, Sartre 34 Jahre alt, also nicht mehr ganz jung, aber er ist nicht nur auf der Suche nach allerlei libidinösen Abenteuern, sondern auch nach intellektuell-romancierhafter Prominenz. Während des Aufenthalts im Süden kommt es am 24. August 1939 zum »Hitler-Stalin-Pakt«, der die französischen Linken nachhaltig verwirrt. Sartre beschreibt die Szenerie mit politischen Zeitreflexionen in seinem Zeitroman *Der Aufschub,* der als zweiter Band der vierbändigen Reihe *Die Wege der Freiheit* konzipiert war. Er erhoffte sich von dieser zeithistoriografisch-psychologischen Parallelmontage, die eine Mischung aus »Bewusstseinsstrom«-Collage und Existenzphilosophie mit stilistischen Übernahmen von Joyce und Dos Passos darstellt, einigen literarischen Ruhm. Im philosophisch-akademischen Feld wandte er sich dann bald von dem jüdischen Phänomenologen Edmund Husserl dem deutschnationalen NS-Rektor Martin Heidegger zu, dessen politische Wendungen er aber nicht wirklich verstanden hatte. Sartres politische Betrachtungen gingen in eine deutlich politisch-generationelle Richtung: gegen die »alten Männer«, die nicht nur aus seiner Sicht dabei waren, die europäische Zukunft zu verspielen, die »Zwischenkriegspolitiker« in Frankreich und England, die Earls of Halifax, Chamberlains, Anthony Edens, Paul-Boncours, Bonnets und Daladiers:

> Achtzehnuhrzehn in Godesberg. Der alte Mann wartete. In Angoulême, in Marseille, Gent, in Dover dachten sie: »Was tut er? Ist er hinuntergegangen? Redet er mit Hitler? Könnte doch sein, daß sie gerade jetzt alles miteinander regeln.« (...) In Juan-les-Pins setzte sich am 23. September 1938 siebzehnuhrzehn eine stattliche Frau im weißen Leinenkleid auf einen Klappstuhl, legte ihre blaue Brille ab und begann die Zeitung zu lesen. Den Petit Niçois. Odette Delarue sah die großen Buchstaben der Schlagzeile: »Kaltes Blut«, und als ihre Augen sich ans Licht gewöhnt hatten, konnte sie den Untertitel entziffern: »Herr Chamberlain richtet eine Botschaft an Hitler.« Sie fragte sich: »Hab ich wirklich Abscheu vor dem Krieg?« Und sie dachte: »Nein. Nein, kein bißchen.« Wenn sie wirklich Abscheu davor gehabt hätte, wäre sie aufgesprungen und zum Bahnhof gerannt, hätte mit ausgestreckten Armen geschrien: »Rückt nicht ein! Bleibt zu Hause!«

Durch den deutschen Angriff auf Polen am 1. September 1939 fiel auch ein kulturelles Großereignis an der Côte d'Azur aus: das erste Filmfestival von Cannes, geplant vom Kultusminister der Linksregierung Jean Zay und dem Literaten Pierre Erlanger. Strategisch war es als »demokratisches Festival« gegen die faschistische Filmbiennale in Venedig intendiert, aber es stellte durchaus auch eine touristisch-mondäne Gesamtattraktion dar. Zahlreiche US-Stars hatten bereits luxuriöse Schiffskabinen für die Reise an die Côte d'Azur gebucht, für den 1. September war ein »Grand dîner de l'inauguration« im »Palm Beach Casino« von Cannes mit Eröffnungsrede von Jean Zay geplant, und für den 13. September war zum Mimi-Pinson-Dîner auf die Terrasse des »Provençal« in Juan-les-Pins geladen. Als am 2. September 1939 in Frankreich die Generalmobilmachung ausgerufen wurde, überwachte Charles Trenet gerade die Arbeiten an seiner neuen Villa auf einem Grundstück in Juan-les-Pins, das er auf Empfehlung der Mistinguett gekauft hatte.

Am 10. Mai 1940 begann der deutsche »Westfeldzug«, propagandistisch als »Blitzkrieg« verkauft. Die Niederlande, Belgien und Luxemburg wurden besetzt, Anfang Juni 1940 erfolgte der Angriff auf Frankreich. Am 16. Juni 1940 trat das Kabinett von Ministerpräsident Paul Reynaud zurück, am 18. Juni 1940 rief General Charles de Gaulle im Londoner Exil dazu auf, den Kampf gegen Hitler notfalls von den nordafrikanischen Kolonien aus fortzusetzen. Am 10. Juli 1940 verabschiedete die Nationalversammlung der Dritten Republik mit 569 gegen 80 Stimmen ein Gesetz, mit dem Marschall Philippe Pétain[42] ermächtigt wurde, eine Verfassung für den État français – als Rechtsnachfolger der Republik – zu verkünden, um »die Rechte der Arbeit, der Familie und des Vaterlandes« zu garantieren. Mit der neuen Verfassung löste das Vichy-Regime unter dem greisen Pétain die Dritte Republik ab. Am 16. Juli 1940 wurde der außerordentlich deutschfreundliche Erz-»Collabo« Laval ungeliebter Stellvertreter von Pétain, am 17. Juli 1940 das erste »Judenstatut« des Vichy-Regimes verkündet. Zahlreiche weitere Entrechtungsmaßnahmen folgten.

Während des sogenannten Sitzkriegs, den die Franzosen *drôle de guerre* – seltsamer Krieg – nannten, wurde das »Provençal« nach der Sommersaison 1939 provisorisch als Hospital für polnische Kriegsverwundete und Rekonvaleszenten hergerichtet. Camille Rayon, damals ein junger Mann von Mitte 20, zog ein Informationsnetzwerk unter den polnischen Emigranten auf; für den vergleichsweise unprominenten de Gaulle war es zunächst schwer, tatkräftige Anhänger zu mobilisieren. Das änderte sich erst, als erkennbar wurde, dass Großbritannien – unterstützt von den USA – von der Wehrmacht so bald nicht besiegt werden würde.

Im Frühjahr 1940 kehrten die Franzosen, die in einer Art Massenpanik vor Hitlers siegreich in Paris einziehender Wehrmacht gen Süden geflohen waren, nach Paris zurück, da sich das Alltagsleben in der Hauptstadt wieder normalisierte und die deutschen »Fritzen« gelassen am Montmartre malten oder sich in Nachtclubs oder Militärbordellen amüsierten.

Einige eher entlegene autobiografische Erinnerungen und Tagebucheintragungen über Juan-les-Pins während des Krieges geben jene Verwirrung, Furcht – würden Mussolinis Truppen die ganze Gegend um Nizza besetzen und re-italianisieren? – sowie kurzzeitige Hoffnung auf die angeblich gut gerüstete französische Armee wieder, die damals herrschten, und vermitteln die Atmosphäre unter der Vichy-Regierung.

Besonders bizarr war die Lage der vermögenden Briten und von 1941 an auch der US-Amerikaner, für die die Côte d'Azur jahrzehntelang ein einziger Lustgarten gewesen war – und die diesen Landstrich im Grunde immer noch als ihren kulturellen Besitz betrachteten. Nachdem es am 1. Juli 1940 zur Versenkung eines großen Teils der französischen Flotte bei Mers-el-Kébir gekommen war, galten sie plötzlich als unerwünschte Ausländer, mussten in Nizza um Visa anstehen und wurden brüsk mit schmutzigen Kohletransportern in ihr Mutterland verfrachtet.

Der schon betagte E. Phillips Oppenheim, genannt »Oppy« (1866–1946), zu jener Zeit einer der erfolgreichsten Autoren von Spionageromanen, dessen mehr als 130 Kolportagethriller zumeist in Monaco und Juan-les-Pins spielen,[43] schrieb in seinen Lebenserinnerungen *The Pool of Memory* (1941):

> Als Erstes fuhr ich zum Büro des Konsuls, wo ein heilloses Durcheinander herrschte. An den Wänden klebte ein Aushang, auf dem allen Engländern geraten wurde, die Gegend unverzüglich zu verlassen. Im Konsulat erfuhr ich, dass die britische Admiralität zwei Schiffe schicken werde, um alle Engländer fortzubringen, die nach Hause zurückkehren wollten, und dass sie voraussichtlich binnen vierundzwanzig Stunden eintreffen würden. Ich trug alle unsere Namen ein, und um erreichbar zu bleiben, gingen wir nicht weiter als bis ins Carlton, wo wir Dutzende weitere Personen antrafen, die darauf warteten, die gleiche Reise anzutreten. Wir ahnten nicht, dass wir dazu verdammt waren, drei Monate in dieser Karawanserei auszuharren.

Warteschlange vor dem US-amerikanischen Konsulat in Marseille (1940), dem letzten Fluchtpunkt für Exilanten. Mithilfe von Konsulatsmitarbeitern konnte der Journalist Varian Fry (1907–1967) um diese Zeit rund tausend geflüchteten, mehrheitlich jüdischen Autoren, Künstlern und Intellektuellen Visa für die USA verschaffen, unter anderen Hannah Arendt, Marc Chagall, Max Ernst, Lion Feuchtwanger, Siegfried Kracauer, Heinrich Mann, Max Ophüls, Anna Seghers und Franz Werfel. Nachdem den Franzosen Frys klandestine, illegale Operationen aufgefallen waren, forderten sie seine Ausreise. Auf Initiative von US-Botschafter William Leahy, Admiral im Ruhestand, musste Fry Frankreich schließlich im August 1941 verlassen. Zu jener Zeit war die US-amerikanische Botschaft in Vichy in der von den Goulds gemieteten Villa Les Adrets in der Avenue Thermale Nr. 56 untergebracht.

»Oppy« wusste, dass es auf den Kohlenpötten keine Einzelkabinen gab und kaum Waschgelegenheiten. Alle Passagiere mussten an Deck schlafen. Er sah sich später durch die Erinnerungen des Schriftstellerkollegen Somerset Maugham bestätigt:

> Nach seiner Ankunft in London lieferte der allein reisende Somerset Maugham im Radio eine, wie ich meine, zutreffende Beschreibung des Schiffes. Alle Umstände, die ich erwähnt habe, entsprachen der Wahrheit, und selbst als erfahrener Reisender räumte er ein, dass es die schlimmste Überfahrt gewesen sei, die er jemals erlebt habe. Sieben Personen starben unterwegs, und fünf verloren den Verstand. Eine Vielzahl weiterer Passagiere befand sich in einem Zustand des Zusammenbruchs und musste regelrecht von Bord getragen werden, und doch ist seitdem kein Tag vergangen, an dem ich nicht bereut habe, dass ich dieses Risiko nicht eingegangen bin.

Oppenheim entzog sich dem Transport auf dem Kohlenschiff und blieb gezwungenermaßen noch einige Monate in seiner Villa Notre-Dame in Mougins und im Hotel Montfleury in Cannes, bevor er Anfang 1941 gemeinsam mit seiner Frau und dem Chauffeur via Madrid und Lissabon mit dem Flugzeug nach London entkommen konnte.

Margaret Turner schrieb ihre Erinnerungen an Juan-les-Pins auf, als sie schon in den Neunzigern stand und in Menton lebte. Sie war 1928 als Sechsjährige mit ihrer Familie aus Großbritannien an die Riviera gekommen, wo ihr Vater, gebürtiger Tscheche und ursprünglich ein Lederhändler, sich im boomenden Juan-les-Pins eine neue Existenz als Hotelier und Betreiber eines Geschenkeladens aufbaute. Ein Bruder des Vaters hatte den Tipp gegeben: »Da solltest du hingehen. Der Ort kommt gerade hoch und hat mit Sicherheit eine Zukunft. Das Klima ist perfekt, und außerdem ist das Leben dort günstig!« Margaret und ihre Schwester Rosemary, die »kleinen Engländerinnen«, gingen in Antibes zur Schule. Die Mädchen verlebten trotz der instabilen finanziellen Verhältnisse – das kleine Hotel musste nach der Weltwirtschaftskrise 1930 geschlossen werden, und der Geschenkeladen hielt sich nur so eben über Wasser – eine glückliche Kindheit unter Palmen und Pinien mit Ausflügen nach Paris und Skitouren in Valberg. Die Memoirenschreiberin über ihre ersten Eindrücke vom Nachtleben in dem Modebad:

> Das eleganteste von allen war das Pam Pam. Es war unglaublich beliebt, dort trank man abends Cocktails, und die Stühle und Tische standen bis auf die Straße. Vaters Laden lag gleich nebenan. (…) Vom Balkon zur Straße konnten wir auf die funkelnde Gästeschar hinunterschauen, und vom Küchenfenster aus beobachteten wir das Hin und Her der Kellner, die gelegentlich zu uns heraufwinkten.

In den 1930er Jahren ging es mit den Geschäften des Vaters allmählich aufwärts. Die Familie bezog die Villa La Brésilienne »im schönsten Teil der Stadt, nahe dem ›Provençal‹ mit Blick auf den Pinienwald und mit einem Garten voller Zitrus- und Mandarinenbäumchen«. Im Sommer 1940 gibt es Anzeichen dafür, dass es damit bald vorbei sein würde:

> Heute ist Juan-les-Pins nicht wiederzuerkennen. Gestern wurden Hunderte Flüchtlinge aus den hinter Menton gelegenen Dörfern an der italienischen Grenze heruntergebracht. In unseren Éclaireuses-Uniformen und mit Armbinde arbeiteten Rosemary und ich ununterbrochen bis in die frühen Morgenstunden des heutigen Tages und brachten die Gruppen verstörter Menschen zum Casino und in die Luxushotels, wo in aller Eile Strohmatratzen als Lager ausgebreitet worden waren.

Die Turner-Mädchen werden mit dem Kohlenschiff Ashcrest von Marseille nach Gibraltar gebracht, dann über die Azoren nach England, wo sie bei Verwandten unterkommen. Margaret Turner wird Krankenschwester und findet bei ihrer Rückkehr nach Juan-les-Pins viele US-Kolleginnen vor, die hier zur Erholung in den Luxushotels einquartiert sind. Der Vater macht sein Geschäft wieder auf:

Das Geschäft lief gut, und spontane Freundschaften entstanden, denn die amerikanischen Mädchen waren höchst erfreut, Englisch sprechende Menschen anzutreffen. Sie brachten oft kleine Geschenke mit, und meine Mutter schrieb vielen ihrer Mütter, um sie über ihre Töchter auf dem Laufenden zu halten. Sie bezahlten ihre Einkäufe mit Zigarettenstangen, die meine Eltern anschließend gegen Lebensmittel eintauschten.

Margaret Turner nimmt im November 1946 eine Sekretärinnenstelle an der britischen Botschaft an und geht nach Paris.

Eileen Jeanette Lyttle Garrett (1893–1970) war ein irisches »Medium« und seinerzeit eine berühmte Parapsychologin, die als Verlegerin der Creative Age Press und des Magazins *Tomorrow* unter anderen mit Klaus Mann, Aldous Huxley und Robert Graves in Kontakt kam. Im Juni 1938 hatte sie in Juan-les-Pins eine Strandvilla gemietet, »wo ich Menschen aus verschiedenen Ländern zu Gast hatte, die meine geheimen Ängste nicht teilten, dass die Welt, die wir kannten, zusehends zerfalle«. Hier hielt sie sich auf, als 1939 der Krieg ausbrach, und erlebte so den Flüchtlingsstrom aus Polen und dem besetzten Nordfrankreich in Juan-les-Pins. Sie richtete einen Treffpunkt für Soldaten ein und beschrieb ihre Erlebnisse 1942 unter dem Pseudonym Jean Lyttle in dem halbautobiografischen Roman *Today the Sun Rises*.

Schon bald nach der Kriegserklärung füllte sich die Bucht mit Leben. Per Luftlinie über das Meer ist die italienische Front nur fünfzehn Meilen entfernt, über die Straße nicht mehr als dreißig. Die elegante Promenade von Juan wurde mit einem Schlag ein wichtiger Faktor. Bis April 1940 war im Casino alles vorbereitet, um als Lazarett dienen zu können, und das Grand Hotel wurde tatsächlich zu einem. Von einem Tag auf den anderen erkannte Juan-les-Pins, dass ihm die bedeutende Aufgabe eines »Ersten Verbandsplatzes« zufiel, falls Italien Frankreich den Krieg erklärte. Später sollte es zum ersten Evakuierungszentrum für die Einwohner von Sospel und Menton werden. In jener Zeit öffnete das Provençal seine Türen für die Flüchtlinge aus Roche Brune,

Cap Martin und den kleinen Hügeldörfern, die wegen des Krieges evakuiert wurden. Zum ersten Mal in ihrer bunten Geschichte strotzten all die kleinen Hotels vor Autorität, und wegen der Umwandlung der größeren Hotels in Lazarette und Flüchtlingszentren wurde Juan-les-Pins zu einem wichtigen Verbindungszentrum zwischen Heer und Marine. Unterdessen waren die Touristen abgereist, und im Maxim's, wo »Tomas et ses Merry Boys« noch im Sommer zuvor in den Gärten so oft »Boomps-a-Daisy« gespielt hatten, dass dessen Echo dort immer noch nachhallte, wimmelte es nun von stoppelbärtigen jungen Männern der französischen Luftwaffe. Jedes verfügbare leerstehende Gebäude – selbst die Garagen – war mit den Senegalesen gefüllt – jenen farbigen Jungen, die so viel Mut und Tapferkeit an den Tag legen, ehe sie der italienischen Armee auch nur einen Zoll Boden preisgeben. Auf dem goldenen Sand reihten sich endlose Betonbefestigungen und Stacheldrahtverhaue aneinander. Die Schnellboote waren verschwunden, und mit ihnen die Embarcadères. Jetzt angelten Soldaten von den Wellenbrechern aus, und wo einst die Strandkabinen gestanden hatten, sah man die Mündungen großer Geschütze.

Amy J. Baker (Mrs. Maynard Crawford), Schriftstellerin und Offiziersgattin, lebte ursprünglich in Monaco und zog 1940 aus Angst vor einem italienischen Einmarsch nach Juan-les-Pins. Dorthin kamen im Laufe der Zeit immer mehr Flüchtlinge:

In den darauffolgenden Tagen begannen Flüchtlinge nach Juan zu strömen. Bedauernswerte, erschöpfte Männer, Frauen und Kinder, die ihre Habseligkeiten in Bündeln und Säcken bei sich trugen. Zunächst wurden sie im Hôtel Provençal untergebracht, einst eines der fröhlichsten und luxuriösesten Etablissements an der gesamten Küste und nun von der Regierung beschlagnahmt. Die Neuankömmlinge erhielten kleine Matratzen und Kissen und lagen Seite an Seite auf dem Boden. Ein Wohltätigkeitskomitee sorgte für ihre Mahlzeiten. Wir gingen hin, um unsere Dienste anzubieten, und man sagte uns, dass diese schon bald sehr willkommen sein könnten. Am nächsten Tag informierte uns der Direktor des Les Pins Parasols, dass er Anweisung erhalten habe, das Haus für normale Gäste zu schließen und stattdessen Flüchtlinge aufzunehmen. Vor dem Hotel stapelten sich bereits zwei Lkw-Ladungen Matratzen. Er gab uns ein, zwei Adressen, und wir machten uns auf die Suche nach einer neuen Unterkunft. Ein kleines Appartementhotel war bereit, uns aufzunehmen, und da es nicht weit entfernt war, auf der gegenüberliegenden Seite des Parks, packten wir unsere noch auf den Bügeln hängenden Kleider und Mäntel mit beiden Armen und liefen mehrmals hin und her. Endlich waren wir umgezogen.

In Juan-les-Pins und am Cap herrschte zunehmend Lebensmittelknappheit, und das Fahrrad wurde selbst für Begüterte zum wichtigsten Transportmittel. Einen halbwegs mondänen Betrieb gab es nur noch in Cannes und Nizza, wo durch die reicheren jüdischen Flüchtlinge bis 1943 die Einnahmen aus der Kurtaxe sogar merklich anstiegen. Harry James Greenwall, Jahrgang 1886, ein britischer Reporterveteran und profilierter Buchautor *(Unknown Liberia, Mediterranian Crisis)*, der seit mehr als dreißig Jahren in Frankreich lebte, wurde nun verdächtigt, ein Spion zu sein, und steckte in Antibes, Juan-les-Pins, später in Lyon und Grenoble fest. Es gelang ihm schließlich, über Portugal auszureisen. Im Januar 1943 erschienen seine tagebuchartigen Reminiszenzen unter dem Titel *Three Years of Hell* in London:

7. SEPTEMBER 1940
Im Laufe der Nacht hat jemand quer über das Pflaster der Avenue Wilson (Juan-les-Pins) in roter Farbe die Worte »Nieder mit den Juden!« geschrieben. An den Mauern dessen, was in glücklicheren Zeiten die Pam-Pam-Bar war, hängen kleine, gegen die Juden gerichtete Plakate, auf denen behauptet wird, sie seien sowohl Käufer als auch Verkäufer auf dem Schwarzmarkt. Das ergibt keinen Sinn, zumindest nicht in diesem Teil der Welt, denn die offensichtlichen Schwarzhändler hier in der Gegend sind die Italiener und die Weißrussen. Die Russen besorgen die Sachen,

und die Italiener lagern und verkaufen sie. Ich vermute, dass die Polizei ebenfalls darin verwickelt ist, denn das, was dort vor sich geht, ist kaum zu übersehen. Neben dem Palais Wilson gibt es ein kleines weißrussisches Bistro-Restaurant und gleich gegenüber liegt der Lebensmittelladen eines Italieners.

10. SEPTEMBER 1940

Zur Hölle mit diesem Sonnenschein und dem ewig blauen Mittelmeer. Früher liebte ich es, vertändelte winters wie sommers meine Zeit an dieser Küste. Jetzt hasse, verabscheue und verachte ich sie, ich könnte auf sie spucken. Die Selbstgefälligkeit dieser besiegten Menschen; wie sie auf uns herabschauen, uns, die wir ihre Riviera für sie geschaffen haben und um die sie herumscharwenzelten, als für uns noch alles gut lief. Jetzt behandeln sie uns wie Dreck.

15. SEPTEMBER 1940

Mit dem Geld, das ich voraussichtlich jeden Monat erhalten werde, sollte ich über die Runden kommen, bis ich von hier wegkomme, vorausgesetzt, die Lebenshaltungskosten steigen nicht allzu sehr. Zum Glück habe ich diese komische alte Wohnung am Cap d'Antibes gefunden, nur fünfhundert Franc im Monat und eine große Terrasse mit Blick über das alte Fort Carré auf die Baie des Anges und nach Nizza. Die Bucht der Engel! Hunderttausend Teufel. Ganze Busladungen von Deutschen, manche in Uniform, andere nicht, fahren die Küste auf und ab. Jeden Tag fliegt ein deutsches Flugzeug in Richtung Italien über uns hinweg.

25. SEPTEMBER 1940

Im ganzen Ort hängen Plakate: »De Gaulle unterstützen bedeutet die Juden zu unterstützen.« Die antisemitische Kampagne findet großen Anklang. Nach dem, was man aus Zeitungen und Radio so hört, könnte man glauben, Frankreich sei »jüdisch kontrolliert« gewesen, wie Douglas Reed es ausdrücken würde. In Wirklichkeit gab es eine Viertelmillion Juden in Frankreich, und diese assimilierten sich rasch.

23. FEBRUAR 1941

Der Aga ist zurück aus Genf, aber sein Butler, ein Italiener, der Bruder seiner in Monte-Carlo beerdigten verstorbenen Frau, lässt ihn nicht in die Hitze, darum ist er in einem kleinen Hotel am Fuß des Caps abgestiegen.

20. MÄRZ 1941

Auf der Croisette wurde die Statue von König Edward VII. in Seglermontur von ihrem Sockel gestoßen und liegt in tausend Stücke zersprungen da. Etwa zweihundert Yards davon entfernt ereilte die Statue von Lord Brougham das gleiche Schicksal. (...) Jean Médecin, der ewige Bürgermeister von Nizza, dreht sich achselzuckend zu seiner deutschen Frau um, wenn er die Worte liest, die in großen weißen Lettern quer über das Straßenpflaster seiner Stadt geschrieben wurden: »Tod den Engländern!« und: »Auf den Scheiterhaufen mit Churchill!« Die tapferen Worte: »Tod den Engländern!« tauchen an den Mauern der englischen Kirche in Nizza auf. Englische Hände wischen die Worte von den Mauern. Und über Nacht erscheinen sie aufs Neue.

Von 1941 an standen am Cap d'Antibes immer mehr Villen leer, weil die reichen Besitzer es vorzogen, in sichere Gefilde umzuziehen. Der mysteriöse weißrussische Jude Mandel Szkolnikoff (1895–1945), ein Kleider- und Pelzhändler, dessen verschlungene Biografie erst 2014 intensiver erforscht wurde, kaufte in dieser Zeit in enger Kooperation mit der SS und dem SD zahlreiche Nobelhotels in Monaco und an der Côte auf, unter anderen das Art-déco-Hotel Martinez in Cannes. Das »Provençal« blieb seinem Zugriff wohl nur entzogen, weil Florence Gould auch diese gewisse Protektion durch die deutschen Besatzer genoss. Szkolnikoff wurde 1945 in Spanien vom französischen Geheimdienst erschossen – angeblich, denn Zeitzeugen wollen ihn später in Südamerika gesehen haben. Um sein zusammengeraubtes Hotelimperium wurde jahrzehntelang vor Gericht gestritten. Szkolnikoffs deutscher Verhandlungspartner war Dr. Friedrich »Fritz« Engelke aus Hannover, Jahrgang 1900 und ebenfalls gelernter Textilkaufmann. Im Rang eines SS-Obersturmbannführers war er mit dubiosen Geschäften zur Versorgung von SS-Truppen im Rahmen einer Einheit mit der Tarnbezeichnung »Außenstelle Auftragsverlagerung Paris« befasst. Selbst für SS-Verhältnisse scheint er äußerst korrupt gewesen zu sein, denn gegen Ende des Krieges befand er sich unter den »Sonder- und Sippenhäftlingen« der SS in Tirol. 1951 wurde er in Frankreich in Abwesenheit zu zehn Jahren Gefängnis verurteilt. Da ging er in seiner niedersächsischen Geburtsstadt schon wieder seinen Textilgeschäften nach.

Mitte 1940 waren SD und SS zunächst nur mit einem kleinen Vorauskommando in Paris eingerückt – rund zwei Dutzend Mann, von Brüssel kommend, kommandiert von Dr. Max Thomas, Befehlshaber der Sicherheitspolizei und des SD Belgien und Nordfrankreich, und von Dr. Helmut Knochen, ursprünglich ein »Gegnerforscher« aus dem Umfeld des »SS-Intellektuellen« Franz Alfred Six. Da der deutsche Botschafter in Paris, Otto Abetz, der mit einer Französin verheiratet war, Himmler und Goebbels als zu weich und zu frankophil galt – der Wehrmachtsgeneralität traute die NS-Führung ohnehin nicht –, erweiterte sich der Machtbereich von SS, SD und Gestapo bald rapide. Im Mai 1942 setzten Himmler und Heydrich mit Carl Albrecht Oberg (1897–1965) schließlich einen eigenen Höheren SS- und Polizeiführer in Frankreich durch – auch und gerade zur Forcierung einer radikaleren »Judenpolitik«. Zwar war auch Marschall Pétain ein lupenreiner Antisemit, aber weder mit der Vichy-Administration noch mit den späteren italienischen Besatzern in der Südzone kam es in Sachen Deportationen zu Übereinkünften, die zur vollen Zufriedenheit der SS waren. Der Karrierebeamte und Vichy-Polizeichef René Bousquet, der nach 1945 ein Vertrauter und Förderer des sozialistischen Staatschefs François Mitterrand war und 1993 in Paris von einem Attentäter erschossen wurde, gab lediglich staatenlose und ausländische Juden zur Deportation in die Vernichtungslager frei, die französischen Juden wurden dagegen erst einmal der deutschen Verfügungsgewalt entzogen – wie es scheint allerdings aus purem Ressortegoismus einer eigenständigen Vichy-»Judenpolitik«.

2014 wurden aus zuvor geheimen Akten des französischen Militärarchivs Verhöre mit dem ehemaligen SS-Hauptsturmführer Roland Nosek publiziert, die en détail Einblick in die komplexen Konkurrenz- und Kooperationsverhältnisse zwischen Wehrmacht, SD-Abteilungen, Auswärtigem Amt, Gestapo, französischer Miliz, Vichy-Beamten, lokalen Stellen und der undurchsichtigen Kultur- und Medienprominenz geben. Nosek, Jahrgang 1907, gebürtig aus Zittau und dem Amt VI (Ausland) des Reichssicherheitshauptamts unter Walter Schellenberg zugeordnet, war an sich keine wichtige Figur in der SS-Hierarchie, aber aus seiner Biografie wird deutlich, wie sich für viele Besatzungsangehörige in Frankreich das Angenehme mit dem Nützlichen verbinden ließ. Nosek bewegte sich an der Riviera in den mit dem Vichy-Regime kollaborierenden Künstlerkreisen um Maurice Chevalier, Tino Rossi, Mireille Balin und Danielle Darrieux. Aber selbst bei intensiver Lektüre seiner Nachkriegsverhöre wird nicht ganz klar, was eigentlich seine Aufgabe war. Vielleicht wusste er es mitunter selbst nicht. Jedenfalls floss viel Champagner, es gab viele Diners, auf denen man sich mit Industriellen wie E. Virgil Neal, dem Gründer der Kosmetikfirma »Tokalon«, mit dem in Mafiakreisen gut vernetzten Étienne Léandri, mit dieser Schauspielerin oder jenem Schriftsteller unterhielt – immer im Bewusstsein des germanischen Supremats.[44]

Nosek interessierte sich für das Presse-Imperium von Raymond Patenôtre (1900–1951), zu dem auflagenstarke Blätter wie *Le Petit Niçois, Le Petit Var* und *L'Auto* gehörten. Patenôtre war zunächst ein eher linksliberaler Politiker, Wirtschaftsminister im Kabinett Daladier 1938/39, betätigte sich mit seiner Pressegruppe dann aber als Vichy-Kollaborateur. Dem von Hause aus vermögenden Patenôtre gehörten am Cap d'Antibes unter anderem die Villen »Médy Roc« und »Nelly Roc«, beide heute im Besitz des Oligarchen Suleiman Kerimow beziehungsweise seines Schweizer Unterhändlers Alexander Studhalter. Gattin Jacqueline Thome-Patenôtre (1906–1995), nach 1945 geachtete Senatorin und Tierschützerin, erweiterte den Besitz um die Villa Nelric/Serenada – und irgendwie war vor 1941 auch noch die heutige Quandt-Villa am Cap in den Besitz der Patenôtre gelangt. Die Villa am Ende des Chemin de la Mosquée wurde ursprünglich 1880 erbaut und hat viele Besitzer kommen und gehen sehen. Auf alten Fotos ist vor dem Haus der Maler Henri Matisse in einer Art Burnus auszumachen, aber weit und breit noch kein Baum. 1929 hat der irische Maler John Lavery die damalige Dame des Hauses lässig hingestreckt auf dem Sofa am Kamin gemalt. Das Gemälde erzielte 2016 bei Sotheby's einen Verkaufspreis von 442 000 Euro. Harald Quandt hatte Spaß daran, dass die Villa später in verschiedenen französischen Filmen wie etwa *Das Superhirn* mit Belmondo, David Niven und Bourvil (1969) die Kulisse abgab.

Ein wesentliches Dokument zur Geschichte von Antibes-Juan-les-Pins zu Vichy-Zeiten sind die Tagebücher von Jacques-Henri Lartigue (1894–1986), ein »scharfblickender Chronist, in seiner Art einmaliger Fotograf, mittelmäßiger Maler«, wie Mary Blume urteilte. In Antibes und Juan-les-Pins zeigte er sich mit immer neuen Ehefrauen und »Musen«. Seit Kriegsausbruch pendelte er zwischen der Côte d'Azur und Paris. Im April 1940 schreibt er in Cannes in sein Tagebuch:

> Es ist, als ob der Krieg vorbei wäre. Als hätten sich die Leute daran gewöhnt, nur etwas anders zu leben. Das ist alles. Julien Duvivier, der gerade in den »Studios de la Victorine« in Nizza gedreht hat (die Kulissen im Stil »Révolution 1789« stehen dort noch im Park) hat mich gefragt, ob ich seine Frau porträtieren möchte: sehr weiße Haut, sehr rote Lippen, mit slawischem Akzent. Die Leute reden von Dekadenz. Sagen, unsere Epoche sei gepanscht. Man beurteilt die Menschen eines Zeitalters auf einer ziemlich beschränkten Grundlage, auf die man fixiert ist. Wie auf die 22 Spieler beim Fußball, wenn doch 60 000 Zuschauer drumherum sind, die man vergisst. Tee bei Yvette Labrousse, der kleinen Freundin des Aga Khan (klein ist relativ, sie ist 1,82 m groß): Zypressen, Stufen, Springbrunnen, Terrasse. Gewaltige nackte Mauern. Morgen werde ich dort zu Mittag essen, um (vielleicht) dann eine dieser Mauern auszufüllen. (...) Henri Reynaud, ein einfacher Soldat in Antibes, steht jetzt zu der Zeit auf, zu der er sonst schlafen gegangen ist. Verblüffende Rede von Hitler (über den Frieden!). Eine Verlogenheit, die menschliche Grenzen übersteigt. Und jetzt? Ist er der Teufel? Am Ende glauben sie ihm – entgeistert, voll Todesangst. Aber wenn der Teufel da ist, ist Gott nicht fern.

Im August 1941 war Lartigue wieder an der Côte, denn in jenem Monat entstand das allegorische Foto »Danielle Darrieux et Rubirosa, Eden Roc, août 1941« unterhalb des in den offiziellen Annalen zu dem Zeitpunkt als Militärhospital genutzten Hôtel du Cap. Die

Schauspielerin und der dominikanische Playboy-Diplomat mit Sympathie für den Faschismus posieren darauf als Liebespaar in Badekleidung am Felsenpool des »Eden Roc«.

»Auf Lartigues Foto ist es, als würden Darrieux und Rubirosa sich in einem Raum von seliger Unschuld befinden, außerhalb der Geschichte, vor einem dunklen, glitzernden Meer. (...) Der historische Kontext wird ausgelöscht und neutralisiert. Zeit, Identität und politische Geografie werden außer Kraft gesetzt«, so der Kunsthistoriker Brian Grosskurth.

Im Juli 1942 kam Lartigue mit seiner neuen Geliebten und späteren Ehefrau Florette noch einmal ins »Provençal«. Die »unermessliche Verlassenheit des Hotels« erzeugt für ihn eine ganz unwirkliche Stimmung.

JULI 1942
Eine seltsame Zeit, in der man seine Geliebte mit nur wenigen Francs und in kurzer Zeit mit dem Fahrrad an die prächtigsten Orte der Welt entführen kann, jetzt im Krieg menschenleer. Seit gestern sind wir im Hôtel Provençal in Juan-les-Pins. Zwischen uns ein kurioser Duft, der unsere Küsse mit Pfeffer würzt.

8. JULI 1942
In der Agentur Bonnat am Cap d'Antibes findet man zu Kriegsbeginn verlassene Häuser, die man kaufen könnte wie Kram auf dem Flohmarkt. Heimliche Hoffnung: die Villa der Prinzessin von Montenegro zu mieten, die seit heute morgen angeboten wird zum Preis einer Hütte. Angeblich ist der Prinz von Montenegro dort im Schlafzimmer gestorben.

13. NOVEMBER 1942, CAP D'ANTIBES
Nachts zu Fuß in die mir unbekannte Villa des schon ein wenig berühmten Pianisten François Lang. Lang ist Jude. Es heißt, die Deutschen würden Juden verhaften, um sie in Lagern einzusperren. (...) Mir ist es lieber, ich höre Lang am Klavier als seine bedrückenden Vorhersagen, gemeinsam mit seinen Freunden. Die auch, unter anderem, über die Landung der Amerikaner sprechen und die den unabwendbaren Alptraum, der immer näher rückt, besonders auseinandernehmen.

Jacques-Henri Lartigue fotografierte im August 1941 den kolumbianischen Playboy Porfirio »Ruby« Rubirosa und seine damalige Ehefrau, die französische Starschauspielerin Danielle Darrieux, im Felsenschwimmbad »Eden Roc« des Grand Hôtel du Cap. Nach der offiziellen Hotelgeschichte war das Hotel damals geschlossen und zum Militärhospital umgewandelt, was eher unwahrscheinlich ist. »Ruby«, Ex-Schwiegersohn des dominikanischen Diktators Trujillo, auch eine Zeitlang Botschafter seines Landes im nationalsozialistischen Berlin, konnte zeitlebens mit den Apanagen seiner insgesamt fünf Ehefrauen komfortabel auskommen. »Die meisten Männer leben, um Geld anzusammeln; ich lebe, um es auszugeben«, war einer seiner bekanntesten Sprüche. Die Ehe mit Darrieux hielt immerhin fünf Jahre – zumindest auf dem Papier. Sie starb 2017 hundertjährig, er fand den Tod 1965 im Alter von 56 Jahren, als er mit seinem Ferrari 205 GT im Pariser Bois de Boulogne gegen einen Baum prallte.

Von Januar 1943 an wohnte Lartigue am Cap d'Antibes in einer Villa, die ihm der befreundete Architekt André Minangoy vermittelte. Minangoy (1905–1985) wurde später durch den hochumstrittenen Komplex Marina Baie des Anges in Villeneuve-Loubet berühmt, auch durch das Hotel Vista Palace für Max Grundig oberhalb von Monaco, das gerade von Katarern restauriert wird. Darüber hinaus hat er in Juan-les-Pins mit dem »Eden Beach« die alten Casinogalerien aus den 1920er Jahren modernistisch überbaut, was beim heute zentralen Treffpunkt »Café de la Plage« deutlich sichtbar ist.

Am 26. und 27. August 1942 führte die Vichy-Polizei Razzien gegen ausländische Juden im Département Alpes-Maritimes durch. 557 Juden, darunter etwa zwanzig Kinder, wurden von der französischen Polizei verhaftet, an die Gestapo überstellt und über das Lager Drancy nach Auschwitz transportiert. Kaum jemand überlebte.

Im Winter 1942/43 versteckte sich Daniel Kahneman (*1934), der spätere Nobelpreisträger für Wirtschaft, mit seiner Familie in Juan-les-Pins, danach in Cagnes-sur-Mer und in südfranzösischen Bergdörfern. »Sie lebten in Angst. Dank des Kollaborateurs hatten sie ein eigenes Haus mit einem Labor, in dem Daniels Vater weiterarbeiten konnte. Um nicht aufzufallen, schickten die Eltern Daniel zur Schule, doch sie warnten ihn, möglichst den Mund zu halten, um nicht allzu intelligent zu erscheinen«, schreibt der Kahneman-Biograf Michael Lewis.

Am 10./11. November 1942 lief dann das »Unternehmen Anton« an: Deutsche Truppen besetzten nach der »Operation Torch«, kurz nach der Landung der Alliierten im französischen Nordafrika, die zuvor »Freie Zone« im Süden Frankreichs. Italien, dem man 1940 als Schaufenster des Mussolini-Expansionismus Menton und einige Dutzend Quadratkilometer im alpinen Hinterland an der italienischen Grenze zugesprochen hatte, wo Italienisch die offizielle Landessprache war und mit Lira bezahlt wurde, konnte sein Regime auf die Côte d'Azur ausweiten – auf Nizza, Antibes, Juan-les-Pins bis nach Toulon.

Im April 1943 stirbt der nach dem »Anschluss« 1938 exilierte österreichische Operettenlibrettist Julius Brammer in Juan-les-Pins an Herzversagen. Er hatte 1924 den Text zu dem späteren Welt-

ETUDE de Me Gaston GALLAIS, notaire à ANTIBES, 5, place Maréchal Pétain

VENTE AUX ENCHÈRES PUBLIQUES

en application des lois des 22 juillet 1941 et 17 novembre 1941, toutes deux relatives aux entreprises, biens et valeurs appartenant aux Juifs.

EN UN SEUL LOT

D'UN IMMEUBLE à usage d'hôtel, connu sous le nom de **"HOTEL DES AMBASSADEURS"**, situé à JUAN-LES-PINS, commune d'ANTIBES, avenue Saramartel, à l'angle de l'avenue Notre-Dame.

et d'un Fonds de Commerce d'hôtel aussi connu sous le nom d'**"Hôtel des Ambassadeurs"**, exploité à Juan-les-Pins, commune d'Antibes avenue Saramartel, dans l'immeuble ci-dessus désigné.

SUR LA MISE A PRIX de 3.400.000 fr., s'appliquant : à l'immeuble à concurrence de 3.000.000 fr, au fonds de commerce à concurrence de : **400.000** fr. (matériel et marchandises en sus).

L'ADJUDICATION aura lieu le **JEUDI 24 AOUT 1944** à 15 heures en l'Etude et par le ministère de **Me GALLAIS**, notaire à **ANTIBES**, 5, place Marèchal Pétain.

A la requête de Monsieur Max HIRLEMANN, administrateur provisoire, demeurant à Nice, chemin de Fabron, villa « Chantal », nommé par arrêté de M. le Commissaire général aux questions juives, en date à Vichy du 24 janvier 1942, administrateur provisoire de la Société de l'HOTEL DES AMBASSADEURS, société à res-

MISE A PRIX

Outre les charges, clauses et conditions insérées au cahier des charges, l'immeuble et le fonds de commerce ci-dessus désignés seront mis en vente en un seul lot, sur la mise à prix de 3.400.000 francs, s'appliquant, savoir :

Noch Mitte 1944 ließen Vichy-Bürokraten im Einvernehmen mit den NS-Besatzern Immobilien aus jüdischem Besitz zwangsversteigern. Hier eine Annonce aus dem *Réveil d'Antibes* für die Auktion des Hôtel des Ambassadeurs in Juan-les-Pins. Wahrscheinlich wurde die Versteigerung nicht mehr wirksam, da das Ereignis unmittelbar mit der Befreiung Südfrankreichs durch die Alliierten (»Operation Dragoon«, unten) zusammenfiel.

hit »Schöner Gigolo, armer Gigolo« beziehungsweise »Just a gigolo« geschrieben.

Am 23. September 1943 werden die 26-jährige deutsche Malerin Charlotte Salomon, die im Januar 1939 nach Südfrankreich emigriert war, wo ihre Großeltern lebten, und ihr österreichischer Geliebter Alexander Nagler in der Villa L'Ermitage in Villefranche festgenommen. Am 10. Oktober 1943 wird sie in Auschwitz ermordet. Nagler stirbt am 2. Januar 1944 an den Folgen der Zwangsarbeit. Salomons einzigartig-manisches Gesamtkunstwerk *Leben? Oder Theater?* wird in Nizza und Villefranche-sur-Mer mittlerweile fast kultisch verehrt. Mitte August 1944 läuft die »Operation Dragoon« an, die Befreiung der Riviera durch US-Truppen unter General Jacob L. Devers. Am 24. August 1944 erreichen die Amerikaner Antibes. Anfang 1945 werden amerikanische Krankenschwestern im »Provençal« einquartiert, das im Sommer 1944 zwei Bombentreffer der Alliierten abbekommen hatte, aber schnell restauriert werden konnte.

Die befreiten Franzosen gelangten noch kurz vor Toresschluss auf die Liste der »Siegermächte«. Außerhalb akademischer Zirkel fanden die durchaus eigenständige »Judenpolitik« des Vichy-Regimes, die bequemen bürokratischen Kooperationen mit den Besatzern und die hohe Elitenkontinuität nach 1945 erst mit den spektakulären Fällen Touvier, Papon, Bousquet, dem Barbie-Prozess und nicht zuletzt durch die Debatten um die Vichy-Vergangenheit des sozialistischen Staatspräsidenten Mitterrand mehr Beachtung. In den beiden letzten Jahrzehnten sind die Verschwundenen und Umgebrachten – vor allem natürlich die Künstler und Intellektuellen – wiederentdeckt worden, so etwa Irène Némirovsky, die 1942 in Auschwitz umkam. Sie hat das bewegende Romanfragment *Suite française* hinterlassen. Oder Hélène Berr, die im April 1945 mit 24 Jahren in Bergen-Belsen ermordet wurde. Ihr *Journal 1942–1944* wurde 2008 erstmals veröffentlicht. Modiano entdeckte 2015 die bis dahin völlig vergessene deutsch-jüdisch-französische Buchhändlerin Françoise Frenkel wieder, die Anfang der 1920er Jahre die erste französische Buchhandlung in der Berliner Passauer Straße betrieben hatte und in ihrem Buch *Nichts, um sein Haupt zu betten*, das 1945 erstmals erschien, die Razzien, die verzweifelte Suche nach Verstecken und

Hilfeleistungen an der Côte d'Azur in den Jahren 1941/42 ebenso präzise wie nüchtern beschrieben hat.

Noch weitaus heikler als die übergeordneten Debatten um »Vichy« und die Frage, welcher Politiker wann den Weg zur Résistance gefunden hatte, sind bis heute die Lokal- und Regionalstudien. Zwar dürften die unmittelbar Beteiligten inzwischen alle tot sein, aber es geht schließlich um deren Söhne und Enkel, um Erbschaften, um obskur erworbenes Vermögen und mitunter um millionenschwere mögliche Restitutionen – wie im Fall der jahrzehntelang und immer noch schwelenden Kalamitäten um die Besitzverhältnisse beim Cannoiser »Martinez«, das auch einmal im Immobilienreich des jüdischen »Trafikanten« Szkolnikoff gelandet war und heute den Katarern gehört – wem sonst. In der Mediathek von Antibes gibt es – etwas versteckt – ein Konvolut mit den letzten Ausgaben des *Réveil d'Antibes* vom Januar bis August 1944. Interessant sind hier nicht so sehr die pétainistischen Durchhalteparolen etwa des damaligen Bürgermeisters von Antibes, des Pflanzenhändlers Jules Grec, oder die Klagen über »unser Juan, tot, von seinen üblichen Gästen verlassen«, sondern der schmale Anzeigenteil. Dem lässt sich entnehmen, dass der Notar Monsieur Gallais gemäß Verordnung vom 17. November 1941 Mitte 1944 die Zwangsversteigerung des Nobelhotels Juana organisierte auf Geheiß des »administrateur provisoire« Max Hirlemann, wohnhaft in der Villa Chantal in Nizza. Wenig später, am 24. August 1944, versteigerte Notar Gallais wiederum im Auftrag von Hirlemann und dem »Judenkommissar« des Vichy-Regimes das Hôtel des Ambassadeurs, das bis dato der jüdisch-russischen Familie Soskin gehörte. Es brachte 3,4 Millionen Franc ein.

Was aber passierte mit dem »Provençal«? Bis zum Jahr 1942, als Lartigue dort noch logieren konnte, war es geöffnet. Frank Jay Gould blieb unbehelligt, obwohl ihn die deutschen Administratoren aufgrund des Familiennamens – man hatte einen 1647 aus England ausgewanderten Vorfahren namens Nathan Gold entdeckt – eine Zeitlang verdächtigt hatten, jüdischer Abstammung zu sein. Der alternde und gesundheitlich angeschlagene Gould blieb bis 1945 in Juan-les-Pins – und als seine Protektion erwies sich seine Frau Florence. Ausreisepläne in die USA oder auf eine Antilleninsel hatten die Goulds bald fallengelassen. Frank wollte den Midi nicht verlassen, und Florence konnte sich als vermögende Ausländerin Passierscheine beschaffen und die sogenannte Demarkationslinie zwischen dem besetzten und dem »freien« Frankreich ohne Weiteres überqueren, also zwischen Juan-les-Pins und Paris, wo sie sich während der Besatzungszeit die meiste Zeit aufhalten sollte.

Florence Gould ging nicht ins Exil, sie erfand sich neu. Als die Deutschen ihre Pariser Wohnung am Boulevard Suchet und die Villa in Maisons-Laffitte requirierten, nahm sie eine Suite im Hôtel Bristol im noblen Faubourg Saint-Honoré. Im Vorzimmer einer Konzertloge traf sie eines Tages auf den Antisemiten Marcel Jouhandeau (1888–1979). Der katholische, homosexuelle und gegen Ende seines Lebens fast blinde Schriftsteller gilt heute als Personifizierung der literarischen Kollaboration schlechthin und ist weniger durch seine Bücher bekannt als durch seine Teilnahme an der von Goebbels 1941 veranstalteten »Herbstreise« von sieben französischen Schriftstellern zum »Europäischen Dichtertreffen« in Weimar.

Über Jouhandeau glaubte Florence den »Geist der Literatur« gefunden zu haben. Er brachte sie auf die Idee, einen Salon einzurichten. Zunächst lud sie ins Hôtel Bristol ein, von Juni 1942 an dann in das gemietete Appartement im dritten Stock der Avenue de Malakoff Nr. 129 gegenüber dem im Krieg von den Deutschen beschlagnahmten Palais Rose ihrer Schwägerin Anna Gould. Hier empfing sie donnerstags, da Jouhandeau an diesem Tag nicht unterrichten musste, meist zu Mittag, um der Sperrstunde zu entgehen.

»Die Donnerstage von Florence« waren bald ein Jour fixe für die Intelligenz der besetzten Stadt. Florence Gould, 47, war da angekommen, wo sie immer hingewollt hatte: an der Spitze der Pariser Gesellschaft. Die Begleitumstände schienen ihr eher egal zu sein, sie gefiel sich darin, in ihrem Salon von Schriftstellern umgeben zu sein. Ein Buch las sie allerdings nie, wie die Autoren Dominique Aury und Henri Thomas bezeugten, die an den »Donnerstagen« teilnahmen. Florence Gould selbst bemerkte dazu: »Vielleicht weiß ich nicht viel von Literatur. Aber mit Schriftstellern kenne ich mich aus.« Nach dem Krieg sollte sie noch zwei Literaturpreise finanzieren.

Der Autor Jean Denoël (1902–1976) half Florence bei den Einladungen, und Jouhandeau brachte unter anderen seinen Freund Jean Paulhan (1884–1968) mit, einer der führenden französischen Intellektuellen, Mitglied der literarischen Résistance und bis 1940 Herausgeber der elitären Literaturzeitschrift *Nouvelle Revue Française*. Paulhans junge Geliebte Anne Desclos (1907–1998) kam ebenfalls. Sie schrieb unter dem Namen Dominique Aury und wurde weltberühmt, als sie 1994 bekannte, unter dem Pseudonym Pauline Réage 1954 den sadomasochistischen Skandalroman *Geschichte der O* veröffentlicht zu haben, den sie zum Teil in Florence Goulds Villa verfasste. Regelmäßig zu Gast war auch Marcel Arland (1899–1986), Schriftsteller, Verleger und Mitherausgeber der *Nouvelle Revue Française*, ferner Jean Cocteau (1889–1963), Schriftsteller, Regisseur, Maler, heute wohl der mit Abstand bekannteste Name unter den zu den »Donnerstagen« Geladenen, ebenso Christian Bérard (1902–1949), Maler und Illustrator – er entwarf die Kostüme für Cocteaus *La Belle et la Bête* –, die Dichterin und Malerin Marie Laurencin (1883–1956), bekannt als Muse von Guillaume Apollinaire, der Schriftsteller und Theaterautor Jean Giraudoux (1882–1944), der Schriftsteller Pierre Benoit (1886–1962), Mitglied der Académie française, und der Schriftsteller Paul Léautaud (1872–1956), der seit 1912 als kauziger Misanthrop mit Dutzenden Hunden und Katzen im Pariser Vorort Châtenay-Malabry lebte und, wie Ernst Jünger in seinem Tagebuch notierte, im Mai 1944 »mit einem Anzug nach der Mode von 1910 erschien«.

Bis zu fünfzig Gäste kamen zu den »Donnerstagen«, darunter viele, die abwarteten, wie sich die Lage entwickeln würde, Kollaborateure, Antisemiten, vereinzelt insgeheime Widerständler wie Paulhan. Sie kamen nicht zuletzt, weil Florence viel von gutem Essen verstand, von edlen Weinen, Kaffee und Cognacs, und wusste, wie man sich diese auf dem Schwarzmarkt besorgt. »Abends bei Madame Gould im Bristol mit Heller und Jouhandeau, dessen ›Chroniques Maritales‹ ich vor Jahren las. Fliegeralarm. Wir saßen bei Licht zusammen und tranken Champagner von 1911, wozu die Maschinen surrten und der Hall der Geschütze die Stadt erschütterte. Klein wie die Ameisen. Dazu Gespräche über den Tod«, schrieb Jünger am 28. März 1942, als Florence noch im Hotel empfing, in sein Tagebuch.[45]

Neben Ernst Jünger kam als kultivierter Angehöriger der Besatzungsmacht zum Beispiel auch Friedrich Sieburg, Paris-Korrespondent der *Frankfurter Zeitung* vor dem Krieg, dann Frankreich-Spezialist in der deutschen Botschaft unter Otto Abetz. Oder Gerhard Heller (1909–1982), als Sonderführer der Propagandastaffel, Abteilung Schrifttum, zuständig für die Literaturpolitik und damit für Zensur und Papierzuteilung im besetzten Teil Frankreichs. Er war 1941 mit der »Herbstreise« der französischen Schriftsteller befasst gewesen und hatte Marcel Jouhandeau dabei kennengelernt. Jouhandeau lud den hochrangigen Deutschen mit den blauen Augen wohl auch mit einer gewissen homoerotischen Motivation zu Florence ein. Heller, der sie als »hochgewachsene, hübsche, sehr anziehende Frau von vierzig Jahren mit kastanienbraunem Haar« beschrieb, brachte dann Jünger mit, Frontsoldat im Ersten Weltkrieg, Nationalist, Antidemokrat, Antibourgeois, Feind der Weimarer Republik, für viele ein »Wegbereiter der deutschen Katastrophe«. Jünger war der komplexe Charakter zwischen Hinwendung zum Nazismus und innerer Emigration. Der dandyhafte Hauptmann im Stab des Militärbefehlshabers war sicherlich einer der profiliertesten deutschen Autoren im damaligen Paris. Man sah ihn donnerstags häufig in der Avenue de Malakoff, und sehr wahrscheinlich war er dort mehr als nur ein charmanter Causeur.

Der amerikanische Literaturkritiker und Ideenhistoriker Jeffrey Mehlman beschrieb 2013 in seinem Essay »Ein Tandem der Macht im besetzten Paris« die bizarre Konstellation der zwei Liebespaare, die den Kern des Salons bildeten: die Gastgeberin Florence und Ernst Jünger auf der einen, das homosexuelle Paar Jouhandeau und Gerhard Heller auf der anderen Seite. In seinen *Tagebüchern,* in denen Florence unter den Decknamen »Lady Orpington«, »Armance« und »Mme Scrittore« auftaucht, schreibt Jünger über seine zahlreichen Besuche in der Avenue de Malakoff, so etwa am 8. Mai 1943: »Abends bei Florence, die von Nizza zurückgekommen ist, im üblichen Kreis. Sie erzählte von Frank Jay Gould, der nach der Lektüre der ›Falaises de marbre‹ (Marmorklippen) gesagt habe: ›Der geht aus den Träumen in die Realität‹, was für einen amerikanischen Milliardär kein schlechtes Urteil ist.« Noch am 10. August 1944 schrieb er: »Mittags bei Florence; vielleicht ist dies der letzte Donnerstag.« Am 19. August begann der Kampf um Paris, am 25. mittags kapitulierte der deutsche Stadtkommandant Dietrich von Choltitz. Jünger befand sich da schon auf dem Rückzug in Saint-Dié-des-Vosges.

Florence Gould machte weiter, als sei nichts geschehen und lud wie gehabt in großem Stil in die Avenue de Malakoff. Jouhandeau war zunächst für einige Monate untergetaucht, aber Paulhan, Léautaud, Arland, Marie Laurencin und andere kamen. Als Ludwig Vogel, geboren 1909 in Stuttgart, attraktiver Luftfahrtingenieur und Florence' langjähriger Geliebter »unter der Besatzung«, sich am 6. September 1944 den Alliierten stellte und Florence in seine Aussagen einbezog, geriet sie in den Fokus französischer und US-Finanzbehörden. Am 7. Oktober 1944 nahmen sich die Amerikaner den Fall »Mr. und Mrs. Frank Gould« erstmals vor und legten eine Geheimdienstakte auf ihren Namen an, die heute in den National Archives unter der Signatur »RG-65« zu finden ist. Florence Gould wurde des Landesverrats verdächtigt und am 19. Oktober 1944 erstmals vom französischen Auslandsnachrichtendienst DGER vernommen.

Mit Erstaunen stellte man beim DGER fest, wie bevorzugt die Goulds von den Besatzern behandelt worden waren, die von ihnen kein Geld gefordert hatten, sondern ihnen 1,7 Millionen Franc Miete zahlten für die Villa in Vichy, wo 1941/42 etwa William D. Leahy, US-Repräsentant in Vichy, untergebracht war. Dann war da noch die fünf Millionen Franc schwere Investition in die von den Deutschen gegründete »Collaborationist Bank«, die Banque J. E. Charles & Cie in Monaco, die Florence Gould am 21. Juli 1944 tätigte, dem Tag der Gründung der Bank – zwei Wochen nach der Landung der Alliierten in der Normandie, drei Tage nach General George S. Pattons »Durchbruch« bei Saint-Lô. Es wurde beschlossen, das Eigentum der Goulds, also alle Güter und Rechte – ihr Vermögen in Frankreich wurde zu der Zeit auf 300 Millionen Franc geschätzt – unter Zwangsverwaltung zu stellen. Bei einem weiteren Verhör am 21. März 1945 sagte Florence dann unter Eid aus, die Investition nur getätigt zu haben gegen die Zusicherung, dass ihr Mann Frank und ihre Schwester Isabelle sich in das neutrale Monaco zurückziehen könnten. »Ich habe nur meine Pflicht gegenüber meinem 67-jährigen, gesundheitlich labilen

Ehemann erfüllt«, so Florence. Sie habe gar erwogen, ihn von der Résistance-Truppe Forces françaises de l'intérieur (FFI), die sie unterstützte, entführen und in Sicherheit bringen zu lassen – eine Verteidigungslinie, die schon im Februar 1945 in einer Agenturmeldung unter der Überschrift »Mrs. Gould kämpft gegen den Vorwurf der Kollaboration mit den Nazis« US-weit veröffentlicht wurde.

Das Bild von Florence Gould wandelte sich. Sie hatte sich im besetzten Paris keineswegs nur mit französischen und vereinzelt deutschen Dichtern und Freigeistern umgeben, sondern war offensichtlich in ein Netzwerk von Nazis, Gangstern und Profiteuren verstrickt. Sie hatte arisierte Kunst ersteigert und rauschende Partys mit dem deutschen Vichy-Botschafter Otto Abetz im Pariser Palais Beauharnais gefeiert. Offensichtlich war sie nicht bereit gewesen, ihre Lebensführung Politik und Krieg unterzuordnen, und sie hatte zweifellos die sogenannte horizontale Kollaboration mit Männern aus der NS-Hierarchie – und zwar nicht nur mit Ludwig Vogel – praktiziert. Anders als die Französinnen, denen man nach der Befreiung den Kopf rasierte, die man nackt durch die Straßen trieb, hatte Florence es aber gar nicht nötig gehabt, sich mit den Deutschen einzulassen, um zu überleben. Bei ihr handelte es sich schlicht um selbstsüchtige Profitsucht und billigen Opportunismus.

Nun kam heraus, dass Florence während der Besatzungszeit Kontakte zu allen Seiten unterhielt: zu dem SS-Standartenführer Helmut Knochen (1910–2003), mitverantwortlich für die Deportationen der Juden in deutsche Vernichtungslager, 1954 von den Franzosen zum Tode verurteilt, 1958 zu lebenslanger Haft begnadigt und 1962 freigelassen; zu Josée Laval (1922–1992) und der Gräfin von Chambrun, treue Tochter des Hauptkollaborateurs Pierre Laval, Ministerpräsident der Vichy-Regierung, der im Oktober 1945 hingerichtet wurde. Sogar der französische Erfolgsautor und wütende Antisemit Céline (*Reise ans Ende der Nacht*, 1932), mit bürgerlichem Namen Louis-Ferdinand Destouches, kam in die Avenue de Malakoff, wie Ernst Jünger bezeugte. Für den Lyriker Gottfried Benn war er nur ein »primärer Spucker u. Kotzer«. Der spätere Privatsekretär de Gaulles und französische Romancier Claude Mauriac (1914–1996), Sohn des Literaturnobelpreisträgers François Mauriac, erinnert sich in seinen

Memoiren an einen »Donnerstag«, auf den er mit Mitte zwanzig geraten war. Plötzlich habe er sich in Gesellschaft von deutschen Offizieren befunden, deren Anblick er in der Metro als »widerlich« empfunden hätte: »Der Champagner aber, die Atmosphäre von Sympathie und Jugend ließ Alles viel zu leicht erscheinen. Ich hätte nie dort hingehen dürfen.«

»Madame Gould« war, wie Helmut Knochen am 23 .Dezember 1946 aussagte, eine »ziemlich exzentrische Person. (...) Sie liebte es, von Menschen umgeben zu sein.« Prodeutsche oder antijüdische Äußerungen von ihr sind nicht überliefert. Aber es kamen Dokumente ans Licht, die belegen, dass die von Carl Schäfer – Repräsentant der Reichsbank in Paris und der zur Luftwaffe gehörenden Aerobank – geleitete Banque Charles nicht nur zur Geldwäsche gegründet worden war, sondern – die bevorstehende Niederlage antizipierend – als internationale Bank im neutralen Monaco dazu dienen sollte, mit Billigung des regierenden Prinzen Ludwig II. von Monaco deutsches Geld ins Ausland zu leiten. Dass Florence Gould bei ihrer Einzahlung in die Bank unter Zwang gehandelt habe, nahm die Staatsanwaltschaft ihr nicht ab, verzichtete aber dennoch auf eine Anklageerhebung. Man beschloss, dass sich die Amerikaner um ihre Bürgerin kümmern sollten, und beließ es bei dem Fazit: »Es scheint, diese Franko-Amerikanerin genoss während der Besatzung besonderen Schutz. Und wenn es auch nicht sicher ist, dass sie Landesverrat begangen hat, werden wir ihr für ihr Verhalten gewiss nicht gratulieren.«

Florence Gould, um ihr öffentliches Image besorgt, wandte sich nun an ihren alten Freund Joseph Kennedy, der ihr ein Interview mit seinem Sohn Edward vermittelte. Der spätere US-Senator »Ted« Kennedy war zu jener Zeit europäischer Kriegskorrespondent für Associated Press. Florence erzählte von ihrem Engagement als Krankenschwester in Militärhospitälern, von einer missglückten Flucht nach Amerika und beschloss das Interview mit der Aussage: »Wenn ich eine Kollaborateurin wäre, wäre ich dann hier? Natürlich nicht. Dann wäre ich in Haft.«

Nachdem ihre Eskapaden im besetzten Paris ans Licht gekommen waren, war das Verhältnis zwischen den Töchtern aus Frank Jays erster Ehe und ihrer im Krieg diskreditierten Stiefmutter – gelinde gesagt

– defekt. Dorothy, die Jüngere, von 1925 bis 1936 verheiratet mit dem Baron Roland Graffenried de Villars, inzwischen die Ehefrau von Archibald Burns und wohnhaft in Mexiko, hatte ihrer Mutter Helen Kelly schon 1944 geschrieben: »Die Amerikaner müssten sich wegen ihrer Kollaboration einmal um Florence ›kümmern‹.« Im März 1945 hatte sie dann nachgelegt: »Armer Papa! Natürlich ist er unschuldig, natürlich stammte das in Monte-Carlo eingezahlte Geld aus Gewinnen, die sie auf dem Schwarzmarkt gemacht hat. Ich hoffe, sie wird so bestraft, wie sie es verdient hat. Ich hasse sie!« Die zwei Jahre ältere Helen, in dritter Ehe verheiratet mit dem Schweizer Édouard Maret, suchte im September 1945 sogar das US-Konsulat in Nizza auf, wo sie eine offizielle Erklärung abgab: Sie verstehe nicht, warum man Mrs. Frank Jay Gould nicht dafür verhaftet und verurteilt habe, mit den Deutschen wissentlich kollaboriert zu haben.

Auch Frank Gould, der während seiner letzten Jahre ans Bett gefesselt war, hatte sich mit einer Reihe unschöner Vorfälle zu befassen. Eine Baroness Anne Vilbert de Sairigné etwa verklagte ihn im Juli 1948 vor einem Bundesgericht in New York. Sie habe Frank Gould während der deutschen Besatzung in ihrer Villa in Juan-les-Pins versteckt, um ihn vor der Gefangennahme oder Deportation zu bewahren. Dafür habe sie von ihm am 20. Februar 1944 einen Scheck einer New Yorker Bank über 400 000 Dollar erhalten, den er allerdings gesperrt habe, als sie ihn im Februar 1947 einlösen wollte. Zwar blieb im Unklaren, warum die Baroness damit drei Jahre gewartet hatte und warum genau Frank Jay Gould die Zahlung verweigerte. Sie prozessierte jedenfalls. Die Sache ging bis vor den Supreme Court, der die Klage Ende 1949 abwies.

Dann gab es im Juli 1952 den Einbruch im Büro von Goulds langjähriger Haushälterin Madeleine Homo im Hotel Alba, bei dem Hunderttausende Dollars verschwanden, und als letzte dramatische Episode den Überfall mit Schießerei auf den Grafen Borgia, Ehemann seiner Enkelin Dorothy Borgia, genannt Dutsy, Geschäftsführer des Casinos in Juan-les-Pins – ausführlich festgehalten im Pariser Wochenblatt *Samedi-Soir* vom 25. Juni 1953 und im Anschluss auch in den USA landesweit verbreitet. Der Artikel unter der knalligen Überschrift »Bataille in Juan-les-Pins um einen Milliardär« machte die

Fronten klar: der altersschwache Frank Gould, Madeleine Homo und die ältere Gould-Tochter Helen Maret standen auf der einen, die jüngere Tochter Dorothy Burns aus Mexiko und ihre Tochter Dutsy Borgia auf der anderen Seite. Mrs. Burns erklärte, ihr sei von Mademoiselle Homo der Zugang zur Villa La Vigie verwehrt worden, als sie am 18. Juni 1953 ihren Vater besuchen wollte. Monsieur Gould sei krank, niemand könne ihn sehen, so Mademoiselle Homo – angeblich. Zwei Tage später versuchte Dorothy Burns es wieder, diesmal in Begleitung ihrer Tochter Dutsy, und wurde abermals nicht eingelassen. Es kam zum Handgemenge, Dutsy stürmte in die Villa und entdeckte den ruhig schlafenden Großvater.

Dorothy Burns hatte genug, erstattete Anzeige und warf Madeleine Homo vor, ihren Einfluss auf den alten Frank Jay zu missbrauchen, indem sie für ihn Entscheidungen treffe und Briefe in seinem Namen verfasse. Alles Unfug, so die Schwester Helen, Madeleine Homo sei seit zwanzig Jahren die treue Sekretärin ihres Vaters, der Dorothy im Übrigen nicht verzeihen könne, dass sie im Vorjahr an einer Gala teilgenommen habe just an dem Tag, an dem ihre Mutter Helen Kelly beerdigt wurde. »Wie bei den Goulds«, sollte Florence Gould später sagen, als sie einmal *Dallas* im Fernsehen sah. Nach Franks Tod im April 1956 erbte sie die Villen in Juan-les-Pins und Cannes und den Großteil der »US-Holdings«, die Schwestern Helen und Dorothy den weiteren stattlichen Grundbesitz in Frankreich. Kleinere Summen gingen an Verwandte, Freunde und frühere Bedienstete. Madeleine Homo wurde nicht bedacht.

Florence Gould kam nach dem Krieg zurück. Zwar war sie nach Franks Tod 1956 in die USA gereist, ging aber schon am 19. August 1956 wieder in Cannes von Bord der »S.S. Constitution«, auf der Grace Kelly vier Monate zuvor zur Hochzeit nach Monaco gereist war. Sie verkaufte die Villa Sémiramis, die den Goulds seit 1926 gehört hatte, und erstand die Villa Le Patio am Boulevard Gazagnaire in Cannes. Hier, in Paris und in der Villa La Vigie in Juan-les-Pins setzte sie ihr extravagantes Leben als steinreiche Mäzenin und Gastgeberin fort. Allerdings fand der Pariser Salon nun nicht mehr in der Avenue de Malakoff statt, sondern im Hôtel Meurice an der Rue de Rivoli gegenüber den Tuileries, noch immer organisiert vom Majordomus

Jean Denoël. Zu den bald als »Meuriciades« bekannten Veranstaltungen kamen junge Autoren wie Roger Nimier und die sehr junge Françoise Sagan, die gerade mit *Bonjour Tristesse* für Furore sorgte, der Politiker Edgar Faure – 1945 französischer Ankläger in Nürnberg –, Schriftsteller wie Eugène Ionesco und Roger Peyrefitte, die Schauspielerin Arletty, der Bildhauer Paul Belmondo und später sein Sohn Jean-Paul in Begleitung von Ursula Andress.

Bereits 1945 hatte Florence den Literaturpreis Prix des Critiques sowie 1950 den Prix Max-Jacob für zeitgenössische Dichtung begründet. »In meinem Alter hat man genug geliebt«, meinte sie und wandte sich nach Jahrzehnten voller Abenteuer und Affären der Kunst zu. Sie ließ sich beraten von Koryphäen wie Monroe Wheeler, Schlüsselfigur der Geschichte des Museum of Modern Art in New York, und von ihrem engen Freund Daniel Wildenstein (1917–2001) aus der gleichnamigen Kunsthändlerdynastie, den sie bereits als Fünfjährigen bei seinem Vater Georges Wildenstein kennengelernt hatte. Im Wesentlichen war es Daniel Wildenstein, der ihr in den 1960er und 1970er Jahren eine beeindruckende Sammlung von Impressionisten und Post-Impressionisten zusammenkaufte: Gauguin, Toulouse-Lautrec, Cézanne, Degas, Monet und van Gogh mit dem herausragenden *Terrain clos avec soleil levant* (1898).

Thomas Hoving, legendärer Direktor des New Yorker Metropolitan Museum of Art im Central Park, erinnerte sich in seiner Autobiografie *Making the Mummies Dance* (1993) an eine Begegnung mit Florence im Jahr 1962 bei einem Diner in ihrer Villa in Cannes. Sein Vorgänger James J. Rorimer hatte ihn ausdrücklich vorgewarnt: »Sie ist abscheulich. Eine verdorbene, liederliche Frau. (...) Tag und Nacht mit einer Sonnenbrille mit lila Gläsern, sie ist so verdammt langweilig! Immer muss man trinken, trinken, trinken, das macht mich krank!«

Florence Gould, Mitte sechzig, war natürlich nicht mehr die auffällige Pyjamaschönheit vom Baccaratisch, nicht mehr die »hochgewachsene, hübsche, sehr anziehende Frau«, der Gerhard Heller in der Avenue de Malakoff begegnet war. Sie war alt geworden, aufgedunsen, launenhaft. Sie trank und trug immer mehr Schmuck, um die Falten am Hals zu verbergen. Hovings Eindruck war: »Klein, dick, riesige rote Lippen, beladen mit einem Kilo der dunkelsten Smaragde, die ich je gesehen hatte. Sie sah unglaublich vulgär aus, wie eine Mafiabraut.« Für sein Museum sollte die Verbindung sich freilich lohnen. Im Rahmen eines Galadiners im Metropolitan Museum 1968 zu Ehren von Estée Lauder – auch sie eine Freundin – wurde Florence Goulds Schenkung des »spektakulären« Bildes *The Terrace at Vernonnet* von Pierre Bonnard (1939) bekannt gemacht.

Anfang der 1970er Jahre gründete Florence Gould eine »Florence Gould Foundation zur Förderung der franko-amerikanischen Freundschaft«, in die ihr Gesamtvermögen von geschätzt mehr als 100 Millionen Dollar, alle Immobilien und Kunstwerte einfließen sollten. Kinder hatte sie nicht, mit den Goulds und der Lacaze-Familie gab es keinen Kontakt mehr. John R. Young von der New Yorker Kanzlei Cahill Gordon & Reindel wurde zum Testamentsvollstrecker ernannt, Daniel Wildenstein zu einem der Stiftungsdirektoren. Die »Meuriciades« wurden 1979 eingestellt. Von Florence ist dazu überliefert: »Ich habe genug, Schluss mit den Donnerstagen. Es kommen ja fast nur noch Witwen.«

Gilles Cornut-Gentille – Sohn des Politikers Bernard Cornut-Gentille, der von 1959 bis 1968 und von 1971 bis 1978 Bürgermeister von Cannes war und insofern ein guter Bekannter der schwerreichen Bürgerin von Cannes – kann in seiner Florence-Gould-Biografie mit Informationen aus erster Hand aufwarten. Über Florence' letzte Lebensjahre schreibt er, dass am Ende kaum noch jemand in der Villa Le Patio zu Gast war, keine Künstler, keine Schriftsteller, die Entourage nur noch ein Mikrokosmos aus heute Unbekannten. Auch mit achtzig Jahren hielt die Hausherrin noch den ganzen Tag über ein Champagnerglas in der Hand. Nach der Brustkrebsdiagnose gab es zu ihrem 86. Geburtstag am 1. Juli 1981 noch einmal einen großen Empfang mit 86 Gästen. Sie starb am späten Abend des 28. Februar 1983.

In drei Tranchen wurde das Vermächtnis der Florence Gould zugunsten der Florence Gould Foundation als Alleinerbin versteigert. Zunächst die Juwelen im April 1984 von Christie's in New York, danach die Antiquitäten und Bücher im Juni 1984 von Sotheby's in Monte-Carlo und schließlich 200 Gemälde, darunter einige von kunsthistorisch herausragender Bedeutung.

Die New Yorker Sotheby's-Auktion Ende April 1985 sorgte weltweit für Aufsehen bei Kunstsammlern und -händlern. Für Daniel Wildenstein war sie »die größte Verkaufsaktion von impressionistischen Gemälden, die jemals stattgefunden hat«. Doch das Ganze hatte einen Beigeschmack. In einem Artikel von *Vanity Fair* von 1997 wurde Marc Masurovsky zitiert, Chef des Holocaust Art Restitution Project, der auf die lückenhafte Provenienz einiger Gemälde aus der Gould-Sammlung hinwies. Willi Korte, einer der führenden deutschen Provenienzforscher, meinte dazu – was von Wildenstein & Co. nachdrücklich dementiert wurde –, zu den meisten der großen Impressionisten habe man detaillierte Informationen über die Herkunft aus den späten 1930er und frühen 1940er Jahren gefunden. Danach gab es keine Namen mehr, kein Datum, viele weiße Flecken. In den 1950er Jahren sei dann Wildenstein unvermittelt aufgetaucht.

Die Spuren, die Florence Gould nach ihrem Tod in Büchern hinterließ, ergeben ein unscharfes Bild. Da sind die hagiografischen Erinnerungen der belgischen Schriftstellerin Dominique Rolin (1913–2012), veröffentlicht 1987 in einer Textsammlung des Gallimard-Verlags. In *Lettre ouverte à Florence* findet man Sätze wie: »In der Villa La Vigie wurde der vergoldete Traum eines aus Ihrer unendlichen Großzügigkeit geborenen Juli-Monats wahr.« Oder: »Die amerikanische Milliardärin war zuvorderst eine Gottheit, die die Orte ihrer Jugend liebevoll eroberte. Allein ihre Anwesenheit unter uns erschuf die Atmosphäre eines Fitzgerald-Romans, mit Champagner, anachronistisch, süß-sauer und luxuriös.« Oder: »An jedem Sonntag, nach dem Mittagessen, nahmen Sie, Florence, eine mit Diamanten verzierte goldene Puderdose und den Lippenstift aus Ihrer Handtasche. Leicht, fast träumerisch, fuhren Sie mit der Puderquaste über Ihr Gesicht und zeichneten die Lippen nach. In dem kleinen Spiegel verband sich das Bild der früheren und der neuen Florence. Und Sie, mit einem Anflug von berauschender Unverwundbarkeit, nahmen die Transparenz einer Blume an.«

Jules Roy (1907–2000), Algerienfranzose, Autor, Pilot und Résistance-Kämpfer mit wechselnden politischen Positionen, fand über seinen Freund Albert Camus Zugang zu literarischen Zirkeln im Paris der Nachkriegszeit und zu den »Meuriciaden« von Florence

Gould, zu der er ein ambivalentes Verhältnis entwickelte. Er nannte sie die »schöne, rothaarige Löwin«. Zu jener Zeit war sie 53 alt, fand Gefallen an Roy und lud ihn im Sommer 1948 ein nach Juan-les-Pins. Nach der Ankunft am 27. August 1948 schrieb er:

> Ich hatte mir eine Milliardärsvilla vorgestellt, mit Park und Wirtschaftsgebäuden. La Vigie aber: wie ein anglikanisches Pfarrhaus, ein falsches Kastell, ein Turm, Zinnen. Dunkler, mürrischer Stein. Die Gäste schlafen im Hôtel Provençal, dem Palast nebenan mit Meerblick. Die reichen Schafe fahren Wasserski für 8000 (alte) Francs die Stunde, Normalsterbliche fahren Tretboot. Der Strand eher ordinär.

Bereits am 30. August hatte er genug:

> Wäre gestern fast nach Paris gefahren. Am Tisch nie junge Frauen, nur hässliche Frauenzimmer. (…) Ihren alten Mann, den König der Eisenbahnen, sieht man nie. Er verwaltet sein Vermögen übers Telefon. Manchmal kommen zwielichtige Typen, schließen sich für ein paar Stunden mit ihm ein und verschwinden dann. Über mich hat Frank Jay Gould angeblich gesagt: »Er ist wie die anderen, er wird wieder gehen.« Der reiche Herr hat recht.

Frederic Spotts ging wenig rücksichtsvoll mit ihr um. Mit einigem Abstand zu den Vorgängen im Krieg schrieb er in *The Shameful Peace: How French Artists & Intellectuals Survived the Nazi Occupation* (2009):

> Florence hat immer geglaubt, sie würde einen literarischen Salon veranstalten. In Wirklichkeit war es ein Treffpunkt für *hardcore* Kollaborateure, Faschisten, Nazis, Antisemiten, Englandhasser und lärmende Antiamerikaner, die von ihrem guten Essen und dem Wein angezogen wurden. (…) Die Intellektuellen vom linken Seine-Ufer wollten natürlich nichts mit ihr zu tun haben; wie Albert Camus' Biograf schreibt, haben Camus und Sartre Einladungen von »Society Hostesses« grundsätzlich abgelehnt, »ganz besonders von Florence Gould«.

Auf Spotts' Buch Bezug nehmend erschien am 17. März 2009 der Artikel »The BSO's Tainted Donor« (Die befleckte Spenderin des Boston Symphony Orchestra) im *Boston Globe*. Alex Beam zählt darin einige Schenkungen der Stiftung im Nordosten der USA auf. Große Summen flossen an Harvard, an die Boston Public Library und an das Metropolitan Museum of Art – das alles von einer eingefleischten Hitler-Freundin? »Man sagt ja: Dem Geld ist es egal, wem es gehört«, schrieb Beam und zitierte aus einem Telefonat mit Frederic Spotts: »Sie war nicht die erste abscheuliche Person, die Geld verteilt hat.« Eine Sprecherin der Bostoner Symphoniker sagte dazu, diese Vorwürfe seien ihr neu. John Young, Präsident der Stiftung, sagte nichts dazu.

Die US-Autorin Susan Ronald berichtet im Nachwort von *A Dangerous Woman – The Life of Florence Gould*, sie sei bei der Arbeit zu ihrem Buch über Cornelius Gurlitt (*Hitler's Art Thief*, 2017) auf den Namen und die Geschichte von Florence Gould gestoßen. Die Florence Gould Foundation allerdings habe jegliche Unterstützung und den Zugang zu Archivmaterialien kategorisch verweigert und unmissverständlich signalisiert, dass sie eine Veröffentlichung nicht wünsche. Das Ergebnis sind 320 zum Teil nachlässig recherchierte Seiten, »ein Buch voller Vermutungen und Hypothesen, voll mit ›vielleicht‹, ›wahrscheinlich‹, ›es ist möglich, dass‹«, schreibt ein Rezensent. Detaillierter sind dagegen die Kapitel zu Florence Goulds Verstrickungen in die Machenschaften des Besatzerregimes, die auf Auswertungen der »Records Group 65« im US-Nationalarchiv beruhen.[46]

Dominique Jando, der viele Sommer seiner Jugend in Juan-les-Pins verlebte, kannte Florence Gould zwar nicht persönlich, nur ihren Namen und Teile ihrer Entourage, erinnerte sich aber: »Sie hatte keinen guten Ruf. Besonders nach dem Krieg.« Heute scheint es, als sei von der flamboyanten Florence der Vorkriegszeit nichts geblieben, als würde alles überlagert von dem unvorteilhaften Bild einer Alkoholikerin mit Sonnenbrille, die in ihren letzten Jahren umgeben war von »Freunden, Hofnarren und Parasiten«. In Erinnerung geblieben ist eine »Narzisstin der übelsten Art«, eine »niederträchtige Frau«, die sich mit ihrem Aussehen und ihrem Sexappeal einen Millionär angelte.[47]

DAS ZWEITE JAZZ AGE VON JUAN

Fun and Games nach 1945

Ach, Marlyse, wie schön wäre es, wenn wir die Sonne gemeinsam genießen, uns am Ufer in den Sand legen und in den Wellen Fangen spielen könnten (...) all diese hübschen Frauen entzückten mich, und ich begann, dieses morgendliche Juan-les-Pins zu lieben, dieses Erwachen braungebrannter Körper unter dem strahlendblauen Himmel. Die Stadt zog sich am Strand entlang. Ich näherte mich dem Casino. Alles war geschäftig auf den Beinen, ein buntes Gewimmel. Die Läden hier waren viel luxuriöser als auf der Avenue de l'Esterel. Dort war der Supermarkt für Touristen, hier die Maßgeschäfte für die Jet Society. Bis zu dem runden Platz im Pinienwäldchen ergötzte ich mich an all den schönen Dingen in den Schaufenstern und den ebenso schönen Mädchen, die all diese Dinge verkauften, die hin- und herliefen, schwatzten und lachten.

ROGER BORNICHE, *Tatort Côte d'Azur*

Bald nach Kriegsende lebte der Tourismus an der Côte d'Azur wieder auf, was im völligen Gegensatz stand zu den in jener Zeit verfügbaren Verkehrsmitteln: Die Reise von Paris nach Nizza mit dem Train Bleu dauerte 13 Stunden, ab London brauchte man 23,5 Stunden, Reisebusse kamen auf eine Durchschnittsgeschwindigkeit von 27 Kilometern pro Stunde, und einen Flug konnten sich nur besonders Privilegierte leisten.[48] Außerdem sorgte die geopolitische Lage nach dem Krieg dafür, dass Touristen aus Deutschland nur noch selten, aus Zentral- und Osteuropa so gut wie gar nicht mehr kamen. Doch schon 1947 konnte man von einer Normalisierung sprechen. In Nizza wurden in jenem Jahr 370 000 Touristen gezählt – so viele wie 1938. Und 1950 brachten Menton, Nizza, Antibes und Cannes es gemeinsam schon wieder auf insgesamt 665 000 Gäste: 54 Prozent Franzosen, 9,7 Prozent Briten, 9,4 Prozent Belgier und 8,5 Prozent Nordamerikaner, darunter viele am Mittelmeer stationierte US-Militärs.

Tourismus wurde in der Nachkriegszeit in Südfrankreich neu definiert. 1947 entsprach die Anzahl der Sommergäste an der Côte erstmals dem Aufkommen im Winter, danach setzte sich die Sommersaison endgültig durch, was wesentlich darauf zurückzuführen war, dass die Regierung unter Léon Blum 1936 den bezahltem Urlaub eingeführt hatte. Weiter ergab sich während der *trente glorieuses*, der »dreißig Herrlichen«, wie in Frankreich die Aufschwungsjahrzehnte nach dem Krieg bis zum Ölschock 1973 genannt werden, nach der Sommersaison noch etwas fundamental Neues: die weitgehend unkontrollierte Bautätigkeit, die in den 1960er Jahren in dem gigantischen Projekt von Port-Grimaud im Golf von Saint-Tropez gipfelte. Dort entstanden 2400 Wohneinheiten und 2000 Liegeplätze an insgesamt sieben Kilometer langen Kanälen. Darüber hinaus wurde die Marina Baie des Anges mit 1500 Wohnungen um einen Jachthafen mit 530 Liegeplätzen in Villeneuve-Loubet zwischen Nizza und Antibes gebaut, ferner jene Isola 2000, eine Anfang der 1970er Jahre komplett neu angelegte Wintersportstation in den Seealpen mit Direktzugang von der Wohnung zur Piste. Nur 90 Kilometer von Nizza entfernt entstanden 120 Pistenkilometer mit 22 Skiliften. Weiter westlich in der Region Languedoc-Roussillon – heute ein Teil von Okzitanien – wurden überdimensionierte Retortenstädte wie La Grande-Motte, Port Leucate und Gruissan errichtet, weil Politiker, Banken, Projektentwickler und Landbesitzer die französischen Spanientouristen unbedingt im eigenen Land halten wollten. Böse ausgedrückt: Es war die Zeit, »als sich Tourismus auf Beton reimte« (Guide Routard).

Und in Juan? Die Aufbruchstimmung, die Lebenswut unter den Jungen war nach dem Krieg an der Riviera nirgendwo so greifbar wie in Juan-les-Pins, dem Ort mit dem pulsierenden Nachtleben, den Bars, den Clubs. Nachdem Tausende von Betontetraedern abgeräumt waren, die die deutschen Besatzer an den Stränden aufgestellt hatten, lebte der Enthusiasmus der Pionierjahre wieder auf. Es begann die zweite Blüte von Juan-les-Pins. Die Stadt vibrierte zu der Zeit mehr als in den verrückten Zwanzigern. Elitepromis vom Format eines Aly Khan und seiner Frau Rita Hayworth kamen zurück, der Herzog und die Herzogin von Windsor bezogen erneut das Château de la Croë an der Südspitze des Cap, und der Hollywood-Star Gary Cooper erholte sich 1956 von den Pariser Dreharbeiten zu Billy Wilders *Love in the Afternoon (Ariane – Liebe am Nachmittag)* an der Côte. Erhalten sind reizvolle Super-8-Farbfilme von Coopers Tauchgang mit dem Commandant Cousteau am Cap d'Antibes.[49]

Juan-les-Pins hatte die jüngste Szene. »Sie kamen aus Monaco, Saint-Tropez, Cannes, von überall her. (…) Juan war da, wohin man musste, der *place to go*, die ganzen Kinder der Superreichen kamen dahin«, so Andrew Loog Oldham in seiner Autobiografie. Juan-les-Pins war *die* Sommerhauptstadt, allerdings war die Stimmung noch relativ brav. Es gab keine Cabrios mit wummernden Bässen, und die Mitte von Juan-les-Pins war noch nicht so ein verkommener Ort für Angeber, wie das heute oft wirkt. Man ging ans Meer, an die Plage Les Pirates und die Plage Le Colombier, die es noch heute gibt, fuhr Wasserski mit Léo Roman am Strand des »Provençal«, ging tauchen mit Louis Lehoux im Club de la Mer, shoppen in Luxusboutiquen wie dem »Sportmer«, »Old England«, »Raoul et Oscar«, »Cairoli«, und am frühen Abend tanzte man Tango und Boston im Casino.

> »Die Leute«, sagte Myra Campion schwach, »sollten zuerst untersucht werden. Und dann eine Erlaubnis bekommen, bevor sie sich an einem Badestrand zur Schau stellen dürfen.« Simon Templar lachte ein wenig und ließ Sand durch seine Finger rieseln. Um sie herum das sonnenverbrannte, heillose Durcheinander von Juan-les-Pins – eine bemerkenswerte Darstellung nackter Anatomie. So weit man sehen konnte, in jede Richtung, Männer und Frauen aus aller Herren Länder und allen Altersklassen, mit allen Körperformen und -größen und Hautfarben, die sich auszogen bis aufs im liberalen Frankreich legale Minimum an Bedecktheit.[50]

Dominique Jando, geboren in Paris und heute ein führender Zirkushistoriker, hat als Kind und Jugendlicher in den 1950er Jahren viele Sommer in Juan-les-Pins verbracht. Sein Vater war Produktionsdirektor bei der UGC, ein leitender Mann in den Studios de la Victorine in Nizza, damals eines der größten Filmstudios in Frankreich, und pendelte oft zwischen Paris und Nizza. Im Sommer wohnte die Familie zwei bis drei Monate in einer Villa zwischen Juan-les-Pins und dem Cap:

> In Juan war immer eine super Stimmung, lebhaft und fröhlich. So um vier Uhr nachmittags ging's los, wenn die Bands in den Cafés anfingen. Die beliebtesten waren die an der Promenade du Soleil (heute Boulevard Édouard Baudoin), hinter den Stränden, das »Sorrento« zum Beispiel. Damals war kubanische Musik in Mode, die Musiker trugen alle kubanische Kostüme und sangen, während die Gäste an ihrem Pastis oder ihrem Campari nippten. Ich erinnere mich auch an (sehr) lange Abende in einem Laden, der »Le Piano de la Plage« hieß, einer Piano-Bar unter dem Casino mit Eingang am Casinostrand.

Schon immer war der Mittelpunkt von Juan-les-Pins der Carrefour de la Joie, die Kreuzung von Boulevard Président Wilson und der Avenue Georges Gallice beziehungsweise Boulevard Édouard Baudoin, mit dem »Pam Pam«, der Brasserie Le Crystal und dem Restaurant La Potinière, heute »Le Festival de la Mer«. Das emblematische »Crystal« ragte seit 1938 rein ins Geschehen, eine Institution in bester Lage und mit zeitlosem Design. Gegenüber lag das »Pam Pam«, das 1927, im selben Jahr wie das »Provençal«, von einem Mister Parker eröffnet wurde, einem Amerikaner, der aus dem »Pam Pam« ein frühes Franchise-Unternehmen mit zwei Filialen in Paris, jeweils einer in London, New York und Genf machte. Das Mutterhaus in Juan-les-Pins blieb unabhängig und wurde nach dem Krieg von Charles Lebano beziehungsweise Charly übernommen, dem »mondänen Tänzer«, einst Tanzlehrer von Florence und Frank Jay Gould. Die Räumlichkeiten, die ihm Gould-Tochter und -Erbin Dorothy überlassen hatte, waren bald zu klein. Lebano vergrößerte das »Pam Pam«, indem er das angrenzende Hôtel des Pins erwarb. 1958 verkaufte er an den Profischwimmer Willy Blioch, Jahrgang 1932.[51] Der machte aus dem »Pam Pam« ein 24-Stunden-Restaurant und ließ dort Duke Ellington und Erroll Garner plus Orchester spielen. Bald hatte er Rita Hayworth auf der Terrasse zu Gast und andere Berühmtheiten wie Glenn Ford, Roger Moore, Jack Warner, Édith Piaf und Curd Jürgens.

John Knowles (1926–2001), US-Autor und damals bekannt für seinen Anfang der 1940er Jahre in einer neuenglischen Jungenschule spielenden Roman über das Erwachsenwerden *A Separate Peace*

Der zentrale Treffpunkte am Strand von Juan-les-Pins ist architektonisch sehr bezeichnend: 1959 durfte André Minangoy, einer der begabtesten architektonischen Modernisten an der Côte, die »Galeries du Casino« aus den 1920er Jahren mit einer Etage der neuen »Résidence Eden Beach« überbauen. »Butler's Tea Room«, lange Jahre geführt von einem britischen Kneipier und Taucher, ist heute das Café de la Plage, ansonsten hat sich hier architektonisch nichts mehr verändert. Antoine Albert Barberis (1879–1944), der die Casino-Boutiquen-Zeile ursprünglich entworfen hatte, starb im Konzentrationslager Buchenwald, nachdem der Résistance-Mann bei der Gestapo denunziert worden war.

(1960), erzählt in *Morning in Antibes* (1962) von der politisch brisanten Zeit des Algerienkrieges und wie man es an der Côte wahrnahm, dass in Frankreich Bomben explodierten und Nordafrikaner am Strand von Antibes erstochen wurden. Der phlegmatische Ich-Erzähler Nick Petrovich bewegt sich zwischen Bars und Strand in der Sommerhitze des hedonistischen Juan-les-Pins, zwischen seiner Ex, adligen Vichy-Nostalgikern, verwöhnten Erben und anderen dubiosen Figuren:

> Sorgfältig zog ich mich an für die Nacht in Juan-les-Pins. Dünne, weiße Lederslipper. Eine glänzende, himmelblaue Hose, eng geschnitten mit einem Band statt eines Gürtels um die Taille. Ein Hemd, hellblau, aus festem Stoff, offen bis unter die Brust und mit hochgestelltem Kragen. Mit anderen Worten: so normal wie möglich. So angezogen würde ich niemandem in Juan-les-Pins auffallen. (…) Alle waren da. Im Pam Pam war es hell wie in einem OP-Saal, man konnte jeden sehen. Mit seinen feuerroten Haaren und seiner kreischenden Hose saß Max an der vollgestopften Bar hinten auf der Terrasse und lachte über irgendwas, das Mireille gesagt hatte. Sie starrte ihn zornig an.

»Im Zentrum von Juan gab es vier große Restaurants, das Pam Pam war das größte. Die Tische draußen standen bis auf die Straße, Leute flogen in ihren Ferraris vorbei«, schrieb Andrew Loog Oldham.[52] Heute ist das »Pam Pam« eine Cocktailbar mit brasilianischen Tänzern, Samba-Animation und einem Umsatz von rund 1,9 Millionen Euro im Jahr 2015. Hinter dem »Pam Pam« liegt das »Maxim's«, das Henri, Pierre und Jean Giordanengo nach dem Krieg den Brüdern Passeron abkauften und zu einem unangefochtenen Hotspot im Nachtleben der Stadt entwickelten, der jeden Abend randvoll war. Und auch hier zu Gast Große und ganz Große aus dem Showbiz wie Henry Fonda, Tyrone Power, Charlie Chaplin und wieder einmal Rita Hayworth. Die Gruppe um Musiker/Sänger/Entertainer Jean Aimerand spielte ihr Programm aus Jazz, Tango, Rumba, Raspa und aktuellen Schlagern, bis der Abend traditionell mit einer Farandole durch die Nachbarstraßen ein Ende fand.[53] Dazu Knowles' Nick Petrovich:

Alle Wege führen in Juan-les-Pins auf den Carrefour de la Joie zu, auf die »Kreuzung der Freude«, vor allem nachts. »Pam Pam« und »Le Crystal« sehen immer noch so aus wie in den 1930er Jahren, und auch das sommerliche Tohuwabohu an den Wochenenden mit harten Cocktails, Cabrios, Akrobaten und viel nackter Haut hat sich gehalten. Aus dem ehemaligen »Maxim's« wurde die Pizzeria »Le Vesuvio«, der einstige Gourmettempel »La Potinière« gegenüber vom »Pam Pam« beherbergt seit Kurzem das frugalere Fischlokal »L'Institution«. Der Lokalchronist Renaud Dumesnil nannte Juan-les-Pins einst »la mal élevée«, die Unerzogene, und der gefürchtete Gastronomiekritiker François Simon urteilte 2009 im *Figaro*: »Man verzeiht diesem Ort alles, weil er too much ist: lächerlich und charmant, vulgär, aber fröhlich.«

> Vor mir tanzte ein Fotograf rückwärts und richtete seine Kamera auf mich. Ich machte ein Gesicht, seine Lampe flackerte (…). In Juan-les-Pins blitzte es die ganze Zeit, auf dich gerichtet, um dich herum; jeder Tag hatte etwas vom hektischen, spärlichen Glanz einer Filmpremiere. Wir waren alle Stars, oder zumindest Sternchen mit Potential.

Der Jazzclub Vieux Colombier machte das *carré d'or* – das goldene Viereck – mit Casino, »Pam Pam« und »Maxim's« komplett. Zunächst war er als Ableger des Pariser Originals[54] im Sommer 1949 in Antibes eröffnet worden, dann traten die Musiker während der Sommersaison in Juan-les-Pins unter freiem Himmel zwischen der Avenue Georges Gallice und dem Boulevard de la Pinède auf. Dominique Jando erinnert sich: »Im ›Vieux Colombier‹ war Sidney Bechet zu Hause. In den 1950ern und 1960ern spielte er da jeden Abend, manchmal mit Stéphane Grapelli.«

Im Juni 1960, ganz am Anfang seiner Karriere, drei Monate nach der ersten Single »T'aimer follement«, die ein Flop war, kam er ins »Vieux Colombier«, der Bühne für Nachwuchstalente: Johnny Halliday (1943–2017). Der französische Elvis, jahrzehntelang eine nationale Lichtgestalt in den Bereichen Rock 'n' Roll und Yellow Press, absolvierte dort gerade ein gelungenes zweiwöchiges Gastspiel in goldbesticktem Kostüm vor einem gleichaltrigen Publikum im Vorprogramm des Chansonniers Sacha Distel. Im Jahr darauf sollte der junge Halliday nach Juan-les-Pins zurückkehren, wie man am 7. Dezember 2017 im *Nice Matin* lesen konnte, zurück ins »Vieux Colombier«.

Der 18-jährige Johnny, mittlerweile mit Leibwächtern und von ersten hysterischen Fans verfolgt, wohnte nun »Chez Vonny« – gegenüber vom Bahnhof von Juan-les-Pins – und machte den Führerschein am Hafen von Antibes in der Auto-école Pierre. Gilles Lhote erinnerte sich an den von Hallidays Management übertrieben inszenierten, vermeintlichen Musikerwettstreit zwischen Johnny Halliday und dem britischen Rocker Vince Taylor, ein Star in Frankreich zu der Zeit – und später die wesentliche Inspiration für David Bowies *Ziggy Stardust*. Es gibt ein Foto davon, wie Johnny und Vince am

Strand entspannt Muscheln essen, während die Musiker der beiden den Marketinggag für bare Münze nahmen und sich eine wilde Schlägerei in der Nähe des »Vieux Colombier« lieferten.

Es war die Zeit der an erfolgreiche angelsächsische Titel angelehnten »Yé-yé music« in Frankreich mit »Yé-yé girls« wie France Gall, Sylvie Vartan oder Françoise Hardy und »Yé-yé boys« wie Michel Polnareff, Jacques Dutronc, Claude François, Mastermind Serge Gainsbourg und eben dem sich an US-Charts orientierenden Johnny Halliday. Andrew Loog Oldham war gut vorbereitet, als er 1961 nach Südfrankreich kam:

> Den französischen Rock 'n' Roll kannte ich von A bis Z durch »Salut les Copains«, die Hochglanz-Musikzeitschrift, die Popmusik so ernst nahm wie die Cahiers du Cinéma das Kino. (…) In Juan gab es ohne Ende Livemusik, überall, plötzlich standen einem Leute wie Ray Charles gegenüber. In London musste man da schon in die Royal Albert Hall, um sie zu sehen. Es war eine echt nahe, vertraute Sache. Südfrankreich war der Hammer, ein Mekka, Dave Brubeck war hier, oder Miles Davis, Ella Fitzgerald und Ray Charles.

1967 wurde das »Vieux Colombier« zum »Voom-Voom«, dem »Nonplusultra der Nachtclubs« mit einer geradezu psychedelischen Atmosphäre. Das »Whisky à Gogo« in Juan-les-Pins wurde nach der Übernahme durch Jean Verney 1971 angesagter Treff des Jetset inklusive Pyjama-, Minirock- und Oben-ohne-Wettbewerben. Und Medora Hart, bekannt aus dem Politthriller *The Plot* (1967, deutsch: *Palais Rose*) des US-Bestsellerautors Irving Wallace (1916–1990), tritt für acht Wochen als »das skandalöse englische Playgirl« im Nachtlokal Chez 88-40-88 auf.

> Die Hitze, die von den Bürgersteigen von Juan-les-Pins in das fast leere Nachtlokal eindrang, war erstickend, und Medora Hart sehnte sich danach, in das kühle Wasser am Strand des Hotels Provençal hineinsteigen zu können. (…) Als ihr Einsatz kam, begann sie unbekümmert mit ihrer halb singenden, halb

sprechenden, ein wenig heiseren und ein wenig kindlichen Stimme, mit gespielter Leidenschaft ihr Lied. (...) Sie war überzeugt, daß, so widersinnig es auch sein mochte, dieses amerikanische Negerlied mit ihrem theatralischen englischen Akzent wiederzugeben, es doch temperamentvoll und laut genug für die aufgeheizte Atmosphäre des späten Nachtprogramms war. Es war die Stunde, in der Chez 88-40-88 stets von Menschen überlief. Das Lokal war dann voller Rauch und von lautem Geplauder erfüllt. Die amerikanischen und deutschen Touristen waren zu dieser Zeit betrunken, und die bärtigen jungen Belgier hatten endlich unter die kurzen Röcke ihrer französischen Freundinnen gegriffen. (...) Die Melodie leise summend, begann sie ihr vorgesehenes Strip-tease anzudeuten. »Singen, herunter mit den weißen Handschuhen, langsames Aufknöpfen und herunter mit der Goldlaméjacke.«

Thierry Ardisson, prominenter französischer Talkshow-Gastgeber, erzählt in *Confessions d'un babyboomer* (2005) von einem Sommer in Juan-les-Pins, den ihm seine Eltern nach dem Abitur 1966 finanzierten. »Warum Juan-les-Pins? Das war das Erste, das mir einfiel. In Antibes und Juan-les-Pins haben wir oft Urlaub gemacht, als ich klein war. Für mich der schönste Ort, den ich kannte, voll mit unerschwinglichem Luxus. (...) In den 50ern war Juan-les-Pins ein *Muss*. Das war *das* Strandbad, noch vor Saint-Tropez.« Der 17-Jährige wird am Strand von einem älteren Mann angesprochen: »Was machst du hier so allein, hübscher Junge?« Es war Johnny Honeywood, Geschäftsführer des »Whisky à Gogo«. Er bot ihm einen Job als DJ an. »Und so fing an, was mein Leben werden sollte. Ein Leben voller Musik, Shows, Drogen, Reisen, Frauen, Sex, Geld. (...) Das alles fing an am Strand von Juan-les-Pins, im Sommer 66. (...) Das ›Whisky à Gogo‹: Das war damals der angesagte Club. Open-Air-Dancefloor, in der Mitte ein Baum. Verrückte Leute, lauwarme Nächte, blaues Licht und fantastische Mädchen.«

Der junge Ardisson fand Gefallen am Plattenauflegen und besonders an den vertauschten Rollen. »Als DJ kommen die Mädchen zu *dir* und machen *dich* an.« Er legte bald extralange Songs auf,

Ein typisches Postkartenmotiv für das Juan-les-Pins der 1960er und 1970er Jahre – diese Form des Sexismus hat sich inzwischen durch gesellschaftlichen Wertewandel und feministische Debatten weitgehend erledigt. Auch die Oben-ohne-Sonnenbäder sind zumindest in Juan nicht mehr en vogue, vielleicht am ehesten noch in Saint-Tropez.

um mit einigen von ihnen für ein paar Minuten in der Pinède zu verschwinden. Und wenn das »Whisky à Gogo« um 4 Uhr schloss, zogen Thierry Ardisson, Johnny Honeywood und die Jungs, die bei ihm arbeiteten, noch weiter. Erst in Bars wie die »Sanzibar« in Cannes, die Bar, die schon Klaus Mann empfohlen hatte, dann zu schwulen Orgien in ihren Schlafzimmern. »In Juan-les-Pins habe ich die Nacht entdeckt, die verborgene Seite des Lebens.« Ins »Whisky à Gogo« kamen 1976 die Rolling Stones, später Kiss und Céline Dion, Bono, Duran Duran und Michael Hutchence von INXS. 2016 ließ Rudy Maman den Laden abreißen.

Das Casino von Juan-les-Pins war unter Direktor Raoul Lubcké schon 1946 wieder geöffnet worden und zog eine distinguierte Klientel an. Die frühen Sechziger waren die Blütezeit. Man spielte Roulette und Baccara, traf sich nachmittags im Restaurant La Chaloupe am Strand und abends im »La Frégate«. Wöchentlich lieferte Direktor Jacques Laredo Galas mit beeindruckender Starpower: Édith Piaf, Dalida, Charles Trenet, Yves Montand und Charles Aznavour. Seit Mitte der 1950er trat im Casino von Juan-les-Pins Coccinelle auf, die Mediensensation, die als Transaktivist und erstes »transgender showgirl« in Paris und bald weltweit für Furore sorgte.[55] Der britische Autor Geoffrey Bocca (1924–1983) erzählt in *Bikini Beach* (1960) von der Juan-Szenerie zu jener Zeit:

> Es mutet an wie eine groteske Ironie, dass aus dem Ort, den Frank Jay Gould wegen seiner Ruhe ausgewählt hatte, plötzlich die schrillste community an der Côte wurde, eine Mischung aus Blackpool und Coney Island, total deplatziert an der im wesentlichen eleganten, anmutigen Riviera (...). Zuckerwatte und Bowlingbahnen, Autoskooter, Striptease Festivals, Jazz (live und aus der Konserve), Hot Dogs, Hamburger, Crêpes au Grand Marnier: In den Sommermonaten ist alles im Angebot, Tag und Nacht. In Juan-les-Pins kann man um zwei Uhr morgens einen Bikini kaufen oder sich die Haare schneiden lassen. Und die anerkannte Königin des Showbiz von Juan-les-Pins ist eine Travestiesängerin, die sich Coccinelle nennt. Man möchte sich schämen für Juan-les-Pins, doch es geht nicht. Man kann nur lachen.

> Die Stadt nimmt dich ein mit ihrer Albernheit und ihrer Dummheit (…). So heiß, so laut, so aufdringlich wie hier ist es nirgendwo anders.

1987 wurde das alte Casino geschlossen, abgerissen und 1992 im Rahmen des architektonisch verunglückten »Garden Beach Hotel« neu eröffnet. Heute steht der Name Juan-les-Pins weniger für den kometenhaften Aufstieg des Riviera-Strandbads, weniger für Frank Goulds US-Eisenbahnmillionen, die dahintersteckten, und wohl kaum für die verrottende Hotelruine des »Provençal«. Heute verbindet man den Ort mit dem alljährlich im Juli in der Pinède Gould stattfindenden Jazzfestival, in den 1960er Jahren das nächste große Ding, mit dem sich Juan-les-Pins weltweit einen Namen machte.

Nur wenige werden beim ersten Jazzfestival 1960 gewusst haben, dass die Geschichte des Jazz an der Riviera schon 1917 begonnen hatte, als die »Sammies«, wie die US-Soldaten der American Expeditionary Forces (AEF) in Frankreich genannt wurden, zu Tausenden zwischen Cannes und Menton stationiert waren und bis Mitte 1919 blieben. Tausende Soldaten also, darunter zahlreiche schwarze, weiße und zum Teil professionelle Musiker, durch deren Brassbands Südfrankreich, Paris und schließlich ganz Europa mit der noch fremden Jazzmusik bekannt gemacht wurden, die zu Anfang des Jahrhunderts in den Südstaaten der USA entstanden war. Die Soldaten zogen ab, der Jazz blieb. Das neue Genre konnte sich in einer Gesellschaft im Umbruch nach dem Epochenwechsel von 1918 in der Metropole Paris schnell etablieren, aber bald auch an der Riviera, die in der Wintersaison ein beliebter Anlaufpunkt der Pariser Bohème war.

Anfangs war es eine Musik für eine Minderheit, eine Kuriosität für Künstler und Intellektuelle. Doch obwohl es noch kaum Radiosender gab, keine Schallplatten und nur Stummfilme, konnte der Jazz als offizielle Hymne, als »Rhythmus der Epoche« reüssieren, von 1925 an befördert durch den Erfolg der »Revue Nègre« mit Josephine Baker und dem jungen Sidney Bechet im Théâtre des Champs-Élysées und im »L'Eldorado« in Nizza. Amerikanische Stars des Jazz wie Arthur Wooding, Noble Sissle und Arthur Briggs tourten bald regelmäßig durch Frankreich. Der Auftritt von Louis Armstrong, dem jungen Jazztrompeter aus New Orleans, im Januar 1935 im Casino Municipal in Nizza war eine Sensation. Viele schwarze Musiker gingen gar nicht mehr zurück in die USA, um dem Rassismus, der Ghettoisierung und auch den nordamerikanischen Zuständen von organisierter Kriminalität während der Prohibition (1920–1933) zu entgehen.

Der Sommer im Süden wurde ein großer Erfolg. Die mondänen Nachbarn wetteiferten mit dem glitzernden, nach dem Vorbild der US-Sommerresorts entwickelten Badeort Juan-les-Pins. In Cannes wurde im April 1929 das Casino am östlichen Ende der Croisette eröffnet. Überall schossen Restaurants, Amerikanische Bars, Strände, Schwimmbäder, Terrassencafés und Tanzbars aus dem Boden. Es gab Jazzkonzerte mit Billy Arnold, Stéphane Grapelli und dem jungen »Gipsy Dandy« Django Reinhardt. Wie sich herausstellte, war der Urlaub in der Sommerhitze kein kurzlebiger Trend, sondern entsprach dem Zeitgeist. 1931 waren die Buchungszahlen an der Côte d'Azur im August erstmals höher als im Februar. Paul Augier, Besitzer des »Negresco«, erzählt, dass am 2. August 1931 bei einem Geheimtreffen der Direktoren der großen Hotels an der Côte beschlossen wurde, fortan die Hotels auch im Sommer geöffnet zu halten – in Nizza, Cannes, Monaco, Saint-Tropez und in Juan-les-Pins sowieso.

Unter der deutschen Besatzung hatte es der Jazz nicht leicht als vermeintlich »jüdisch-afroamerikanische« Musik. Lediglich mit dem Swing, der irgendwie tolerierten Jugendkultur der Zazous mit den übergroßen karierten Jacken blieb ein Rest »anderer« Musik. Nach dem Krieg aber nahm die Jazzszene Fahrt auf, nicht nur durch die vielen Tausend GIs in der United States Riviera Recreational Area (USRRA), die wie ihre Vorgänger 1918 die Popkultur des Nachkriegs bestimmten. Seit Anfang der 1940er Jahre hatte sich diese Musik mit dem Bebop weiterentwickelt von Unterhaltung Richtung Hochkultur, kompliziert und ungewohnt frei in Rhythmus und Melodie. Bald konnte man Protagonisten wie Charlie Parker, Dizzy Gilespie, Miles Davis in Südfrankreich antreffen – zuerst im Februar 1948 beim Festival du Jazz in Nizza, dann im Juli 1958 beim Festival Européen du Jazz in Cannes, und von 1960 an beim bis heute alljährlich stattfindenden Jazz à Juan.

Auf dem Square Franck Jay Gould vor dem »Provençal« findet seit 1960 »Jazz à Juan« statt, eines der weltweit renommiertesten Open-Air-Jazzfestivals. Den Jazzgrößen kommt das Publikum hier sehr nahe. »Wenn Juan anfragt, kann man fast nicht ablehnen«, sagt Jamie Cullum, einer der neuen Shooting Stars der Szene. Besonders die hier aufgenommenen Live-Alben von Miles Davis, Ella Fitzgerald, Duke Ellington, Mahalia Jackson oder Charles Mingus gelten als Standardwerke des Genres. In letzter Zeit versucht das Festival verstärkt einen Brückenschlag zur Popmusik. 2020 musste es wie so viele andere Veranstaltungen wegen der Coronapandemie abgesagt werden. Der Square Gould war auch Schauplatz des sehr komischen *staring contest* beim Boulespielen zwischen den Schauspielern Pierre Richard und Aldo Maccione in der Komödie *Je suis timide … mais je me soigne* (*Ich bin schüchtern, aber in Behandlung*, 1978).

Die Gründung dieses Festivals geht nicht unerheblich auf einen weiteren schwarzen Musiker zurück, der nicht in die USA heimgekehrt war: Sidney Bechet (1897–1959), kreolischer Sopransaxophonist und Vertreter des frühen Jazz aus New Orleans, heiratete am 17. August 1951 in dritter Ehe Elisabeth Ziegler aus Frankfurt am Main – die beiden hatte sich dort bereits 1927 nach einem Konzert kennengelernt – im Rathaus von Antibes. Das war ein Riesenevent mit der Mistinguett als Trauzeugin, einem pompösen Umzug durch die Stadt, Tausenden Fans und über hundert internationalen Journalisten. Heute erinnern in Juan-les-Pins eine Büste auf dem Square Sidney Bechet gleich neben den ganzen Nachtclubs und eine nach Bechet benannte Sekundarschule im Westen der Stadt daran, dass dieser Musiker während seiner französischen Periode von 1949 bis 1959 jeden Sommer in Juan-les-Pins verbrachte, dass hier Hits wie »Petite fleur« und »Dans les rues d'Antibes« entstanden. Andrew Loog Oldham schreibt dazu:

> Das Jazz-Festival war der Höhepunkt der Sommersaison in Juan. Im Park hinter dem Kasino hatte man eine riesige Wundermuschel errichtet, die bis ins Wasser reichte. Ein paar Tausend Leute hatten eine Woche lang das Glück, coole Musik an diesem coolen Ort in Juan hören zu können (...). Ich dachte mir: Wenn Gott die Welt in sechs Tagen erschuf, gab er mit dem Antibes Jazz Festival noch eine Zugabe. So was Fantastisches hatte ich noch nicht erlebt – erst wieder 1967 in Monterrey.

Das im Juli 1960 von Bürgermeister Pierre Delmas und den Produzenten Jacques Hebey und Jacques Souplet eröffnete internationale Jazzfestival von Antibes-Juan-les-Pins wurde bald zum »französischen Newport« im Juli, ein fester Termin für die europäische Jazzszene mit Berichten in allen Medien, mit Tausenden Zuschauern und einer ambitionierten Auswahl von Musikern des klassischen und modernen Jazz. Renommierte Künstler aus den USA und ganz Europa traten auf der Bühne vor der Mittelmeerkulisse und in Badehose an den Privatstränden der großen Hotels auf. Nach dem Konzert in der Pinède ging die Party weiter in den Clubs der Stadt. Es war

Jahr für Jahr eine Offenbarung: 1960 etwa kamen Charles Mingus mit Eric Dolphy am Saxophon und die heute – leider – weitgehend vergessene Sister Rosetta Tharpe, die »godmother of Rock 'n' Roll«, die *black lady* mit dem blonden Haar und der E-Gitarre, ein Superstar der 1940er und 1950er Jahre mit immensem Einfluss auf Leute wie Chuck Berry und Elvis. Der große Ray Charles[56] (1961, 1976, 1979, 1983, 1985) kam mehrfach, ebenso epochenprägende Jazzrevolutionäre wie Miles Davis (1963, 1969, 1984) und Dizzie Gillespie (1962, 1972) oder Nina Simone (1965, 1969, 1977, 1981, 1982, 1983), selbst Weltstars wie Louis »Satchmo« Armstrong (1967) und Aretha Franklin (1970, 1981) konnte man live erleben, aber auch Herbie Hancock (1971, 1983, 1985), Keith Jarrett (1974, 1976, 1979) und Al Jarreau (1981, 2015). Unvergessen Ella Fitzgerald (1964, 1966, 1969, 1971, 1972, 1975, 1978, 1981, 1983), die »Königin des Jazz« mit ihrem »Cricket song«, dem Dialog mit den in der Pinède unüberhörbaren Grillen bei ihrem ersten Auftritt in Juan-les-Pins 1964 – ein einzigartiger Moment in der Geschichte der Musik. In den letzten Jahren waren Stevie Wonder (2014) zu Gast, Santana (2015), Sting (2017) und Carla Bruni (2018).[57]

Direkt an die Hauptbühne in der Pinède angrenzend, wurde das »Juana« quasi zum Backstage-Bereich des Jazzfestivals. Das Hotel Juana war 1931 von Alexandre Barache eröffnet worden, einem Mann mit russischen Wurzeln. Marianne Estène-Chauvin, die Enkelin von Boma Estène – ebenfalls ein exilierter Russe und Gründer des »Belles Rives« – und heutige Chefin des Hauses, übernahm 2006 auch das »Juana«. Weitere Tophotels in den 1960er Jahren waren selbstverständlich das Hôtel du Cap, das in einer eigenen Liga spielte, das schon 1893 eröffnete Grand Hôtel an der Avenue Guy de Maupassant, das in den 1970er Jahren abgerissen wurde, und selbstverständlich das »Provençal«, das nach Frank Jay Goulds Tod 1956 die jüngere Tochter Dorothy Burns übernahm. Das dreißig Jahre alte Luxushotel hatte nach der Requirierung im Krieg eine umfangreiche Modernisierung nötig, deren Kosten sich schließlich auf 200 Millionen alte Franc beliefen. Die große Terrasse auf der Meerseite wurde ausgebaut, ein weiterer Aufzug in den zehnten Stock installiert, Küchen und Heizung wurden modernisiert und zudem einige Geschäfte für

Haute Couture und Schmuck, eine exklusive Bar und das Cabaret Le Night Cap in dem Gebäude untergebracht. Madame Gould bezog eine Villa auf dem Dach der hinter dem »Provençal« gelegenen Garage in der Rue Saint-Barthélemy Nr. 9, die heute als kulturelles Erbe unter Denkmalschutz steht.

Die neue Besitzerin steckte das Personal in neue Uniformen mit blauen Polyesterjacken und engagierte eine erfahrene Strategin. Geoffrey Bocca erinnert an diesen vielleicht klügsten Schachzug: »Von Pan American World Airways holte Dorothy Gould eine der scharfsinnigsten Werbefrauen an der ganzen Riviera, Berthe Pourrière (…). Ihr Job war es, das Provençal wieder ganz nach vorne auf die Agenda des *Riviera social life* zu setzen. Eine Position, die das Provençal nach den goldenen Dreißigern verloren hatte.« Die 1950er und 1960er Jahre waren so noch einmal eine glanzvolle Epoche für das Hotel in prominenter Lage mit seinen 230 Angestellten. Das ausgesuchte Publikum, die Komtessen, Maharadschas und Stars des Showbiz wurden mit Galas für bis zu 600 Personen, mit Preisverleihungen und zuweilen auch mit Filmdrehs unterhalten. So wurde etwa *L'Amour, Madame* unter der Regie von Gilles Grangier mit der Arletty und Kurzauftritten von Jean Marais, Danièle Delorme und Marcel Achard 1952 teilweise im »Provençal« gedreht. War es die Stimmung im Juan-les-Pins der Nachkriegszeit, die den Filmautor dazu inspirierte, eine Siegerin der Wahl zur »Miss Perversité« an der Hotelrezeption auftreten zu lassen?

Von 1957 bis 1961 sorgte der Gitarrist Marcel Bianchi mit seiner Frau, der Sängerin Denise Varène, und seinem Orchester in der Rotunde des »Provençal« jeden Abend, sechs Monate während der Saison, für die Musik. Unvergessen der Varène/Bianchi-Ohrwurm »Viens, viens, viens, à Juan-les-Pins«. 1959 saß der junge Claude François, bis heute Chéri der Franzosen, die ihn zärtlich »Cloclo« nennen, für einige Monate am Schlagzeug. 1978 – mit 39 Jahren – ist er infolge eines Stromschlags im Bad tragisch verstorben.

Gewöhnliche Sterbliche wie Dominique Jando bekamen von all dem nur wenig mit und sahen den »Palast von Juan-les-Pins« immer nur von außen. Das »Provençal« sei »todschick, teuer und voll mit Snobs – dachte ich zumindest. Die meisten waren Amerikaner. Ich selbst kam nur bis in die Lobby, doch das war ohnehin kein Ort, wo man hinwollte, wenn man nicht dort wohnte. Für die Einwohner von Juan (zu denen wir ja im Sommer gehörten) war das ›Provençal‹ uninteressant.«

1965 fand man im Michelin unter Antibes die »Bonne Auberge« der Baudoins mit zwei Sternen und das Hotelrestaurant des »Provençal«, dem die *Michelin*-Tester einen Stern zugesprochen hatten, dessen »soufflé de langouste« sie aber als Spezialität priesen, sowie das »Bijou Plage« mit einem Stern, das sich am Strand von Juan-les-Pins befand und 2018 abgerissen wurde. Das altehrwürdige Restaurant La Frégate im Casino, lange Jahre die beste Adresse in Juan-les-Pins für gehobene Küche, das beispielsweise 1936 mit zwei Sternen ausgezeichnet worden war, blieb 1965 ganz ohne Erwähnung. Zwar ohne Stern, doch versehen mit einem *Michelin*-Doppelbesteck für den Komfort: Das noch heute bestehende »Chez Félix«, Graham Greenes Stammrestaurant in Antibes, als er von 1966 an mehr als zwanzig Jahre in einer Zweizimmerwohnung in der Altstadt lebte, in der Rue Pasteur direkt über der lärmenden »Yacht Bar« und mit Blick auf den Port Vauban.

Für ein kleines Erdbeben sorgte 2005, dass das Restaurant La Terrasse im Hôtel Juana von den Eigentümern aus finanziellen Gründen geschlossen wurde, denn »La Terrasse« war mehr als nur ein weiteres Hotelrestaurant, es war von Mitte der 1980er Jahre an die »Referenz der Gastronomie an der Côte d'Azur«. 1981 war der junge Alain Ducasse, heute unumstritten einer der einflussreichsten und erfolgreichsten Köche überhaupt, nach Juan-les-Pins gekommen, wurde Chefkoch im »La Terrasse« und erhielt 1984 zwei Sterne. 1986 ging es für Ducasse weiter nach Monte-Carlo ins Hôtel de Paris. Christian Morisset übernahm, blieb bis zum Ende und ging dann nach Antibes.

Auf dem Cap d'Antibes, unterhalb des »Provençal« also und südlich von Antibes-Juan-les-Pins, befinden sich »die teuersten vier Quadratkilometer der Côte d'Azur«, ein gesegneter Ort für Superreiche, wo sich der übliche Mix aus Scheichs, Oligarchen, Industriellen und Filmstars tummelt. Hinter den hohen Mauern und Hecken lassen sich die Schlösser und Villen erahnen, mittendrin das hochexklusive Hôtel du Cap mit dem Felsenpool von »Eden Roc«, das als

Rückzugsort für gestresste Filmstars von der Nähe zum Filmfestival in Cannes profitiert.[58]

In den 1960er Jahren, als es noch keine Oligarchen gab, hatten hier Leute wie Jack Warner (1892–1978) eine Villa, in seinem Fall die spektakulär in die Straßenkurve gebaute und von Barry Dierks, dem US-amerikanischen Architekten der Moderne, 1938 entworfene Villa Aujourd'hui. Warner, legendärer Hollywood-Produzent, 1922 Mitbegründer des Warner Bros.-Studios, machte 1958 weltweit Schlagzeilen, als er am 5. August am Cap d'Antibes knapp dem Tod entrann. Er war auf dem Rückweg von einer Baccarapartie im »Palm Beach« in Cannes, als sein Alfa-Sportwagen in der Nähe der Villa von Aly Khan mit einem Kohletransporter frontal kollidierte. In der *Desert Sun* aus Palm Springs war zu lesen: »Der Polizei zufolge erlitt Warner eine Gehirnerschütterung, schwere Schnittverletzungen und Knochenbrüche. Laut Ärzten in Cannes befindet er sich im Koma.«

»Wie durch ein Wunder« überlebte Prinzessin Aschraf Pahlavi (1919–2016), die Zwillingsschwester des Schahs von Persien, die in der Villa Les Roches neben der »La Vigie« der Goulds wohnte, einen wahrscheinlich politischen Anschlag 15 Monate vor der iranischen Revolution. In der Nacht vom 12. auf den 13. September 1977 knallte es auf der Küstenstraße zwischen Golfe-Juan und Juan-les-Pins um 3.45 Uhr siebenmal. Prinzessin Aschraf war nach einem langen Abend im »Palm Beach« mit Chauffeur und Begleitung auf dem Heimweg, als ihr Rolls-Royce von einem weißen Peugeot 504 überholt und zum Halt gezwungen wurde. Zwei vermummte Schützen sprangen heraus, feuerten sieben Kugeln auf den Rolls und verschwanden. Aschrafs Hofdame Madame Kahjech-Nouri, die auf dem Platz im Fond saß, den normalerweise die Prinzessin einnahm, erlitt einen Kopfschuss und war sofort tot.

Ähnlich dramatisch, aber letztlich weniger tragisch verlief die Entführung des belgischen Barons Édouard-Jean Empain (1937–2018) am 23. Januar 1978 an der Avenue Foch in Paris. Der Großindustrielle, Enkel von Édouard Louis Joseph Empain (1852–1929), belgischer Entrepreneur mit einem Faible für den öffentlichen Nahverkehr und Ägypten, war einer der reichsten Europäer. Er sollte zwei Monate in einem Keller in Savigny-sur-Orge zubringen, zwanzig Kilometer

Verglichen mit dem exklusiveren Grand Hôtel du Cap-Eden-Roc nebst Landschaftspark, galt das »Provençal« schon beinahe als populäre Destination. 1969 kaufte es der ostwestfälische Industrielle Rudolf-August Oetker von der italienischen Hoteliersfamilie Sella. Die Oetker Collection, zu der auch das »Bristol« in Paris, Brenners Park Hotel in Baden-Baden oder das Palais Namaskar in Marrakesch gehören, preist das Resort in Juan als »the quintessential Riviera playground«. Der Clou des Anwesens ist aber mehr das 1914 errichtete Felsenschwimmbad mit Luxusrestaurant als das Hotel selbst. In *Zärtlich ist die Nacht* komponierte F. Scott Fitzgerald aus dem Cap-Hotel, dem »Provençal« und dem »Belles Rives« in Juan einen der zentralen Schauplätze seines Riviera-Romans.

südlich von Paris, und einen Teil des linken kleinen Fingers einbüßen. Der Verdacht, es könne sich bei den Tätern um Terroristen handeln, bestätigte sich nicht. Tatsächlich waren es gewöhnliche Kriminelle. Die Entführer wurden gefasst und verurteilt. Auch für den Baron hatte das Ganze ein Nachspiel. Seine Millionenverluste beim Pokern und seine zahlreichen Affären wurden während der Ermittlungen öffentlich, Geschäftspartner und seine Ehefrau Sylvana Betuzzi wandten sich von ihm ab. Er selbst sagte später, nur sein Hund habe sich bei seiner Rückkehr gefreut.

Édouard-Jean Empain war in den 1960er und 1970er Jahren ein häufiger Gast am Cap d'Antibes, viele Jahre mietete er den Sommer über die Villa Saint-Georges zwischen der Avenue Saramartel und der Rue Albany hinter dem »Provençal«. Bekanntes Zeugnis dieser Zeit ist Jacques-Henri Lartigues Porträt von Empains damaliger Frau mit dem Titel *Sylvana Empain, Juan-les-Pins, 1961*. Die Villa Saint-Georges, in der 1977 noch die Aufnahmen zum letzten Studioalbum der englischen Rockband Be-Bop Deluxe mit dem Titel *Drastic Plastic* stattfanden, wurde Ende der 1970er Jahre abgerissen.

Unweit der Villa Saint-Georges betrieb die britisch-deutsche Schauspielerin Lilian Harvey, einer der größten UfA-Filmstars der 1930er Jahre, zu jener Zeit eine Schneckenzucht. Einst spielte, sang und tanzte sie und bildete mit Willy Fritsch *das* deutsche Traumpaar schlechthin. Von 1933 bis 1935 hielt sie sich in Hollywood auf, danach gab es einige weitere Produktionen in Berlin, bis sie 1939 Deutschland den Rücken kehrte und in ihre Villa Asmodée am Chemin des Sables in Juan-les-Pins zog, die sie schon 1931 gekauft hatte. Nach der deutschen Besatzung von Vichy-Frankreich im November 1942 ging sie ein zweites Mal in die USA, diesmal als freiwillige Krankenschwester. Am 18. August 1954 berichtete der *Spiegel*: »Lilian Harvey, 47, ätherische Film-Diva vergangener Zeiten, beabsichtigt, auf ihrem Grundstück in Cap d'Antibes an der französischen Riviera eine Reihe von Bungalows an interessierte Feriengäste, vorzugsweise an ›verliebte Paare und Hochzeitsreisende‹, zu vermieten.« Nach dem Krieg trat Lilian Harvey als Sängerin und in Boulevardtheatern auf, ohne an den früheren Erfolg anknüpfen zu können. Sie war Alkoholikerin, starb 1968 an Gelbsucht und wurde in Antibes beigesetzt.

Camille Rayon, mit dem ich mich bei »Mamo« getroffen hatte, starb 2014 mit 101 Jahren. Nur die letzten Lebensmonate verbrachte er in einem Pflegeheim. Zu seinem 100. Geburtstag erschien das französische Regionalfernsehen, und er hatte vorgeführt, dass er die Kerzen auf seiner Geburtstagstorte noch mühelos ausblasen konnte. Rayon war eine jener Persönlichkeiten, die im französischen Feuilleton gern als *monstre sacré* – heiliges Monster – bezeichnet werden: Held des Widerstands während der deutschen Besatzung im Zweiten Weltkrieg, einer der führenden Guerillakämpfer in Südostfrankreich (Deckname Archiduc), Fallschirmspringer und Organisator von Sabotage-Akten. Nach 1945 Mitglied von Charles de Gaulles berüchtigter Schläger- und Saalschutztruppe Service d'action civique (SAC) beziehungsweise deren Vorläufer Rassemblement du peuple français (RPF), ferner Eigentümer des Prominentenrestaurants Les Pêcheurs an der Landzunge zwischen Juan-les-Pins und dem Cap d'Antibes, vor allem aber Konstrukteur von rund vierzig Jachthäfen am Mittelmeer, darunter der Quai des Milliardaires in Antibes, wo heute die Gigajachten gewartet werden.

Rayon begann seine berufliche Laufbahn bescheiden als Postangestellter in Cannes und Antibes und als Barman im »Chatham« unweit des Bahnhofs von Juan-les-Pins. Dass die Russen, die aufseiten der Weißen Armee gestanden und sich nach der Oktoberrevolution 1918 an der Riviera und am Cap d'Antibes angesiedelt hatten, Angst davor hatten, mit U-Booten der Bolschewiki entführt zu werden, wusste er noch gut, und auch dass man in Antibes damals in dem Gefühl lebte, von der lukrativen und mondänen Entwicklung der Côte d'Azur ungerechterweise abgeschnitten zu sein.

Der natürliche Hafen vor Antibes wurde schon sehr früh genutzt und befestigt, zuletzt von 1680 an durch den späteren Namensgeber Sébastien Le Prestre de Vauban, Festungsbaumeister Ludwigs XIV. Von 1920 bis 1934 diente die Bucht auch als Landehafen für die zu Post- und Transportzwecken eingesetzten Wasserflugzeuge. Dann kam Camille Rayon. Zunächst baute er den Port la Gallice in Juan-les-Pins (1967), dann den Port de Saint-Laurent-du-Var und 1971 den Port Vauban in Antibes, heute die modernste und – gemessen an der Tonnage – größte Marina Europas, kennzeichnend für die zweite

Blüte von Antibes: 1642 Liegeplätze, darunter 19 für Megajachten mit Längen bis zu 170 Metern am Quai des Milliardaires. Für die kommenden Jahre ist ein umfassender Ausbau mit einer neuen Hafenkommandantur im Zentrum, neuen Werften, CCTV-Videoüberwachung und einer Yachting University vorgesehen.

Auf den Namen Rayon stößt man bereits, wenn man von Cannes in Richtung Antibes fährt. In Golfe-Juan, dem Nachbarort von Juan-les-Pins, trägt der Jachthafen seinen Namen: Port Camille Rayon. Noch im sehr hohen Alter verhandelte er mit der saudischen Königsfamilie über ihre dortigen Investments, aber gewöhnlich hielt er sich öffentlich lieber bedeckt. Als ich ihn im wiederbelebten »Les Pêcheurs« – inzwischen Teil des Luxusresorts Cap d'Antibes Beach Hotel – zum ersten Mal traf, war er 93 Jahre alt, aber quicklebendig. Ein Geheimnis seines hohen Lebensalters, so verriet er mir damals ungefragt, sei der moderate, aber ständige Konsum von Champagner der Marke »Perrier Jouet Millésime«. Leider würden »die Japaner« den inzwischen fast vollständig aufkaufen, so dass er mitunter auch andere Roséchampagner trinken müsse.

Nach dem Ende des Zweiten Weltkriegs hatte Camille Rayon die Villa Los Guerreros am Cap für sich requiriert, die zuvor der preußischen Adelsfamilie von Krieger gehört hatte.[59] Gegen Ende der 1950er Jahre geriet er im Zusammenhang mit einem spektakulären Kunstskandal weltweit in die Schlagzeilen. Da sein Restaurant in finanziellen Schwierigkeiten steckte, hatte er sich als Auftragskiller anheuern lassen. Er sollte den Adoptivsohn der schwerreichen Kunsthändlerwitwe Domenica Walter umbringen, und zwar auf deren Geheiß, wie er der französischen Kriminalpolizei erklärte. Er habe den Auftrag nur zum Schein angenommen und sich dem potenziellen Mordopfer offenbart, um sich mit diesem die Gage für den Auftragsmord zu teilen.

Die Verwicklungen in diesem Kunstskandal waren derart kompliziert, dass selbst die Leser von Magazinen wie *Der Spiegel* oder *The New Yorker*, wo der Fall ausführlich behandelt wurde – verwickelt war immerhin Frankreichs damaliger Kulturminister und Chefintellektueller André Malraux –, sich nur schwer in der Materie zurechtfinden konnten. Commandant Rayon, der Adoptivsohn und ebenso

Camille Rayon auf dem Titelblatt der französischen Pulp-Zeitschrift *détective*. Der Jachthafen-Konstrukteur, Résistance-Kämpfer und Prominenten-Restaurateur bestritt zeit seines Lebens, jemals geplant zu haben, als Auftragskiller den Sohn der Kunsthändlerwitwe Domenica Walter umzubringen. Die Affäre schadete seiner Karriere nur kurzzeitig. In Antibes und Juan-les-Pins wird er noch heute sehr verehrt.

Domenica Walter selbst, »la diabolique des arts« – die Teufelin der Künste –, kamen jedenfalls vor Gericht mit heiler Haut davon.

Rayon widmete sich danach der Entwicklung von Jachthäfen, denn eines hatte er begriffen: Das Jachtgeschäft würde zunehmen, und es würde luxuriöser werden, was bedeutete, dass man mehr Ankerplätze benötigte, und die mussten tiefer sein. Erz-Gaullist bis zum letzten Atemzug und praktischerweise jahrelang Stellvertreter des Bürgermeisters von Antibes im Bereich Tourismus, profitierte er von seinen Beziehungen aus der Résistance und erfand ein ziemlich geniales Geschäftsmodell: Er ließ den Jachthafen von Antibes auf eigene Kosten ausbaggern (woher das Geld dafür kam, bleibt rätselhaft) und sicherte sich dafür auf Jahrzehnte die Lizenzgebühren für die Liegeplätze. Einer seiner Förderer war, so viel ist sicher, der Flugzeugbauer Marcel Dassault (eigentlich Marcel Bloch), in den 1950er Jahren Abgeordneter der französischen Nationalversammlung für das Département Alpes-Maritimes.

Als ich Rayon traf, waren seine drei Söhne aus verschiedenen Ehen, die inzwischen alle in die Hafenverwaltung gut eingebunden sind, dabei und verfolgten die Ausführungen des Patriarchen gebannt. Gefragt nach der weiteren Entwicklung des Geschäfts mit den Riesenjachten, die zum überwiegenden Teil doch Waffenhändlern oder Oligarchen gehörten, war er sehr klar: »Na, und? Die werden sowieso gebaut. Das ist auch gut so, denn es schafft Arbeitsplätze – für die Crews, für die Reparaturen. Lasst sie doch immer größer werden!«

*

Was wurde aus der Konkurrenz in Sachen Vergnügen und Erholung an der Französischen Riviera, als Juan-les-Pins in den 1950er Jahren en vogue war, *das* Strandbad schlechthin, wie Thierry Ardisson schreibt, das als Anlaufpunkt für die lebens- und feierwütige Jugend nach den grauen Jahren von Besatzung und Krieg wieder für etwas Entgrenzung, Popkultur und Exzentrik sorgte? Nur Saint-Tropez sollte es mit dem Jugendkult von Juan aufnehmen können, allerdings mit einer gewissen Verspätung.[61] Es war ein authentisches Fischerdorf ohne besondere Bedeutung, ohne Adelstourismus, ohne Hotelpaläste und Casino, ein Dorf, in dem es eigentlich nichts gab außer dem Licht des Mittelmeers, weswegen die Maler als Erste kamen – schon vor dem Ersten Weltkrieg. Signac, Matisse und Bonnard lockten die Farben der Provence nach Saint-Tropez.

Nach dem Krieg war die Künstlerkolonie verschwunden. Anfang der 1950er Jahre kamen dann Pariser Intellektuelle vom linken Seine-Ufer, Françoise Sagan beispielsweise, Jacques Prévert, Colette, Juliette Gréco, Boris Vian. Es herrschte zu der Zeit eine verblüht-nostalgische und depressive Stimmung vor. Genau die überzeugte den Regisseur Roger Vadim von Saint-Tropez als Setting für seinen neuen Film. Und dann kam *sie*: Brigitte Bardot – Mannequin, Sängerin, Schauspielerin, erst Femme fatale und zuletzt rechtsradikale Tierfreundin. Sie kaufte 1956 eine Villa in La Madrague und drehte mit ihrem damaligen Ehemann Vadim in Saint-Tropez den im Rückblick schlichten Film mit dem allerdings unvergänglichen Titel *... und immer lockt das Weib*. Der Film wurde ein Erfolg. Saint-Tropez florierte und konnte bald mit Juan-les-Pins konkurrieren.

Jeder, der sich für *fashionable* hielt, musste nach »Saint-Trop«, wo sich ein ganz neuer Tourismus entwickelte, ein einfacher Lebensstil mit Nacktheit und verblichenen Jeans. Filme der Nouvelle Vague von Claude Chabrol etwa und Éric Rohmer entstanden hier, *La piscine* (1969) von Jacques Deray mit Romy Schneider und Alain Delon oder auch *Le gendarme de Saint-Tropez* (1964), eine franko-italienische Erfolgskomödie mit Louis de Funès. Andrew Loog Oldham kam 1961 und fand: »Die Farben, die Texturen, die Leute, einfach die Luft in Saint-Tropez: das ist fast lebensnotwendig. Und sorgt dafür, dass es dir gut geht.« Es dauerte nicht lange, da kam der Jetset, und ihm folgten Luxusläden und Spekulanten auf dem Fuß. Bald traf man sich an der exklusiven Plage Pampelonne im Nachbarort Ramatuelle, im legendären »Club 55«. Die üblichen Immobilienskandale ließen nicht lange auf sich warten. Zu den Amtszeiten der Bürgermeister Jean-Michel Couve (RPR, 1983–1989, 1993–2008) und Alain Spada (Diverse Rechte, 1989–1993), als Villen in den Hügeln im Hinterland schon einmal Preise bis zu 50 Millionen Euro erzielten und alles zubetoniert wurde – mit der oft zitierten grotesken Begründung, »auf einem bebauten Grundstück gibt es keine Brandgefahr« –, kam es infolge des sehr liberalen Umgangs mit bauamtlichen Einschränkungen und der Vergabe illegaler Genehmigungen zu einem mittlerweile vor Gericht verhandelten Komplex aus diversen Fällen von Korruption und Erpressung. Prominenter Profiteur war der Pariser Filmverleger und Belmondo-Geschäftspartner René Chateau.

Heute ist Saint-Tropez im Besitz einer Handvoll Superreicher. Die Zahl derjenigen, die das ganze Jahr über dort wohnen, nimmt kontinuierlich ab, aber pro Saison starten Zehntausende Hubschrauber-Shuttleflüge nach Nizza, liegen 50-Meter-Jachten im alten Hafenbecken – bestaunt und fotografiert von über sechs Millionen Touristen (2015) im Jahr. Der parteilose Bürgermeister Jean-Pierre Tuveri wurde 2008 nicht zuletzt wegen seiner kritischen Haltung gegenüber dieser Entwicklung gewählt. Er erinnert an den ursprünglichen Charakter des Ortes: »Nach dem Zweiten Weltkrieg war das hier ein Dorf von Arbeitern. Hier hat man die Kommunistische Partei gewählt.« Eine kleine Gemeinde mit linker Vergangenheit blickt zurück. »Wir wollen kein Mini-Monaco werden«, sagt Tuveri.

Monaco, wie wir es heute kennen, gibt es erst seit Mitte der 1950er Jahre. Bis dahin war es kaum mehr als ein Felsen, auf dem nichts wuchs, ein anrüchiges Spielerparadies in Finanznöten. In Monaco machten Leute wie der griechische Waffenhändler Basil Zaharoff, der »Händler des Todes«, von sich reden, der in den 1920er Jahren das bankrotte Spielcasino von Monte-Carlo übernahm. Im Zweiten Weltkrieg traf man dort eine unsympathische Bande von Kollaborateuren, deutschen Geschäftsleuten, Abenteurern und NS-Offizieren an. Während der Besatzungszeit von 1940 bis 1944 ruinierte das obskure Fürstentum seinen Ruf dann vollkommen, und gleich nach dem Krieg war es bestimmt keine Konkurrenz für das ungestüme, hedonistische Juan-les-Pins.

1953 erschien als Erster der griechische Reeder Aristoteles Onassis auf der Bühne in Monte-Carlo. Er war auf der Suche nach einem steuergünstigen Hafen für seine Tankerflotte. Da ihm die Seebädergesellschaft SBM, der gewissermaßen ganz Monte-Carlo gehörte – das Casino, die Luxushotels und noch einiges mehr –, keine Büroräume vermieten wollte, kaufte er kurzerhand den ganzen Laden.

Glamourfotograf Edward Quinn inszenierte Alain Delon und Jane Fonda während der Dreharbeiten zu *Les Félins* (Regie René Clément) 1964 am Cap d'Antibes. Hauptdrehort war die Villa Torre Clementina in Roquebrune-Cap-Martin mit ihrem venezianischen Garten. Hier passt im »Riviera Cocktail« ikonografisch alles zusammen: der Ferrari, filmisches Gangstertum, Jugend, gutes Aussehen. Während sich Delon immer als »politisch rechts« definierte und Brigitte Bardot einen Front-National-Parteigänger ehelichte, blieb Jane Fonda der linken Protestkultur bis heute treu.

Dem Fürsten Rainier III. war das nicht unwillkommen, denn der steinreiche Grieche brachte mit einflussreichen Freunden und vor allem seiner großen Liebe Maria Callas eine gehörige Portion Glamour in das heruntergekommene Fürstentum. Rainier gelang dann 1956 der ganz große Coup, als er mit Grace Kelly die damals schönste Schauspielerin Amerikas heiratete. Die märchenhafte Hochzeit des schmucken Prinzen und der Filmgöttin, eine Romanze, bei der es um mehr als Liebe ging, wurde inszeniert von Kellys Hollywood-Studio MGM und lange als Hochzeit des Jahrhunderts gehandelt. Über Nacht wurde der Kleinstaat weltberühmt, und damit war die Grundlage des modernen Monaco geschaffen.

In Monaco ging es nie um Authentisches, nie um den unvergleichlichen mediterranen Flair mit verwinkelten Gassen, bröckelndem Putz und den Spuren einer jahrtausendealten Kultur. Hier ging es eigentlich nur um Geld, und Geld verdiente man mit der maximal effizienten Bebauung des mit einer Fläche von zwei Quadratkilometern nach dem Vatikan zweitkleinsten Staats der Welt mit gesichtslosen Wohntürmen, die rekordverdächtige Quadratmeterpreise erzielten. Mehr Arbeitsplätze als Einwohner, teure Autos, teure Läden, im Mittelpunkt das Casino und eine aus der Regenbogenpresse bekannte Fürstenfamilie. Das war's. Ein Ort ohne Charme und ohne Einkommensteuer.

Das Hochglanzresort für einige Auserwählte aus den Reihen der Geldelite und der Steuerflüchtlinge sollte Bestand haben. Geboten wurden Formel-1-Rennen vor der Haustür und angeblich totale Sicherheit. Monaco sei »wahrscheinlich die am besten überwachte Quadratmeile auf dem ganzen Planeten«, schrieb *The Guardian*. Dabei ist die Diskrepanz zwischen dem »neurotisch sauberen« Monte-Carlo und den sich dort mit verstörender Regelmäßigkeit ereignenden Fällen von Totschlag und Mord in den höchsten Kreisen nicht zu übersehen. 1999 starb der jüdisch-libanesische Milliardär Edmond Safra an einer Rauchvergiftung infolge einer bis heute nicht aufgeklärten Brandstiftung in seinem 1000-Quadratmeter-Penthouse an der Avenue d'Ostende, 100 Meter vom Casino entfernt. 2013 kam André Muhlberger, ehemaliger Polizeichef von Monaco, grausam zu Tode, als er am Strand von Cap d'Ail von der Schiffsschraube eines

Motorboots erfasst wurde. Dahinter wurden Auftragskiller der osteuropäischen Mafia vermutet. 2014 wurde Hélène Pastor, 77-jährige Erbin der Pastor-Immobiliendynastie und reichste Frau Monacos, auf einem Parkplatz in Nizza in ihrem Wagen niedergeschossen. Dieser Fall zumindest wurde gelöst: Es war der Schwiegersohn, ein polnischer Honorarkonsul. Im »Krieg der Casinos« in Nizza verschwand 1977 Agnès Le Roux, die Erbin des Spielcasinos Palais de la Méditerranée – ursprünglich ein Investment von Frank Jay Gould –, mitsamt ihrem Pkw auf Nimmerwiedersehen. Ihre Leiche wurde nie gefunden, ihr Range Rover auch nicht. Es sollte vierzig Jahre dauern, bis ihr mutmaßlicher Mörder und einstiger Lover, der Anwalt Maurice Agnelet, zu zwanzig Jahren Haft verurteilt wurde.

Die mehr oder weniger enge Verbindung zwischen lokalen Eliten und den Tonangebern aus der Unter- und Halbwelt an der Côte d'Azur ist auffällig. Der Front National (FN) – heute Rassemblement National – der Le-Pen-Familie hat zwischen Marseille und Nizza seine eigentliche Heimstätte. Im Jahr 1994 wurde die französische Parlamentsabgeordnete Yann Piat, die vom FN wieder ins bürgerliche Lager zurückgewechselt war, von einem Killerkommando umgebracht, weil sie sich als Bürgermeisterkandidatin zu kritisch um obskure Geschäfte im Hafen von Hyères gekümmert hatte. Im Jahr darauf wurde der starke Mann des Front National in Toulon, Jean Poulet-Dachary, von einem homosexuellen Liebhaber ermordet.

Konsequenter- oder paradoxerweise haben diese politisch-gesellschaftlichen Verhältnisse zu extrem langen Amtszeiten der Bürgermeister an der Côte d'Azur geführt. Die Médecins, Vater und Sohn, sind mit rund sechzig Jahren Regentschaft in Nizza ungeschlagen. Gaston Defferre, noch in fortgeschrittenem Alter französischer Innenminister, amtierte als unangefochtener Maire in Marseille von 1953 bis 1986, eng verbunden mit dem mafiösen Guerini-Clan aus Korsika. Defferre war ein »Sozialist« und Held der Résistance ganz eigener Prägung, denn in seine Amtszeit fällt der Aufstieg von Marseille zur Drehscheibe der »French Connection«, des türkisch-französisch-amerikanischen Opium- und Heroinhandels. Die alte Militärhafenstadt Toulon befehligte Maurice Arreckx von 1959 bis 1985.

Sein bevorzugter Mafioso war Jean-Louis Fargette, genannt »Savonette« oder »Le Grand«, der im Exil in Vallecrosia, kurz hinter der französisch-italienischen Grenze, saß und 1993 standesgemäß von fünf Kugeln durchsiebt wurde. Zu Fargettes Beerdigung kamen rund 2000 Leute, und man sah ein Plakat mit der Aufschrift: »Tu es le boss et tu le resteras toujours« (Du bist der Boss und du wirst es immer bleiben).

In Menton regiert seit zwei Jahrzehnten Jean-Claude Guibal, dem die französische Zeitschrift *L'Express* 2014 ein umfangreiches Dossier unter der Überschrift »Menton – Le système Guibal« widmete. Geboren wurde Guibal 1941 im korsischen Ajaccio. Seine Ehefrau, die Senatorin Colette Guidicelli, hat er der Einfachheit halber zur ersten stellvertretenden Bürgermeisterin gemacht, so dass die wesentlichen Probleme am häuslichen Abendbrottisch geregelt werden können.

In Fréjus hatte François Léotard, Jahrgang 1941, französischer Verteidigungs- und Kommunikationsminister unter Mitterrand, zwanzig Jahre lang die Fäden in der Hand. Léotard, ein eleganter Mann, ist der Bruder des Schauspielers Philippe Léotard, der im zweiten Teil von *French Connection* – Regie John Frankenheimer und in der Hauptrolle der grandiose Gene Hackman – eine der prägenden Gangsterrollen gespielt hat. Hier passt also alles zusammen. Léotards Nachfolger Elie Brun, Anwalt und Freimaurer, wurden 2013 wegen Vorteilsnahme im Amt die bürgerlichen Ehrenrechte für fünf Jahre entzogen. Auf ihn folgte 2017 der FN-Bürgermeister David Rachline. Es war die Zeit, als es der jungen FN-Ikone und selbst ernannten neuen rechtskatholischen Jeanne d'Arc Marion Maréchal-Le Pen, genannt »die Nichte«, beinahe gelungen wäre, gegen den eher gemäßigten und etwas öligen Sarkozysten Christian Estrosi – einem ehemaligen Motorradfahrer von Weltklasse und Bürgermeister von Nizza – die Regionalwahlen zu gewinnen.

Michel Mouillot, Bürgermeister im vergleichsweise »undynastischen« Cannes, Freimaurer und ehemaliger Repräsentant von Pernod-Ricard, wurde 2005 wegen illegaler Konzessionsvergaben an Spielcasinos zu fünf Jahren Haft verurteilt und trägt bis heute den Ehrentitel des am härtesten bestraften Amtsträgers der Fünften

Französischen Republik. Im Prinzip geht es immer um das Gleiche: Korruption im Zusammenhang mit Nachtclubs, Casinos, Bau- und Abrissgenehmigungen. Nicht zufällig wurde Alain Delon, dessen Nähe zum »Milieu« gut dokumentiert ist, mit seiner geschmeidigen Filmpräsenz zum repräsentativen Schauspieler in Côte-d'Azur-Filmen. Delon als Scheckfälscher und Identitätsdieb in der ersten Verfilmung von Patricia Highsmiths Ripley-Roman *Plein Soleil* (1960) unter der Regie von René Cléments, war in jeder Hinsicht die richtige Wahl.

Und auch das gehört zur Côte d'Azur: Der seit 1969 auf Initiative von Senator Pierre Laffitte entwickelte Technologie- und Wissenschaftspark von Sophia Antipolis, angelegt auf einem 2400 Hektar großen, geschützten Parkgelände zwischen Mittelmeer und Voralpen und nur 20 Kilometer vom Flughafen Nizza entfernt. Über 36 000 Angestellte in 2230 Betrieben und Institutionen arbeiten heute in der Technopolis: Unternehmen der Spitzentechnologie wie Telekommunikation, Informationstechnik, Medizin und Biotechnologie, mittelständische Firmen, Start-ups, öffentliche und private Bildungs- und Forschungszentren. Sophia Antipolis ist der größte europäische Wissenschaftspark und gilt grenzübergreifend als erfolgreiches Modell für den Wissenstransfer von Forschung, Bildung und Industrie.

2001 erschien der Roman *Super-Cannes* des britischen Autors James Graham Ballard (1930–2009), einer breiten Öffentlichkeit bekannt durch *Empire of the Sun* (1984, 1987 verfilmt von Steven Spielberg) oder *Crash* (1973, 1996 verfilmt von David Cronenberg):[62]

> Wenn in zehntausend Jahren die ersten Forscher kommen, lange nachdem man die Côte d'Azur aufgegeben hat, werden sie sich wundern über diese leeren Gruben mit ihren ausgewaschenen Freskos mit Tritonen und stilisierten Fischen, die man unerklärlicherweise in Berghänge gegraben hat wie Sonnenuhren im Wasser oder Altäre einer bizarren Religion, erfunden von einer Rasse visionärer Landvermesser.

Eden-Olympia ist ein fiktiver Hightech-Gewerbepark in den Hügeln oberhalb von Super-Cannes, eine überdesinfizierte, abgeschottete Stadt aus Glas und Stahl, die den Rahmen für die dystopische Story des Bestsellers bildet: Es geht um einen Amoklauf, sinnlose Gewalt und ein verstörendes, grausames Verbrechen. Es geht um Korruption, Drogen, Sex, eine wachsende kriminelle Subkultur, die außer Kontrolle gerät, und um die psychologischen Auswirkungen von technologischen, ökologischen und sozialen Umwälzungen. Ballard, der fast jeden Sommer an der Côte verbrachte, ließ keinen Zweifel daran, dass ihm Sophia Antipolis von Beginn an als Modell für Eden-Olympia gedient hatte. Das wahre Sophia Antipolis, eine Art französisches Silicon Valley, hat eine neue Vielfalt in das provenzalische Antibes gebracht, wo es inzwischen viele Sprachschulen für die jüngere Klientel gibt. Mit rund 85 000 Einwohnern ist die Gemeinde der drittgrößte Ort im Département Alpes-Maritimes – nach Nizza und knapp hinter Cannes. Die Einwohnerzahl steigt im Sommer auf über 200 000. Dann ziehen Zehntausende von Touristen durch die Gassen mit den vielen Hundert Cafés und Restaurants. Trotzdem konnte man einen Rest vom ursprünglichen, charmanten Charakter einer Kleinstadt im Süden bewahren. Touristische Highlights sind das Fort Carré aus dem 16. Jahrhundert, die sternenförmige Bastion über dem Hafen und die von Vauban errichteten Stadtmauern, vor allem aber der provenzalische Markt im Zentrum.

DIE EWIGE HOTELRUINE

Bürgerinitiativen und neue Investoren

Kaum hatte Alexandre Reza die Muttergesellschaft »La Gauloise« übernommen, fiel das »Provençal« in einen jahrzehntelangen Dämmerschlaf, nachdem es unter Frank Jay Goulds Tochter Dorothy (1904–1969) noch ein paar gute Jahre erlebt hatte. Dorothy, geschiedene Baronin Graffenried de Villars, geschiedene Mrs. Archibald Burns, hatte sich nach einem rastlosen Jetset-Leben um die von ihrem Vater ererbten Besitztümer in Juan-les-Pins tatsächlich an Ort und Stelle gekümmert. Sie fand mit Jean L. Badrutt einen fähigen Hoteldirektor aus der renommierten Schweizer Badrutt-Hoteliersdynastie und hatte mit dem Architekten Lucien Stable, der das Gebäude einst entworfen hatte, einen versierten »technischen Berater« an ihrer Seite. 1968, so erinnert sich Dorothy Gould Burns' letzter Lebensgefährte und Part-Time-Hotelmanager Jean-Claude Binello, sei es sogar zum ersten Mal gelungen, mit dem »weißen Elefanten« ein positives Ergebnis zu erwirtschaften, wozu auch beigetragen haben mag, dass Juan-les-Pins mit dem neuen Jazzfestival, dem Chansonwettbewerb »Rose d'Or«, den Bridgeturnieren im Casino mit Omar Sharif und den Barbecues mit der Schahschwester Aschraf eine neue Blüte erlebte.

Dorothy wäre keine echte Gould gewesen, wenn sie nicht durch spektakuläre Hochzeiten und Annoncen auf sich aufmerksam gemacht hätte. Nach ihrem Tod ging sie dann mit einem ausgedehnten Prozess in den USA um Nationalitäten- und Steuerfragen in die Justizgeschichte ein. Nachdem Dorothy Gould Burns 1969 in Juan-les-Pins gestorben war, hatte ihr Nachlassverwalter William Matheson von den US-Steuerbehörden vergleichsweise bescheidene 24 000 Dollar angeblich zu viel gezahlter Einkommens- und Schenkungssteuer zurückgefordert. Daraufhin hatten die US-Behörden erklärt, Dorothy Gould sei rechtlich immer US-Staatsbürgerin geblieben, sie habe deshalb stolze 3,25 Millionen US-Dollar an Grundsteuern nachzuzahlen.

Der Fall gilt heute in juristischen Universitätsseminaren als beliebter Präzedenzfall bezüglich der doppelten Staatsbürgerschaft.

Die Tochter aus Frank J. Goulds erster Ehe mit Helen Margaret Kelly lebte wie ihr Vater seit 1919 in Frankreich. Im Mai 1925 hatte sie den Schweizer Nobelmann, Armeeleutnant und Tennisspieler Roland Maria Arnold Bernhard Esprit de Graffenried de Villars in der Kirche Notre-Dame de Passy in Paris geheiratet. Offenbar hatten die beiden Gould-Töchter eine Vorliebe für Schweizer Adlige, denn Dorothys ältere Schwester Helen war seit 1923 mit Jean-Daniel de Montenach verheiratet. Ehemann Baron de Villars ging in die Automobilgeschichte ein, weil unter seinem Namenslabel mit finanzieller Unterstützung des Schwiegervaters eine edle Karosserieschmiede mit Sitz im französischen Courbevoie entstand. Dort wurden für vermögende Kunden seltene Einzelstücke auf Chassis von Rolls-Royce, Bugatti oder Delahaye montiert. 1932 musste Baron Graffenried allerdings Konkurs anmelden, sogar das angestammte Schloss Münchenwiler wurde verkauft. Frank Jay verspürte offenbar keine Neigung, seinem Schwiegersohn weiter mit Geld unter die Arme zu greifen, und Dorothy keine Lust mehr auf ein Leben mit ihm. 1936 ließ sie sich scheiden. 1938 ging durch die Weltpresse, dass Dorothy beabsichtige, Prinz Aage von Dänemark, Offizier der französischen Fremdenlegion, zu ehelichen. Der dänische Prinz starb allerdings im Jahr darauf in Marokko, zur Heirat kam es nicht. Wenig später lernte Dorothy in Kuba Archibald Burns kennen, einen mexikanischen Großgrundbesitzer und Polochampion schottischer Abkunft, den sie 1944 in Mexiko City heiratete.

Dorothys zwei Töchter aus der Ehe mit Baron Graffenried zeigten kein ausgeprägtes Interesse, nach dem Tod ihrer Mutter den »Provençal«-Betrieb fortzuführen. Sie wollten Cash sehen. Und so kam Alexandre Reza nach einigen Verhandlungen zum Zug. Er kaufte 1972 den gesamten Besitz der Goulds in Juan-les-Pins – das »Provençal«, das »Alba«, Tennis- und Golfanlagen, das Château Saint-Georges, das Gesindehaus, die beiden Villen am Strand. Reza, einer der markantesten Juweliere und Gemmologen seiner Zeit, Hauptsitz seiner Firma selbstverständlich an der Pariser Place Vendôme, hatte schon Florence Gould mit seltenen Schmuckstücken beliefert und konnte als ausgebuffter Geschäftsmann den Wert der Ländereien am Strand von Juan-les-Pins richtig einschätzen. Denn darum ging es: nicht um das mehr oder weniger unrentable, personalintensive »Provençal«, in dessen Modernisierung erhebliche Summen hätten investiert werden müssen, sondern um die Chance, auf dem ausgedehnten Grundbesitz neue Appartementblöcke im brutalistischen Stil der 1970er Jahre hochzuziehen – Art-déco-Fassade des »Provençal« hin oder her. Mit dem seinerzeitigen Bürgermeister von Antibes und Mitterrand-Vertrauten Pierre Merli (1920–2002) war es schon zu einer Vorverständigung in diesem Sinne gekommen.

Alles hätte glatt laufen können für den neuen Investor Reza, wären da nicht die Aktivisten von »Défense du Cap« und »Défense de la Pinède« gewesen und die Journalisten vom *Nice Matin*, die sich bald erkennbar auf die Seite der Bürgerinitiativen schlugen. Es war die Zeit, als die Proteste gegen die architekturale »Côte d'Azur assassinée« an Popularität gewannen, womit Reza nicht gerechnet hatte. In Nizza war das ehrwürdige »Ruhl« für ein schmuckloses »Méridien« abgerissen worden, Frank Jay Goulds hellenistisches Palais de la Méditeranée stand vor dem Aus, in Monaco zog die dominierende Investorenfamilie Pastor ein renditeträchtiges Hochhaus nach dem anderen hoch – warum sollte es ausgerechnet im von jeher unregulierten Juan-les-Pins anders laufen?

Alexandre Reza kannte die Gegend gut, denn seine Villa Joya am Cap Ferrat liegt in derselben exklusiven kleinen Bucht, in der die einstigen Besitztümer des »Kongo-Schlächters« Leopold II. von Belgien liegen, jenem Fleckchen Erde, wo die Immobilienpreise noch höher sind als am Cap d'Antibes. Als ich Alexandre Reza – geboren 1922 in Moskau, im Alter von 93 Jahren am 15. Januar 2016 in Genf gestorben, drei Söhne und eine Tochter, in zweiter Ehe verheiratet mit der deutschstämmigen Karin Rauh – zum ersten Mal traf, das war 1998 in Juan-les-Pins, war sein Jaguar mit dem Diplomatenkennzeichen von San Marino versehen, was mir wieder einmal den praktischen Wert von Kleinstaaten vor Augen führte. Da Rezas Biografie verwirrend verwickelt ist, sei hier die offizielle Familienversion wiedergegeben: Reza zog mit der aus der Gegend von Samarkand stammenden väterlichen Juwelierfamilie bald nach der bolschewistischen

Machtübernahme nach Nizza in die Rue de France im noblen Quartier des Musiciens, wo sein Vater ein Schmuckgeschäft aufbaute. 1943 wurde der junge Reza von der Gestapo arretiert und entkam der Deportation und dem Tod nur – so kann man in dem exklusiven Coffee Table Book der Juwelenhistorikerin Vivienne Becker lesen, das bei Assouline Books erschien –, weil er einen alten persischen Pass vorzeigte und Koranverse rezitierte. Nach 1945 arbeitete Reza als Gemmologe für Häuser wie Boucheron, Harry Winston und Van Cleef & Arpels, bis er 1981 sein eigenes Geschäft an der Place Vendôme eröffnete. Zweigstellen in Cannes, Monaco und Genf folgten und eine Reihe von hitchcockartigen Überfällen – niemand wurde so oft ausgeraubt wie Reza.

Als Reza sich für die Immobilie »Provençal« interessierte, hatte er seinen eigenen Markennamen also noch nicht. Er hat das Hotel keineswegs Knall auf Fall geschlossen, sondern seit 1974 zunächst mit dem Bürgermeister und dem Stadtrat von Antibes über seinen Plan verhandelt, das alte Art-déco-Gebäude komplett einzuebnen und an seiner Stelle einen funktionalen Appartement- und Hotelkomplex im Stil der US-Hotelketten hochzuziehen. Der Stadtrat berief eine vierköpfige Kommission, die die Pläne prüfen sollte. Im Januar 1976 setzte dann die Anti-Reza-Bewegung ein. Colonel Lauze von der Bürgervereinigung zum Schutz des Cap d'Antibes sprach sich auf einer öffentlichen Veranstaltung, über die der *Nice Matin* ausführlich berichtete, gegen die absehbare »Betonflut« und das Abholzen uralter Pinien aus, und sein Kollege Monsieur Rauscher von der Initiative zur Verteidigung der Pinède äußerte die Befürchtung, dass mit den funktionalen Neubauten (einschließlich neuem Casino) Juan-les-Pins nur noch für eine »mittelmäßige Klientel« interessant sein werde. Der Reporter vom *Nice Matin* fasste die Debattenlage so zusammen: Für die Reza-Pläne, die seinerzeit vom Architekturbüro Allard entwickelt worden waren, seien die Mehrheit des Stadtrats, die Hoteliersvereinigung, die Restaurateure und Plagisten, dagegen die beiden Bürgerinitiativen und die Opposition im Stadtrat.

Nachdem mehrere Vermittlungsversuche seitens des Bürgermeisters Pierre Merli und des Stadtrats gescheitert waren, reichte es Reza: Er schrieb an Merli, dass er das Hotel in der Saison 1977 nicht wieder

Der Pariser Schmuckhändler Alexandre Reza – hier auf der Rotunde der »Provençal«-Ruine – war wahrscheinlich nicht »der letzte Juwelier von Lady Di«, aber er wäre schon gern der »neue Frank Jay Gould« von Juan-les-Pins geworden. Doch seine zahlreichen Abriss- und Umbaupläne scheiterten immer wieder an lokalen Bürgerinitiativen und in zahlreichen Gerichtsverfahren.

eröffnen werde. Eine Weiterbeschäftigung der etwa 180 bis 200 Angestellten sei nicht möglich, alle bereits eingegangenen Reservierungen für 1977 würden storniert. Der letzte Hotelchef Raymond L. Arpino wurde entlassen, eine Liste der präsumtiven Reservierungen war beigefügt.

Falls der Juwelier gehofft hatte, sein Projekt auf diese Weise vorantreiben zu können, hatte er sich geirrt. Der Bürgermeister versprach in einem Schreiben an den *Nice Matin* lediglich, sich um das Schicksal der Hotelbediensteten zu kümmern. Nach der Schließung des Hotels ging dann alles seinen juristisch-administrativen Gang: Die Präfektur und die oberste Denkmalschutzbehörde schalteten sich ein. Reza beantragte weitere Baugenehmigungen zunächst für die Villen »Saint-Georges« und »Aigue Marine« und beschäftigte damit die Verwaltungsgerichte in Nizza, Lyon und den Conseil d'État. Wenn es einmal Baugenehmigungen gab, wurden sie von der nächsten Instanz umgehend wieder kassiert. Trotz der wackeren Dauerberichterstattung des *Nice Matin* verloren bald alle den Überblick, welches Gerichtsurteil gerade aktuell war. 1992 keimte noch einmal Hoffnung auf, da es schien, als würden alle Seiten einer neuen Baugenehmigung für ein Hotel mit 132 Zimmern nebst 35 Appartements unter Erhaltung der inzwischen denkmalgeschützten Fassade zustimmen, doch da waren Reza gerade die Investmentmittel ausgegangen. 2008 beschlossen er und seine Familie, den skurrilen Kampf aufzugeben und die Société La Gauloise zu verkaufen. Für geschätzte 45 Millionen Euro erwarb sie der neue Kandidat für die Wiedererweckung des »Provençal«, der britische Investor Cyril Dennis mit Wohnsitz in Monaco.

Dass Alexandre Reza ein großer Künstler mit einer Vorliebe für nahöstliche Opulenz war, ist unbestritten. Die Rolle, die er als Besitzer einer Grandhotelruine über drei Jahrzehnte spielte, war aus Sicht der Bewohner von Juan-les-Pins weniger rühmlich. Als Reza 2016 starb, fehlte in keinem Nachruf der Hinweis, er habe den letzten Ring für Lady Diana Spencer, Princess of Wales, angefertigt im Auftrag von Dis letztem Begleiter Dodi Al-Fayed, Sohn des ägyptischen Geschäftsmanns Mohammad Al-Fayed, Besitzer des Londoner Nobelkaufhauses Harrod's und des Pariser Grandhotels Ritz. Der Vater, der sich zeitlebens von der britischen Upperclass nicht genügend gewürdigt sah, verbrachte seine letzten Lebensjahre damit, unter Aufwendung von Multimillionenbudgets nachzuweisen, dass Lady Di und sein Sohn Dodi – im Auftrag vor allem von Prinz Philip – vom britischen Establishment gezielt umgebracht worden seien mithilfe der Geheimdienste MI5 und MI6, weil das britische Königshaus nicht habe dulden wollen, dass die Mutter eines zukünftigen britischen Königs möglicherweise einen Muslim heiraten könnte.

Und so spielte der letzte Ring eine gewisse Rolle in einer Staatsaffäre mit drei ausgiebigen staatsanwaltschaftlichen Untersuchungen von britischer und französischer Seite. Es sollte sich herausstellen, dass Dodi an jenem Todestag bei Rezas Konkurrenten Albert Repossi an der Place Vendôme, gegenüber dem »Ritz«, überstürzt einen Ring geordert, zunächst aber nicht bezahlt hatte. Für Dodis Vater handelte es sich definitiv um einen »Verlobungsring«. Es war aber gerade erst fünf Wochen her, dass Vater Mohammad die ultimative Trophäe »Di« in Saint-Tropez mit dem ihm stets ergebenen Sohn zusammengebracht hatte. Eine Côte-d'Azur-Geschichte durch und durch, denn die erratische Prinzessin von Wales hatte sich einerseits beschwert, von den Paparazzi ständig »vergewaltigt« zu werden, andererseits aber den Sensationslichtbildnern gezielte Hinweise gegeben, wo sie die besten »Shots« von ihr und Dodi bekommen könnten. Angeblich geschah das alles, weil sie ihre wahre Liebe, den Herzchirurgen Hasnad Khan, eifersüchtig machen wollte, so berichteten es jedenfalls später vertraute »Di«-Freundinnen. Alexandre Reza dementierte jedenfalls nicht, dass er der letzte Juwelier von Lady Di gewesen sei, und vielleicht hat Dodi Al-Fayed auch einmal in seinem Laden vorbeigeschaut. Jedenfalls blieben Reza die peinlichen Befragungen erspart, denen sich Kollege Repossi ausgesetzt sah.

Über solche royalen Erzählungen verfügte der nächste selbst ernannte »Frank Jay Gould« von Juan-les-Pins, Cyril Dennis, zunächst einmal nicht, als er sich 2006 daranmachte, den Komplex des »Provençal« neu aufzubauen. Am Ende wurde er der spektakulärste Bankrotteur in der »Provençal«-Saga. Dennis, zum Zeitpunkt der »Provençal«-Übernahme sechzig Jahre alt, Träger des Most Excellent Order of the British Empire (MBE), den er 2002 für seine zahlreichen Charity-Aktivitäten erhielt, war im Gegensatz zu Reza ein professioneller Immobilienentwickler und hatte in der britischen Presse seit seinem Engagement bei der Transformation der Londoner »Docklands« den Ruf, ein »property tycoon« zu sein. Mit seinem Unternehmen Capital and Provident Management Limited und zahlreichen weiteren Einzelgesellschaften hatte er 1994 und 2006 ein geschätztes Privatvermögen von rund 130 Millionen Pfund erwirtschaftet. Die *Sunday Times* führte ihn und seine Familie 2008 auf Rang 597 der reichsten Briten auf, obwohl er – wie auch seine Tochter Alexandra Shelley Dennis, die als Geschäftsführerin bei zahlreichen Tochterfirmen arbeitete – seinen Hauptwohnsitz längst ins steuerbegünstigte Monaco verlegt hatte. 2006 wollte Dennis erneut durchstarten und erwarb nicht nur die Immobilie in Juan-les-Pins, sondern noch weitere Immobilieninvestments im Skiresort Courchevel und in Florida.

Dennis war zwar Multimillionär und vermögender als Alexandre Reza, aber sein gesamtes Privatvermögen hätte nicht ausgereicht, um – über den Kaufpreis hinaus – wenigstens die Kosten für die ausgedehnten Luxusmodernisierungen in Juan-les-Pins abzudecken. Sein kompliziertes Firmenkonstrukt musste skeptisch machen, und dann sah sich Dennis plötzlich auch noch mit der globalen Finanzkrise nach dem Zusammenbruch von Lehmann Bros. und Merrill Lynch 2008 und der irischen Immobilienblase konfrontiert. Er hatte sich Kredite über die Irish Nationwide Building Society besorgt, die unter ihrem alles beherrschenden Chef Mike »Fingers« Fingleton dafür bekannt war, »easy money« für gewagte Spekulationsobjekte zu vergeben, mehr oder weniger auf Ehrenwort und ohne allzu ausgefeilte Sicherheitsüberprüfungen – mitunter bis zu 120 Prozent der grob geschätzten Besicherung. Die Rechercheure Tom Lyons und Richard Curran schrieben in *Fingers. The Man Who Brought Down Irish Nationwide And Cost Us 5,4 Billion Euro* (2013), dass sich Dennis allein für das Juan-les-Pins-Projekt nebst umliegender Appartementinvestitionen von der Irish Nationwide rund 147 Millionen Euro geliehen hatte. Ende 2009 beliefen sich seine Gesamtverbindlichkeiten bei der irischen Bank auf satte 486 Millionen Euro. Solche rein kreditbasierten Investitionen können in Zeiten der Hochkonjunktur funktionieren, erhöhen den Druck auf die Kapitalrendite aber enorm, da Kreditzinsen und alle Baumaßnahmen inklusive Architektenhonorare, Personal und Marketing bezahlt werden müssen. Im Fall von Juan-les-Pins bedeutete das, dass Appartements schon in der Planungsphase in großer Stückzahl hätten verkauft werden müssen, damit ein ausreichender Geldumlauf garantiert war.

Dennis und seine Tochter brachten zunächst einmal die Marketingmaschine auf volle Touren. In der Rue Saint-Barthélemy oberhalb der einstigen »Provençal«-Garage wurde ein opulenter Showroom eingerichtet. Ich war bei einem Besuch allein schon davon beeindruckt, dass kaltes Dusch- und Kranwasser blau und heißes Wasser rot angestrahlt wurde. In dem opulenten Prospekt wurde ein stets bereitstehender Hubschrauber für Skitrips in die französischen Alpen oder zum Golfen auf dem »Provençal«-eigenen Putting Green versprochen, ferner ein exklusiver »Beach Club«, ein gemeinsamer Weinkeller mit Spezialcode und ein Service rund um die Uhr. Der Kaufpreis für die je nach Bauplanung projektierten 50 bis 70 Appartements lag bei zwei Millionen Euro für die Billigvariante ohne Meerblick, 40 Millionen für ein Penthouse unter Nutzung des »Provençal«-Dachs mit Blick auf Korsika.

Am »Provençal« selbst, am »Alba« und dem Gesindehaus, dem zukünftigen »Parc du Cap«, wurden große Plakate mit der Aufschrift »Coming soon« aufgehängt, wobei interessanterweise jeder Hinweis auf Juan-les-Pins fehlte und das Investment komplett dem Cap d'Antibes zugeordnet wurde, vermutlich weil die künftige Klientel aus Russland, den Emiraten und dem Libanon mit Juan-les-Pins nichts anzufangen wusste. So sahen es auch Lyons und Curran:

> In den letzten Jahrzehnten war es mit der Stadt (JLP) ein wenig bergab gegangen, während das angrenzende Cap d'Antibes boomte. Seit den glanzvollen Tagen voller Reichtum und Exzesse, als F. Scott Fitzgerald das Tanzorchester des Provençal als Geiseln nahm und Charlie Chaplin seine Geliebte May Reeves am Strand amüsierte, hatte die Stadt viel von ihrem Fünf-Sterne-Reiz verloren. In Cap d'Antibes gibt es weitläufige Villen, elektrische Zufahrtstore und hohe Hecken, die Wälder von Juan-les-Pins dagegen wurden durch hässliche Siebzigerjahre-Apartmentblocks

> ersetzt, und die wenigen Reichen oder Berühmten, die überhaupt noch herkommen, müssen auf Betonpontons vor dem heruntergekommenen Hotel sonnenbaden.

Das ist nicht ganz korrekt. Die Sandstrände von Juan-les-Pins zählen nach wie vor zu den angenehmsten der ganzen Côte d'Azur, und niemand muss gegenüber dem »Provençal« auf »Betonblöcken« sonnenbaden. 2008 dann *der* Moment für Cyril Dennis: Auf dem Dach der »Provençal«-Ruine hielt er eine internationale Pressekonferenz ab: »Es ist ein Dornröschen, das darauf wartet, dass ihm jemand neues Leben einhaucht«, deklarierte er, »es ist das letzte Juwel am Cap d'Antibes. (...) Hier erwerben Sie keine Wohnung, Sie erwerben einen Lifestyle.« Selbstverständlich hatten Brad Pitt und Angelina Jolie sowie die Beckhams schon Interesse für die teuersten Penthouses gezeigt. Die geladene internationale Luxus- und Reisejournaille berichtete getreulich über »grandiose plans for a spectacular encore« des »Provençal« *(Telegraph)* oder »the most luxurious property ever to be built on the riviera« *(Country Life)*.

Doch bald war der Showroom geschlossen, und es geschah praktisch nichts. Jean Foussat, der beauftragte Chefarchitekt, der schon für Alexandre Reza unzählige Baupläne gezeichnet hatte, die nie umgesetzt wurden, war 2011 auf Nachfrage zum Stand der Dinge ratlos: »Wir haben 2008 mit Mr. Dennis angefangen, die Garagen und an den Fassaden zu bauen, und ein paar Monate später war Schluss. Damals waren so viele internationale Firmen involviert, auch aus Irland, aber jetzt ist ja keiner mehr da. J'en sais rien.« Immerhin gab es noch die Website von Emerald Ventures Limited, auf der die Firma mit jahrelanger Erfahrungen in der Projektentwicklung warb, merkwürdigerweise aber nur das »Provençal«-Projekt vorweisen konnte.[60]

Nur Harry Lewis, ehemaliger Manager von Savills International, war etwas auskunftsfreudiger: »Das Hôtel Provençal gehört überhaupt nicht mehr Cyril Dennis«, erklärte er. Da nur rund 35 Prozent der Appartements vorab verkauft wurden, sei der Geldfluss versiegt, die Anzahlungen der Interessenten mussten zurückgezahlt werden. Das Ganze sei ein »toxic investment project«, mit dem sich nun die NAMA herumschlagen müsse, die halbstaatliche irische National

Asset Management Agency mit Sitz in Dublin. Irgendwann kam dann mit John Caudwell – zumindest für die ehemaligen Gould-Besitztümer in Juan-les-Pins – ein waschechter Selfmade-Milliardär zum Zuge und übernahm die Luxemburger Provençal Investments S.A.

In der Zwischenzeit wurden die »Coming soon«-Schilder am »Provençal«-Komplex zum Running Gag. Dann sah man Cyril Dennis nebst Architekt Foussat und Gartengestalter Alain Faragout 2013 noch einmal auf Fotos in Presseberichten zur Rekonstruktion des »Provençal«. Im März 2016 starb er an einem Herzinfarkt in Florida. Das Hotel war da endgültig und vollständig entkernt, es stand nur noch das Stahlbetongerippe der Außenwände.

Zwei Jahre zuvor war mit John David Caudwell, Jahrgang 1952, der vorerst letzte »Provençal«-Übernehmer an den Start gegangen. Er zählt zu den dreißig reichsten Briten mit einem geschätzten Privatvermögen von rund zwei Milliarden Euro. Caudwell hätte Juan-les-Pins aus eigenen Mitteln ummodeln können, was er aber nicht tat. Vielmehr weist die letzte einsehbare Bilanz (2016) der von ihm übernommenen Luxemburger Provençal Investment S. A. ein Soll von rund 280 Millionen Euro auf. Caudwell konzentrierte sich zunächst auf die schon von Reza projektierten Appartementkomplexe »Parc du Cap« (88 Einheiten) und »Les Oliviers« (das fünfstöckige ehemalige Bedienstetengebäude). »Alles läuft wie geplant«, meldete der *Nice Matin* im Dezember 2017 unter Berufung auf den neuen Chefgestalter Richard Martinet. Tatsächlich wurden die Appartements im eher funktional-unauffälligen Stil, aber mit viel Security und vielen Außen- und Rooftop-Pools 2017 tatsächlich fertiggestellt und unter dem Namen »Caudwell Collection« von Savills vor allem an Interessierte aus dem mittleren Osten verkauft. Die Verkaufspreise lagen bei 599 950 Euro für ein kleines Einzimmerappartement und bei 4,5 Millionen Euro für ein Penthouse, also für die arabische Klientel mit Südfrankreich-Sehnsucht durchaus erschwinglich. Bei meinem letzten Besuch in Juan-les-Pins wirkten die Luxusbauten ziemlich menschenleer, was nicht heißt, dass schlecht verkauft wurde, schließlich wird kaum einer der Käufern hier seinen Hauptwohnsitz nehmen.

Alles in allem passt Caudwell, fünf Kinder aus regulärer Ehe und diversen sonstigen Beziehungen, perfekt zu Juan-les-Pins. Einer BBC-

Reporterin auf der Suche nach dem Lebensstil von britischen Milliardären führte er unbefangen seine »mega mansion« im Londoner Stadtteil Mayfair vor – geschätzter Wert 250 Millionen Euro – mit viel Plüsch und Vergoldungen aller Art und einem megagroßen »Sultan-Bett«, wie er selbst es bezeichnete. Die Reporterin sah im Haus nur wenige Bücher, immerhin die Taschen-Ausgaben von *The Big Book of Breasts* und *The Big Book of Legs* neben dem Bett.

Aber es liegt doch irgendwie ein Fluch auf dem südfranzösischen Erbe der Goulds, denn mit dem eigentlichen »Provençal« läuft es auch für »Sultan« Caudwell nicht glatt. Er hätte das »Provençal« gern, so die letzte Auskunft aus dem Bürgermeisteramt von Antibes, um eine komplette neue Etage aufgestockt, um es mit Penthouses für die Mittelostklientel noch attraktiver zu machen. Doch sein Antrag brachte ihm einen neuen Konflikt mit den hartleibigen Denkmalschutzarchitekten der »Bâtiments de France« ein. Bei der vorerst letzten Stadtratssitzung von Antibes-Juan-les-Pins, bei der es um die ewige Hotelruine ging, wollten einige Delegierte überhaupt nicht mehr zuhören. Der leidgeprüfte Bürgermeister Leonetti drohte, das sei eine »letzte Chance« von Caudwell, der wie seine Vorgänger einen möglichst baldigen Baubeginn versprach.

Nunmehr geplant sind 37 Appartements und 34 »commerces de luxe«. Nach 41 Jahren Hotelruine wieder einmal »Coming soon«. Zuletzt haben Caudwells Baubeauftragte ein neues Gerüst an der Westfassade der Hotelruine aufgestellt und damit begonnen, die noch von Cyril Dennis aufgebauten Garagenpavillons wieder abzureißen und Platz zu schaffen für eine Ladenzeile und ein »Fitnesszentrum«.

Bürgermeister Leonetti hat längst andere Sorgen. Seine Absicht, aus Juan-les-Pins eine Art beruhigtes Ökoparadies zu machen, stößt auf wenig Gegenliebe bei den Ladenbesitzern, vor allem bei Nachtclubmogul Rudy Maman, der zahlreiche Etablissements wie das »Le Village«, das »Le Hemingway« und das inzwischen umgemodelte alte »Whisky à Gogo« (heute »Le Soviet«) besitzt. Er hält Leonetti für »einen netten Kerl, der aber immer nur als angestellter Arzt gearbeitet« habe und wenig Sinn fürs Unternehmertum erkennen lasse. Dem Bürgermeister spielt allerdings in die Hände, dass es in der Hochsaison immer wieder zu Schlägereien und Messerstechereien

Vom entkernten »Provençal« steht nur noch das stabile Stahlbetongerippe; alle umgebenden Bauvorhaben auf dem weitläufigen Gelände der einstigen »Société La Gauloise« sind inzwischen vom neuen Großinvestor John Caudwell realisiert. Die Bezugsfertigkeit der Luxusappartements ist inzwischen für 2024 versprochen – wieder einmal »Coming soon«.

unter den alkoholisierten Gästen der Clubs kommt, zuletzt im August 2019 um fünf Uhr morgens mit 150 Beteiligten und zwei verletzten Polizisten.

Die einst 22 privaten Strandrestaurants wurden inzwischen auf acht reduziert, es soll mehr öffentlich zugängliche Strandabschnitte geben, weniger Parkplätze, mehr Verkehrsberuhigung. Viele befürchten eine konventionelle Verniedlichung des Ortes, so dass Juan-les-Pins bald nur noch aus kulturhistorischer Perspektive von Bedeutung sein wird.

Vorerst letzte Nachrichten aus Juan-les-Pins

Im Sommer 1930 traf Willa Cather, die damals schon sehr gefeierte Romancière des nordamerikanischen Pionierlebens, im Grand Hôtel des Thermalbads Aix-les-Bains auf eine fragile ältere Dame, die allein im Salon des Hotels saß, Zigaretten rauchte und den Kurkonzerten lauschte. Es ergab sich ein Gespräch: Sie habe als junges Mädchen noch Iwan Turgenjew gut gekannt, sagte die zurückhaltende Frau, und ihr Onkel sei auch ein Schriftsteller, *Flaubert*, vielleicht haben Sie von ihm gehört? Nach einigen Momenten des Schweigens dämmerte es Willa Cather: Dies hier konnte nur Caroline Commanville sein, inzwischen verwitwete Franklin-Grout, die häufig angefeindete Nichte, Universalerbin und Nachlassverwalterin von Gustave Flaubert. Für Willa Cather, die überzeugte lesbische Flaubertistin, war es die verblüffendste Begegnung ihres Lebens, und sie schrieb darüber wenige Jahre später eine der perfektesten Kurzgeschichten, die jemals gedruckt wurden: *A Chance Meeting* – ein zufälliges Treffen. Flauberts Nichte übergab ihre Visitenkarte mit der Adresse »Villa Tanit Antibes« und lud Willa Cather ein, sie dort bald einmal zu besuchen. Aber wenige Monate später verstarb sie.

Willa Sibert Cather war im ersten Drittel des 20. Jahrhunderts mehrfach an der Côte d'Azur. Von Le Lavandou etwa verdanken wir ihr ein klassisch-romantisierendes »Unberührtheits«-Porträt. Sie war auch in Le Pradet bei Toulon, wo man noch heute eine wenig bekannte Le-Corbusier-Villa betrachten kann, 1929 konstruiert für die Mäzenin Hélène de Mandrot. »One knows it too well to know it well« war Willa Cather im Gespräch mit Flauberts Nichte eingefallen, bezogen auf *Madame Bovary*, den Roman aller Romane. *Man kennt es zu gut, um es wirklich zu kennen*, das trifft ziemlich exakt auch auf die Côte d'Azur zu. Nicht nur in dem Sinne, dass man sich Orte kulturhistorisch neu erobern kann, die jenseits der üblichen Reiseführer-Schwerpunkte liegen – La Ciotat etwa, wo die Gebrüder

Lumière das moderne Filmwesen in Gang setzten, Le Royal Canadel, über Jahrzehnte das Refugium für Henry Rolls, den Begründer von »Rolls-Royce« und Fluchtort für die Familie von Jacques Chirac im Zweiten Weltkrieg, oder Agay, wo Antoine de Saint-Exupéry eine Zeitlang lebte –, sondern auch im Gefühl einer immer wieder neu erlebbaren Unmittelbarkeit. Jeder Besuch an der Côte ist eine Lektion in philosophischer Lebenspraxis, auch wenn man nicht unmittelbar auf den Spuren von Friedrich Nietzsche in Èze oder Nizza wandelt.

Auf Juan-les-Pins trifft dieser Befund besonders zu, denn jenseits des Carrefour de la Joie oder der Strandpromenade braucht man schon geraume Zeit, um den Ort einigermaßen zu begreifen. In den drei Jahrzehnten, in denen ich viele Male dort war, konnte ich immer wieder neue Entdeckungen machen, etwa rund um die Place Vilmorin, wo sich verfallene Villen mit den Monstrositäten der inzwischen stark beachteten Nachkriegsmoderne (»Le Silvaplana«, »Longbeach«) bruchlos mischen und wohin sich kein Tourist jemals verirrt – es sei denn, er ist schwer betrunken.

Matthew Murison, ein freundlicher, in Südafrika geborener Mann, nimmt mich noch einmal mit auf das Dach des »Provençal«. Er ist ein Veteran der Hotelsaga, hat als Chefplaner schon für Cyril Denis gearbeitet und überwacht nun die Baufortschritte für John Caudwell. Rund 20 Millionen Euro habe man allein dafür aufwenden müssen, das Gebäude stabil zu halten und erdbebensicher zu machen. Nun seien für rund 100 Millionen Euro Aufträge an Subunternehmer, Dienstleister und Architekten zu vergeben. John Caudwell betrachte das Projekt als sein Vermächtnis, auch die möglichst detailgetreue Rekonstruktion des Gebäudes. Ein paar neue Balkone sind schon angebracht, im Planungsbüro wird tatsächlich emsig gearbeitet. Man habe es aber mit einem guten Dutzend Überwachungsbehörden zu tun bis hin zur Leuchtturmverwaltung von Antibes, sagt der Chefingenieur und sieht dabei ein wenig erbittert auf den Strand hinunter, wo Florence Goulds alte Villa Aigue Marine offenbar allen architektonischen Auflagen zum Trotz von einem reichen Russen in eine Art *Spiderman*-Haus verwandelt wurde. Etwas weiter westlich sehen wir das blaue Ungetüm des Hotels Garden Beach, das ebenfalls leer steht, angeblich weil sich die New Yorker Chetrit-Group mit zu geringen Investitionsmitteln verkalkuliert hat. Noch etwas weiter, an der Avenue Alexandre III, sind die Hotelruinen inzwischen verschwunden. Bürgermeister Leonetti und der Stadtrat haben sie im Einvernehmen mit dem saudischen Eigentümer abreißen lassen. Hier ist mit Jean-Pierre Wilmotte ein Stararchitekt für den Aufbau eines neues Appartementquartiers am Start. Die meisten Investoren unterschätzten den Aufwand und die heutige Planungsbürokratie für solche Projekte, sagt Murison. Die Zeiten von Frank Jay Gould und Konsorten, als man ein ganzes Resort ganz einfach neu erfinden konnte, seien endgültig vorbei.

Perdu auch der Zusammenhang von definierten Orten, Künstlern und Intellektuellen. Das »Künstlerdorf« ist heute eine touristische Reminiszenz. Das wird einem klar, wenn man etwa den Band *Juliette Gréco raconte. De Saint-Germain-des-Prés à Saint-Tropez* (2013) mit den Schwarzweißfotos von Georges Dudognon durchblättert: Man sieht Sartre und die Beauvoir, Boris Vian, Errol Flynn, Colette, Brigitte Bardot, Roger Vadim, Romy Schneider, Simone Signoret und Yves Montand, Catherine Deneuve und all die anderen auf engstem Raum, zumeist in Nachtclubs oder am Strand. Der neue Kampf der Geschlechter mit seiner neuen Scheu vor öffentlicher Körperlichkeit hat sich längst in die Social Media verlagert, was nicht zuletzt mit der dichteren digitalen Beobachtung zu tun hat. Das trifft einen Ort wie Juan-les-Pins, der genau von diesen alten Schauwerten lebte, besonders hart.

Doch möglicherweise ist schon eine neue Klientel in Sicht. Im Mai 2015 lud ein chinesischer Unternehmer seine 6400 Angestellten zu einem Betriebsausflug nach Paris und Nizza ein. Insgesamt reservierte der Chef des Mischkonzerns »Tiens-Group« Zimmer in 79 Vier- und Fünf-Sterne-Hotels an der Côte. Die braven Mitarbeiter wurden vom damaligen französischen Außenminister Laurent Fabius empfangen und formierten am Strand von Nizza mit ihren Körpern für eine Luftaufnahme den Spruch »Tiens' dream is Nice in the Côte d'Azur«, was selbst die hartgesottenen Redakteure vom *Nice Matin* in Erstaunen versetzte. Das Blatt war in den letzten Jahren mehrfach in Insolvenzverfahren und stand kurz davor, in die

Hände des rechts orientierten französisch-libanesischen Marine-Unternehmers Iskandar Safa zu fallen, bis sich 2019 mit dem Telekom-Milliardär und Macron-Freund Xavier Niel ein anderer Retter fand.

Bei den französischen Lokalwahlen – *élections municipales* – von 2020 gewann Jean Leonetti in Antibes mit 53 Prozent der Stimmen bereits im ersten Wahlgang. Der Kardiologe und Ex-Minister war 2019 auch nationaler Interimsvorsitzender der Républicains, jener einst staatstragenden Partei in Frankreich, die seit der Affäre um den Beinahe-Staatspräsidenten François Fillon in ihren Grundfesten erschüttert ist. Am Ende seiner fünften Amtsperiode wird er rund dreißig Jahre lang Bürgermeister von Antibes gewesen sein. Auch die anderen lokalen Schwergewichte an der Côte – Estrosi in Nizza, Lisnard in Cannes, Guibal in Menton – wurden ohne große Mühen wiedergewählt mit einer Ausnahme: In Marseille kam Michèle Rubirola, »eine perfekte Unbekannte« *(Le Monde)*, mit einem linksgrünen Bündnis ans Ruder – allerdings war Bürgermeister Jean-Claude Gaudin nach 25 Jahren Amtszeit gar nicht wieder angetreten.

Es ist verblüffend, wie sich die Wahlprogramme aller Parteien und Wählerbündnisse von links bis ganz rechts an der Côte angeglichen haben. Alle sind inzwischen für nachhaltige Siedlungsplanung – *éco-quartiers* – mit mehr Parks, mehr Radwegen und weniger Beton. So ist auch Leonettis Lieblingsprojekt, eine völlig neue Stadtmitte in der Altstadt von Antibes (Projet »Marenda Lacan«) konzipiert. Mit elf Prozent der Stimmen war der Zweitplatzierte bei den Bürgermeisterwahlen in Antibes weit abgeschlagen; dem Apotheker vom Rassemblement National war nichts anderes übrig geblieben, als für weniger »Immigranten« zu plädieren (an der Côte eine in jeder Hinsicht vergebliche Forderung) und dem Bürgermeister Leonetti vorzuwerfen, dass er das Nachtleben und damit die kommerzielle Grundlage von Juan-les-Pins zerstöre. Zuletzt hatte sich Leonetti für die behördliche Schließung der drei traditionellen Snackbars am Boulevard de la Pinède starkgemacht, weil deren jugendliches Publikum in Coronazeiten schwer zu kontrollieren sei. Es zeigte sich mit der Coronapandemie zudem, wie stark die Französische Riviera vom Dienstleistungsgewerbe (Hotellerie, Gastronomie, Messen, Festivals) abhängig ist, der Lockdown traf hier kleine Angestellte, Saisonkräfte und Kneipiers besonders hart.

All diese Entwicklungen müssen die Oligarchen, Emire und Industriellen in ihren Villen und Gated Communities nicht weiter kümmern. Allzu obszöner Reichtum ist ohnehin nicht mehr angesagt, obwohl es ihn gerade an der Côte natürlich noch gibt. Besonderer Clou: Zuletzt ankerte die »Flying Fox«, plus 400-Quadratmeter-Spa mit Hammam und »Cryo-Sauna« auf zwei Etagen, vor der Insel Porquerolles. Als die Vegesacker Lürssen-Werft die schnittige Gigajacht 2019 auslieferte (136 Meter lang, 54 ständige Besatzungsmitglieder für 22 Gäste, zu chartern für 4,2 Millionen Dollar pro Woche), ließ Amazon-Chef Jeff Bezos schnell die Gerüchte dementieren, er sei der eigentliche Besitzer. Das Geschäft mit Luxusimmobilien boomt wie eh und je. Zuletzt waren die Villa des inzwischen verstorbenen Sir Sean Connery in Nizza für rund 30 Millionen Euro und das wahrscheinlich exklusivste Anwesen an der Côte auf dem Markt: »Le Grand Jardin«, das einzige private Grundstück auf der Île Sainte-Marguerite vor Cannes, mit Turm aus dem Hochmittelalter und einem 14 000 Quadratmeter großen botanischen Garten. Einige Jahre war diese Perle im Besitz des indischen Brauerei-Tycoons Vijay Mallya (bekannt als schriller »king of good times« und Eigentümer des Formel-1-Rennstalls »Force India«), der allerdings nach multiplen Betrugs- und Geldwäschevorwürfen vom indischen Staat gejagt wird. »Le Grand Jardin« wurde vor ein paar Monaten von der in der Schweiz residierenden »Ultima Collection« aus der Konkursmasse aufgekauft zwecks Ausbau zum ultimativen Wellness-Resort. Und Pierre Cardin, der im Dezember 2020 verstorbene Mode-Unternehmer, hatte noch zu Lebzeiten für sein von Antti Lovag entworfenes retro-futuristisches »Palais Bulles« in Théoule-sur-Mer bei Cannes 350 Millionen Euro erzielen wollen – es ist noch immer zu haben.

Nimmt man alle soziologischen und kulturhistorischen Anzeichen zusammen, dann lässt sich vorsichtig prognostizieren, dass die Côte d'Azur noch stiller, wohlhabender, globaler, weniger populär werden und mehr auf umfassendes *good life* ausgerichtet sein wird für diejenigen, die es sich leisten können. Als die Ethnologin und Reiseschriftstellerin Jane Rouch 1974 ihren heute noch lesenswerten

Essayband *Chacun sa Côte d'Azur* (Jedem seine Côte d'Azur) publizierte, in den harten Zeiten der *bétonisation,* als schon erste Slogans wie »Tourists go home« oder »Verboten für Hippies und andere Vagabunden« kursierten, ließ sie ihr Buch versöhnlich enden: »An seinen beruhigenden Ufern lädt uns das Mittelmeer ein, die Ewigkeit im Augenblick zu leben und ohne Chichi zu sterben. Ohne sich aufzuregen oder sich Fragen zu stellen.«

Man ahnt, was sie damit meinte. Wahrscheinlich kann man sich an der Côte d'Azur aber noch mehr Fragen stellen als anderswo – an sich selbst, die Gesellschaft, die »geglückte Biographie«. Sie wird daher wohl eine sehr privilegierte Küste bleiben – vor allem am Cap, in Antibes und Juan-les-Pins.

DANK

Für die Produktion des Dokumentarfilms über das Hôtel Provençal waren Georg Feil, Frank Döhmann, Heike Bachelier (Colonia Media, Köln) verantwortlich sowie Olaf Grunert, Stefan Widuwilt, Hans-Helmut Hillrichs (ZDF/arte) und vor allem Malika Rabahallah (HMR Produktion). Für die Mitarbeit an den intensivierten Recherchen in den zwei Jahrzehnten danach danke ich Mia Paetzold, Katharina Bergmann, Anne Thoma, Dieter Anschlag, Julie Charvet, Carina Steinmetz, Christopher Albrodt, Hermance Grémion, Theresa Petrausch, Hajo Schomerus, Dirk Wojzik und Stavros Charitidis; für weiterführende Gespräche und Auskünfte in Antibes beziehungsweise Paris: Jean Leonetti, Olivier Darcq, Marianne Estène-Chauvin, Rudy Maman, Matthew Murison, Gabriele Quandt, Jean-Sébastien Tisserand, Renaud Duménil, Monique Thollot und Dominique Jando. François Uhrich hat die App »Antibes à Contretemps/Back in Time« entwickelt, deren umfangreiche fotografische Sammlung für die Einschätzung der architektonischen Entwicklung in Antibes, am Cap und in Juan-les-Pins sehr gewinnbringend war.

Christian Wagener (HMR Produktion, Berlin) hat nach seiner tragenden Mitarbeit am Filmprojekt für dieses Buch die Kapitel über die Biografien der Goulds und das zweite Jazz Age von Juan-les-Pins konzipiert sowie an den Schlusskorrekturen mitgewirkt – ihm gilt mein besonderer Dank.

Besten Dank zudem an die hilfreichen Kolleginnen und Kollegen vom Bundesarchiv Berlin, den Archives départementales des Alpes-Maritimes und den Archives municipales d'Antibes Juan-les-Pins.

Hanna Leitgeb, Annette Anton und Ditta Ahmadi haben die Entstehung dieses Buches über einen längeren Zeitraum ebenso engagiert wie geduldig betreut, auch dafür mein herzlicher Dank.

Lutz Hachmeister

Köln/Antibes, im Winter 2020

ANMERKUNGEN

1 *Im Sommer machst du Urlaub in Juan-les-Pins/Und dein raffinierter Oben-ohne-Badeanzug/Schenkt dir nahtlose Bräune an Rücken und Bein.*

2 *Aber wohin reist du, meine Schöne,/Liegst du allein in deinem Bett?/Erzähl mir von den Gedanken, die dich beschäftigen/Ach, könnte ich doch in deinen Kopf hineinsehn.*

3 Schon der Autor und Filmkritiker Jacques Audiberti (1899–1965), ein echter Sohn der Stadt Antibes, nach dem dort inzwischen ein respektabler Literaturpreis benannt ist, hielt Juan-les-Pins in seinen tagebuchähnlichen Aufzeichnungen *Cent jours* (1948) für einen »bizarren Namen«. Audiberti verfasste bereits als 16-Jähriger Gedichte und Glossen für das Lokalblatt *Le Réveil d'Antibes*. In seiner Jugendzeit, so erinnerte er sich, sei »nobody« im Sommer am Strand von Juan gewesen. Die spätere Invasion von Angloamerikanern ironisierte er mit deutlichem Missfallen: »Bombasterton, Cadillac, Chrysler, Buick, Studebaker, Lincoln … pullman, dollars … du drug store, de l'ice cream et du *Sunday Magazine*.«

4 Das Hotel kam 2014 in die Schlagzeilen, weil die Oetker-Gruppe den langjährigen Hotelchef Jean-Claude Irondelle nach der Pensionierung beschuldigte, in Unterschlagungen zu seinen Gunsten verwickelt zu sein – in Irondelles Amtszeit konnte man nur bar bezahlen, auch für eigentlich selbstverständliche Extraleistungen. Der damals 85-jährige Ex-Hotelmanager bestritt die Vorwürfe. Man einigte sich schließlich stillschweigend.
Das Grand Hôtel du Cap nebst Schwimmbad ist ein Paradies für Paparazzi und professionelle Modefotografen – von Slim Aarons geometrischen »Poolside«-Bildern bis zu den üblichen Paaraufnahmen der jungen Romy Schneider mit Alain Delon, Yoko Ono mit John Lennon oder Philosoph Bernard-Henri Lévy mit Schauspielerin-Ehefrau Arielle Dombasle. 2016 preschte während des Filmfestivals von Cannes ein Schlauchboot mit ISIS-Flagge und vermummten Gestalten auf das Felsenschwimmbad Eden Roc zu, was verständlicherweise bei den Gästen Panik hervorrief.

5 Als Gesamtkunstwerk und ästhetisch-intellektuelle Schule des mediterranen Denkens war schon Anfang der 1930er Jahre von dem Maler Amédée Ozenfant gemeinsam mit Erich Mendelsohn und Henricus Wijdefeld und unter Beteiligung von Le Corbusier die Académie Européenne Méditerranée in Cavalaire-sur-Mer geplant worden. Das Projekt kam nicht zustande, weil 1934 auf dem für die Akademie vorgesehenen Grundstück Waldbrände ausbrachen.

6 Repräsentiert etwa durch die Bestseller *Ein Jahr in der Provence* und *Ein guter Jahrgang* von Peter Mayle. Nach Letzterem entstand Ridley Scotts Kinofilm *A Good Year* mit Russell Crowe und Marion Cotillard, über den der Filmkritiker des *Le Parisien* mokant schrieb: »Jeder weiß, dass die Franzosen launisch und schmutzig sind, Espadrilles tragen und einen R4 fahren (…). Zum Glück können sie das Leben und einen guten Wein genießen.«

7 Mafia-Forscher sind sich weitgehend einig, dass es eine eigenständige, autochthone französische Mafia an der Côte nicht gibt, nimmt man den Sonderfall der »French

Connection« in Marseille einmal aus. Allerdings war und ist die Côte ein Rückzugsort für Kriminelle aller möglichen italienischen Mafia-Organisationen. Führende Köpfe von 'Ndrangheta, Camorra und Cosa Nostra wie Paolo di Stefano, Antonio Calderone oder Rolando Tortaro konnten in den 1980er Jahren am Cap d'Antibes beziehungsweise in Nizza festgenommen werden.

8 Wo die Côte d'Azur, vom Westen aus gesehen, aufhört, ist allgemeiner Konsens, nämlich in Menton, wo sie beginnt, allerdings nicht. Marseille als Hafenmetropole mit orientalisch-nordafrikanischem Einschlag wird von den meisten Autoren exkludiert, danach sind der geografischen Fantasie keine Grenzen gesetzt. Jean-Jacques Antier lässt die Côte bei Les Lecques nahe Bandol beginnen, Albert Flament meint, sie beginne »bei den Ruinen der römischen Kolonie« in Fréjus, andere beliebte Kandidaten sind Cassis oder Hyères. Was den touristischen Zustrom anlangt, kann man zwei Kernzentren fixieren: die Bucht von Saint-Tropez und die Küste von Cannes bis Menton. Übergeordnet ist die Region Provence-Alpes-Côte d'Azur (PACA) mit Hauptsitz in Marseille, die sechs Départements (Var und Alpes-Maritimes an den direkten Küsten) mit rund fünf Millionen Einwohnern umfasst und zuletzt im Zuge der französischen Regionalreform mit dem Zusatz »Sud« versehen wurde. Dazu kommen zwei Präfekturen, in Toulon und Nizza, mit denen die Pariser Zentralmacht repräsentiert wird. Der 2011 entstandene Gemeindeverband Métropole Nice Côte d'Azur hat rund 540 000 Einwohner, Nizza selbst nur 345 000. Die komplexe Gliederung der Region ergibt zahlreiche Posten für jeweils treue Parteigänger und Funktionäre.

9 Einen Höhepunkt absurder Investmentträume für die Französische Riviera bilden wohl Überlegungen von Alfried Krupp von Bohlen und Halbach. Dieser habe Ende der 1950er Jahre, so erzählt jedenfalls der Krupp-Biograf William Manchester, nach Evaluationen für Kapitaleinsätze in Holland oder Kanada im Gespräch mit seinem Generalbevollmächtigten Berthold Beitz den Wunsch geäußert, so ziemlich die gesamte Côte zu erwerben: »In einem Ton, als ob es um einen neuen Sportwagen ginge, der ihm gefiel, murmelte Alfried, dass er daran denke, die Riviera zu kaufen. ›Alles?‹, keuchte sein Adjutant. Alfried steckte sich eine neue Camel an. Er hatte sich mit Fritz von Opel und Graf Zeppelin unterhalten. Man war sich einig gewesen, dass die Ferien in Europa immer länger und häufiger wurden, also würde die Riviera eine prächtige Kapitalanlage sein. Zuerst sollte man für die Côte d'Azur ein Angebot machen. Die Preise für bestimmte Grundstücke waren künstlich gedrückt worden (Krupp gab niemals seine Informationsquellen preis, nicht einmal Beitz gegenüber), und mit einer geschickten Aktion, die durch den geeigneten vorgeschobenen französischen Vordermann gedeckt würde, könnte man vielleicht alles auf einmal bekommen – Strände, Sonnenschirme, Hotels, Vergnügungsparks: eben alles miteinander.«

10 Siehe Fonds Louis Jourdan. Die Jourdans waren eine Dynastie von Glasfabrikanten, die später mit der Liquidation der Société foncière beauftragt war.

11 Dies setzte sich dann mit der Fotografie fort beziehungsweise ging in diese über: Für die Extreme stehen hier Lisette Model, die in Nizza 1934 reiche Gäste bewusst unsexy ablichtete, und David Hamilton, der in den 1960er Jahren mit weichgezeichneten Fotos von »jungen Nymphen« an den Stränden von Saint-Tropez und Ramatuelle weltbekannt wurde. Nach diversen verspäteten Missbrauchsvorwürfen brachte sich der 83-jährige Hamilton 2016 in Paris um.

12 Charles Garnier (1825–1898), der stilprägende Architekt im Second Empire Napoleons III., konstruierte auch die Oper von Monte-Carlo, das Observatoire de Nice

und für sich selbst einen Villenkomplex im neoflorentinischen Stil nebst minarettähnlichem Aussichtsturm (»mon mirador«) in Bordighera.

13 Jacques Lebaudy, 1868 in Paris geboren, entstammte einer sehr vermögenden nordfranzösischen Bankiers- und Zuckerfabrikantendynastie. Mit dem Erbe seines Vaters, das er durch Börsenspekulationen vermehrt hatte, unternahm er 1903 eine Sahara-Expedition und landete mit einigen wenigen Getreuen an einer menschenleeren Bucht auf dem heutigen Staatsgebiet von Mauretanien. Dort rief er sich zum Kaiser Jacques I. aus und ließ eine Fantasieflagge entwerfen. Obgleich die Expedition komplett scheiterte, geisterte »Kaiser« Lebaudy noch einige Zeit an europäischen Fürstenhöfen umher, bevor er 1919 auf Long Island in den USA von seiner Ehefrau erschossen wurde, nachdem er den Wunsch geäußert hatte, seine eigene Tochter zu heiraten und mit ihr weitere Nachkommen zu zeugen. Tochter Jacqueline starb als letzte Überlebende des Familiendramas 1974 in Nizza.

14 Im Juli 1925 brachte der Schriftsteller Ford Madox Ford seine damalige Geliebte Jean Rhys (Ellen Gwendolen Rees Williams, 1890–1979) als Gesellschafterin der Hausdame bei den Hudnuts im Château Juan unter. Das ging gut, bis es zu Annäherungsversuchen des alten Hudnut kam. Rhys, geboren auf der Karibikinsel Dominica, wurde später vor allem in feministischen Kreisen durch ihren Roman *Das wilde Sargassomeer* (1966) wiederentdeckt.

15 Schon in den *Travels Through France and Italy* (1766) des schottischen Arztes und Literaten Tobias Smollett spielten religionspolitische Fragen eine Rolle. Smollett, von seinem Schriftstellerkollegen Laurence Sterne als »Smelfungus« verunglimpft, beschuldigte den katholischen Klerus von Nizza darin, Mörder, Räuber und Bankrotteure mit offenen Armen zu empfangen, und generell beschwerte er sich über die ungebildete Oberschicht der Stadt und die mangelnden hygienischen Verhältnisse dort. Dennoch hat sein Reisebericht in Briefform zahlreiche britische Adlige dazu animiert, nach Nizza zu reisen. Ein frühes klassizistisches Gebäude an der Promenade des Anglais, das für eine britische Adlige gebaut wurde, ist die Villa Furtado-Heine, errichtet 1787 für Lady Penelope Rivers, 1792 dann von den französischen Truppen requiriert, heute im Besitz des französischen Verteidigungsministeriums.

16 Die Aufenthalte wurden noch einmal mit zahlreichen Fotobelegen in der jüngsten Ausstellung des Picasso-Museums in Antibes nachvollzogen; vgl. *Les vacances de monsieur Pablo. Picasso à Antibes Juan-les-Pins, 1920–1946*, Paris 2018.

17 Der Nachlass von Frank Jay Gould ist weit verstreut und die Florence Gould Foundation in Bezug auf historiografischen Auskünfte außerordentlich abweisend. Ich konnte noch einige Gould-Briefe aus den 1950er Jahren via Ebay ersteigern, aus denen hier zitiert wird.

18 Siehe zur Fundierung über »die Legende Bardach« und sein »orthobiotisches Serum« (OBS) auch: »Der Unfug des Sterbens«, in: *Der Spiegel* 46/1950.

19 Zahllose zeitgenössische Urteile und Tiraden über Jay Gould von Bankern und Börsianern, Politikern, Journalisten und Schriftstellern sind überliefert – unmissverständlich, feindselig bis hasserfüllt zu Lebzeiten und auch lange nach seinem Tod im Jahr 1892. Ein Image, das eine Folge sich selbst bestätigender abträglicher Presseberichte und einer Reihe von fahrlässig recherchierten Biografien in den Jahrzehnten nach Goulds Tod war. Die Gould-Legende wurde dann zunächst in Julius Grodinskys *Jay Gould: His Business Career* (1957) und 1986 vom US-Historiker Maury Klein in seiner für den Pulitzer-Preis nominierten Biografie *The Life and Legend of Jay Gould* infrage gestellt. Edward Renehan jun. griff das Thema 2006

in *Dark Genius Of Wall Street: The Misunderstood Life Of Jay Gould, King Of The Robber Barons* erneut auf. Renehan zitiert beispielsweise den New Yorker Banker Jesse Seligman aus einem Zeitungsinterview von 1892 (erschienen eine Woche nach Goulds Beerdigung): Für ihn sei Gould »der am meisten missverstandene, wichtigste und komplexeste Unternehmer dieses Jahrhunderts« gewesen. »Wenn Gould ein Sünder war, wer genau waren die Heiligen?« War er einfach ein überambitionierter Finanzier, so Renehan, in einer weitgehend unregulierten Wirtschaft, in der es einen Finanzcodex, den seine eigenen Deals nach sich zogen, noch gar nicht gab?

20 Schillernde Namen und Gewinner während des Gilded Age, der wirtschaftlichen Boomphase von den 1870er Jahren bis zur Jahrhundertwende: Der Commodore Cornelius Vanderbilt (1794–1877), Reeder und Eisenbahnunternehmer, Inbegriff des »Raubritters«, Goulds Intimfeind und ein berüchtigter, vulgärer alter Mann. Daniel Drew (1797–1879), der fromme Methodist mit dem miserablen Englisch, zunächst Viehhändler, später Spekulant, der auch in Erinnerung blieb, weil er seine Rinderherden mit versalzenem Futter durstig machte und sie dann kräftig trinken und so an Gewicht zulegen ließ, so dass die Metzger in Manhattan für mehr Fleischgewicht zu zahlen hatten. Die Praxis der *watering stocks* fand sich bald als Börsenausdruck wieder und bezeichnete den Verkauf von Aktien zu überhöhten Preisen. Oder James »Big Jim« Fisk (1834–1872), ein weiterer Spekulant, bekannt als Mann ohne Bildung, Geschmack und Benehmen, der mit 37 Jahren von einem Freund seiner Geliebten am Broadway erschossen wurde.

21 Seinen Ruf an der Börse hatte Jay Gould schon 1869 bei dem spektakulären Hinterhalt des »Gold Corner« ruiniert. Hier ging es darum, den Goldmarkt zu »cornern«, das heißt, den Markt mit massiven, oft von Strohmännern ausgeführten Käufen zu manipulieren. Gould und Jim Fisk gingen davon aus, dass die Regierung um Präsident Ulysses Grant nach Ende des Bürgerkriegs Kriegsanleihen mit Gold zurückkaufen würde – zum Schuldenabbau und zur Stabilisierung der Wirtschaft. Durch Bestechung von Mittelsleuten versuchten sie die Goldgeschäfte der Regierung zu verzögern, um Zeit zum »Cornern« zu gewinnen und den Markt unter ihre Kontrolle zu bringen. Präsident Grant erkannte die Spekulation und veranlasste am »Schwarzen Freitag«, dem 24. September 1869, einen Anleihenrückkauf mit Gold in Höhe von vier Millionen Dollar. Innerhalb von Minuten fielen die Kurse und lösten eine Finanzpanik aus, stürzten viele Anleger in den Ruin und das Land in wochenlange Finanzturbulenzen. »Boss« Tweeds Anwälte sorgten allerdings dafür, dass die Verschwörer Gould und Fisk nicht weiter belangt wurden. Fisk sagte später: »Wir haben nichts verloren außer unserer Ehre.«

22 Das aus Erbschaftssteuergründen sehr niedrig geschätzte Vermögen, das Gould seinen Kindern hinterließ, belief sich auf 72 Millionen Dollar. In der Liste »Die reichsten Amerikaner aller Zeiten« (*CNN money*, 2014) steht er mit auf heutige Verhältnisse umgerechneten 78,3 Milliarden Dollar auf Platz zehn – vor Bill Gates, Henry Ford und Warren Buffett. Bis zum Ende war Jay Gould mit seinem Testament befasst, nach dem jedem der sechs Kinder ein Sechstel an der Erbmasse zugesprochen wurde. George, Edwin, Howard und Helen wurden zu Testamentsvollstreckern ernannt, George und Helen zu Erziehungsberechtigten von Anna (17 Jahre) und Frank Jay (15 Jahre). Oberstes Ziel war auszuschließen, dass irgendein Außenstehender Mitspracherechte bei den Familiengeschäften bekam. Sollte Helen beispielsweise keine Kinder bekommen, würde ihr Anteil unter den bei ihrem Tod noch

lebenden anderen Gould-Kindern aufgeteilt werden. Kein einziger Cent ging an Bedienstete, öffentliche Einrichtungen oder Wohltätigkeitsorganisationen.

23 Helen Gould war ein besonderer Fall. Sie hatte die biedere, bornierte Weltanschauung der Mutter aus dem besseren Viertel von Murray Hill übernommen und teilte deren konservative Werte. Sie war es, die früh Verantwortung im Haushalt übernahm, die Jay Gould auf seinen Geschäftsreisen begleitete, nachdem die großen Brüder angefangen hatten für ihn zu arbeiten. Für Jay Gould war sie die Favoritin, die er vor Verehrern und Mitgiftjägern beschützen musste. Helen hatte allerdings gar kein Interesse an Männern, denn sie vergötterte ihren Vater. Als George nach dessen Tod die Finanzen der Familie managte, kümmerte sich Helen, 24, als tugendhafte Ersatzmutter um die Erziehung der Jüngeren und um das Spirituelle, denn in Kirche und Religion schien sie ihre Bestimmung gefunden zu haben. Sie trat matronenhaft auf und wirkte »schlicht, etwas füllig, wenig interessiert an ›Gesellschaft‹«. Die Häuser in der Fifth Avenue und Lyndhurst ließ sie konsequent religiös umdekorieren, Alkohol und andere Genussmittel waren verboten. Ihr dogmatisches, übergriffiges Verhalten erzeugte bald Spannungen unter den sechs Kindern. Anna, Frank und auch Howard waren lieber bei ihrem ältesten Bruder George und suchten, wann immer sie konnten, Helens Aufsicht zu entkommen. 1913, mit 45 Jahren, sollte Helen doch noch den Eisenbahnmanager Finley Johnson Shepard von der – auch von Jay Gould gebauten – Missouri Pacific Railroad heiraten. Die beiden adoptierten drei Kinder und nahmen zudem ein Pflegekind auf. Mrs. Finley J. Shephard, die frühere Helen Gould, starb 1938 mit siebzig Jahren an den Folgen eines Schlaganfalls. »Eine außergewöhnliche Tochter eines außergewöhnlichen Vaters, aus einer außergewöhnlichen Familie«, schrieb die *New York Times*.

24 George Jay I., der Älteste, war von Jay Gould naturgemäß bevorzugt worden, da er ihm in der Firma nachfolgen sollte. Bald wurde aber klar: Für ein Leben ausschließlich in der Finanzwelt war George, anders als sein Vater, nur bedingt geeignet. Er war ein Dandy, ein extrovertierter Typ mit Kutschen, Pferden und einer Jacht. Er zog sich modisch an, ging in den American Yacht Club, den Jay Gould gegründet hatte, nachdem man ihm die Mitgliedschaft im exklusiven New York Yacht Club verweigert hatte, und ins Theater. Bei einer Vorstellung im Daly's Theatre im November 1884 verliebte er sich unsterblich in die zwanzigjährige Edith Kingdon, die »dunkle Schönheit mit der *hourglass figure*«, eine unbekannte Schauspielerin aus Brooklyn. Für Helen, Georges Mutter, war diese »Mésalliance« ein regelrechtes gesellschaftliches Drama. Für sie galt: Söhne aus vornehmen, alten New Yorker Familien heiraten keine Schauspielerin, unter keinen Umständen. Doch ihr Lamentieren half nichts, im Winter 1885 fand die Hochzeit statt. 1896 kaufte George 40 Hektar Land im modischen Lakewood (New Jersey) und baute den schlossähnlichen Georgian Court mit 30 Schlafzimmern, Tennis-, Squash-, Golf- und Poloplätzen, Reithalle, Turnhalle, Schwimmbad und Kegelbahn. George und Edith hatten sieben Kinder, darunter Jay Gould II., Tennis-Weltmeister und 1908 Olympiasieger von London, als Tennis noch Jeu de Paume hieß. George hatte überdies eine Geliebte, Guinevere Jeanne Sinclair hieß sie und war ein Gaiety Girl, wie die Chormädchen in britischen Komödien Ende des 19. Jahrhunderts hießen. Er kaufte ihr ein Tudorhaus in Rye, nördlich von New York, hatte drei Kinder mit ihr und heiratete sie ein halbes Jahr nach dem Tod seiner ersten Frau.

Mit Edith Kingdon, der »dunklen Schönheit«, hatte es ein tragisches Ende genommen. Viele Jahre war sie mit allen damals vorhandenen Mitteln gegen ihre

Gewichtsprobleme vorgegangen. Am 14. November 1921 brach sie nach einer Herzattacke auf dem Golfplatz in Lakewood zusammen und starb, wie sich herausstellte, eingeschnürt in einen Ganzkörper-Gummianzug. Sie wurde 57 Jahre alt. Um Klatsch und übler Nachrede zu entfliehen, die eine frühe Wiederheirat hervorrufen würde, zogen George, Guinevere und die Kinder nach England, dann nach Schottland. Auf einer Reise nach Frankreich und Ägypten erkrankte George an einer Lungenentzündung und starb am 16. Mai 1923 in Menton. Der Leichnam wurde ins Gould-Mausoleum nach Woodlawn überführt. Die zweite Ehe hatte kein Jahr gedauert.

25 Im Gegensatz zu George, der schon früh im Büro anfing und dort relativ planlos von Mitarbeitern ausgebildet wurde, machte der zwei Jahre jüngere Edwin einen Bachelorabschluss an der Columbia University. Anders als der große Bruder war Edwin zurückhaltend und öffentlichkeitsscheu, aber charakterstark und scharfsinnig wie der Vater. Er half George bei der Führung der Geschäfte nach dem Tod Jay Goulds 1892. Kurz zuvor hatte er Sarah Canting Shrady geheiratet, eine Arzttochter aus der New Yorker Mittelklasse. Er hatte zwei Söhne, verdiente und spendete Millionen, lebte unauffällig und starb an einer Herzattacke nach dem Abendessen.

26 Howard, der an der Columbia-Universität studiert hatte und ebenfalls Jachtbesitzer sowie Mitglied eines Jachtclubs war, hatte es im Winter 1893 in Charles Frohman's Empire Theater eine schöne Jungschauspielerin angetan. Sie nannte sich Odette Tyler – ihr wirklicher Name war Bessie Kirtland –, erhielt im März 1894 einen Antrag von Howard sowie einen 9500-Dollar-Rubinring und wurde der Familie vorgestellt. Die Reaktion ihrer potenziellen Schwägerin hatte sie nicht erwartet. Helen machte aus ihrer Abneigung gegen Schauspielerinnen kein Geheimnis, ein gefundenes Fressen für die Klatschpresse, die schließlich eine frühere Scheidung ans Licht brachte. »Sie ist eine Geschiedene!«, empörte sich Helen und setzte einen Privatdetektiv auf die missliebige Schwägerin an. Der fand zwar nichts heraus, doch Miss Tyler hielt den Angriffen nicht stand und trennte sich von Howard. Der entfernte sich nun noch mehr von der Familie und heiratete bald nach der Episode mit Odette im Oktober 1898 eine andere Schauspielerin. Es war wohl seine Form der Auflehnung. Katherine Clemmons war ohne Frage anspruchsvoller als Odette Tyler und hatte eine Traumfigur, war als Schauspielerin aber ein Flop. Als Helen, unterstützt von Georges Frau Edith, sich wieder gegen seine Heiratspläne stellte, brach Howard endgültig mit der Familie. Die Ehe mit Katherine nahm einen katastrophalen Verlauf und endete 1909. Howard wandte sich nun nach England und ging von 1937 bis 1947 eine zweite Ehe ein, wieder mit einer Schauspielerin. Diesmal war es eine Künstlerin mit Talent, nämlich die in den 1930er Jahren nach London emigrierte Berliner Theater- und Filmakteurin Grete Mosheim. Nach Amerika kehrte George erst ganz am Ende seines Lebens zurück. Er starb im September 1959 mit 88 Jahren in New York als letztes der sechs Gould-Geschwister.

27 Anna Gould war charakterlich das Gegenteil ihrer Schwester Helen. Zwar war sie keine Schönheit, wie alle Gould-Frauen, ihre Haltung war schlecht, sie war klein und »ein wenig robust«, dafür aber eine temperamentvolle Dame der Gesellschaft, offen interessiert an jungen Männern und überhaupt an allen Gelüsten und Genüssen um sie herum. 1894 lernte sie in Paris Marie Ernest Paul Boniface, genannt Boni, Graf von Castellane-Novejean kennen. Der französische Lebemann aus altem Adel lebte verschwenderisch und liebte extravagante Frauen und teure

Kunstobjekte, die er sich allerdings nicht leisten konnte. Er hatte Schulden und sich in den Kopf gesetzt, Anna zu heiraten. Helen war natürlich dagegen, dennoch wurde am 4. März 1895 – Anna war gerade 20 Jahre alt – die farbenprächtige Hochzeit gefeiert. Sie war *das* gesellschaftliche Ereignis in New York. Nach der Hochzeit zogen der Graf und die Gräfin de Castellane nach Paris, bekamen vier Kinder, und Boni gab das Geld seiner Frau großzügig aus für Feiern mit Tausenden von Gästen, für das Château du Marais (1779) im Département Essonne und das Château de Grignan in der Provence, vor allem aber für den Bau des prunkvollen Palais Rose auf einem Stück Land in der allerfeinsten Ecke von Paris, in der heutigen Avenue Foch, Ecke Avenue de Malakoff. Vorbild war der Grand Trianon, das Lustschloss im Park von Versailles. Nach nur fünf Jahren hatten Boni und Anna Schulden in Höhe von 4,485 Millionen Dollar angesammelt. George, Finanzchef der Familie, gewährte Anna ein Darlehen und kürzte ihr die Zahlungen aus dem Nachlass auf monatlich 20 000 Dollar. Bonis zahllose Frauengeschichten taten ihr Übriges. Anfang 1905 zog Anna ohne Ankündigung mit den Kindern, den Möbeln, Bonis Gobelinwandteppichen und dem Sèvresporzellan aus. Im November 1906 war die Scheidung vollzogen. Natalie Clifford Barney, US-Millionenerbin und Schriftstellerin, die 1898 nach Paris ging, einen Salon in der Rue Jacob eröffnete und dort den beiden begegnete, urteilte: »Sie ist das schmutzigste Geschöpf, das ich je gesehen habe, und er das geistloseste. Was für ein Paar.« Auch wenn Anna bekanntermaßen Frankreich und die Franzosen nicht mochte, heiratete sie 1908 noch einmal einen, und zwar Bonis Cousin Marie Pierre Louis Hélie de Talleyrand-Périgord, Herzog von Talleyrand und Sagan. Die Ehe war glücklich, sieht man ab vom Selbstmord des Sohnes Howard de Talleyrand-Périgord, der sich 1929 mit 19 Jahren in Paris erschoss, weil ihm die Eltern die Heiratserlaubnis verweigerten. Der Herzog war fast 40 Jahre älter als Boni, weniger exzentrisch und wesentlich wohlhabender. Nachdem Hélie 1937 gestorben war, ging Anna 1939 zurück in die USA nach Lyndhurst, das sie von ihrer 1938 verstorbenen Schwester Helen übernommen hatte. 1961 schenkte sie Lyndhurst dem National Trust for Historic Preservation. Heute kann man auf dem Anwesen heiraten, Spielfilme drehen oder es einfach nur besichtigen. Anna starb 1961 und wurde in Paris auf dem Friedhof von Passy an der Place du Trocadéro begraben.

28 Obwohl es bereits zwei Casinos in Nizza gab, die großartige »Jetée-Promenade«, 1882 an der Promenade des Anglais nach dem Vorbild der englischen Piers auf Pfählen ins Meer gebaut und 1944 von den Deutschen weitgehend demontiert, und das städtische Casino von 1884 an der Place Masséna, abgerissen 1979 unter Bürgermeister Jacques Médicin für ein Kongresszentrum, das nie gebaut wurde.

29 Die Vorliebe französischer Regierungen für Potentaten aus Katar und Saudi-Arabien, die in Paris und an der Côte im Prinzip schalten und walten können, wie sie wollen, erzeugte zumindest einen indirekten Backlash-Effekt, als der radikalislamische Terrorist Mohamed Bouhlel am 14. Juli 2016 mit einem geliehenen Lastwagen an der Promenade des Anglais 86 Menschen tötete und mehr als 400 zum Teil schwer verletzte. Der Attentäter wurde in seinem Laster exakt vor Frank Jay Goulds ehemaligem Palais de la Méditerranée von französischen Sicherheitskräften erschossen. Eine Zeitlang patroullierten danach mit Maschinenpistolen bewaffnete Gendarmentrupps an der Promenade, und zumindest für einige Monate war es an der Riviera vorbei mit der Unbeschwertheit. Inzwischen gibt es ein kleines Denkmal für die Opfer des Attentats im Garten des Masséna-Museums. Ende Oktober

2020 kam es in der Basilika Notre-Dame in Nizza zu einer Messerattacke durch einen 21-jährigen Tunesier, bei der drei Einwohner tödlich verletzt wurden. Auch wegen der verstärkten Migrationsbewegungen aus Nordafrika gilt Nizza als eines der Zentren des radikalen Islamismus in Frankreich.
Die jeweils unterschiedlich gelagerte Unterstützung aus Katar und Saudi-Arabien für islamistische Terrororganisationen wurde von den französischen Administrationen bis dahin kaum thematisiert. Der ehemalige Staatspräsident Nicolas Sarkozy zählt etwa den katarischen Emir Hamad bin Khalifa al-Thani zu seinen engeren politischen Freunden. Im Zusammenhang mit der Übernahme des Pariser Prestige-Fußballclubs Paris Saint-Germain durch die Katarer und der Sarkozy-Unterstützung für die Vergabe der Fußball-WM 2022 nach Katar ermitteln diverse französische Justiz- und Finanzbehörden.

30 Der Film war einer seiner größten Erfolge mit Millioneneinnahmen weltweit und Galapremiere am 30. Januar 1931 im Los Angeles Theatre in Anwesenheit von Albert Einstein.

31 Gerith von Ulm: *Charlie Chaplin: King of Tragedy.*

32 *My Life with Chaplin: An Intimate Memoir (Ich war Charlie Chaplins Frau)* erschien 1966. Lita Grey (Lillita Louise MacMurray, 1908–1995) spielte schon als Kind in Chaplin-Produktionen und wurde während der Dreharbeiten zu *Goldrausch* als 16-Jährige von Chaplin schwanger. 1924 musste er sie heiraten, um einer Verurteilung wegen Vergewaltigung zu entgehen. 1927 wurde die Ehe geschieden.

33 Noch ein Beispiel für Chaplins Faible für junge Frauen: Georgia Hale (1900–1985) spielte auch in *Goldrausch* mit und hatte wahrscheinlich auch eine Beziehung mit ihm. Ihr Erinnerungen *Charlie Chaplin: Intimate Close-Ups* wurden in den 1960er Jahren verfasst, aber erst 1995 veröffentlicht und waren ohne besonderen Erkenntnisgewinn für Chaplin-Fans.

34 Eine Auswahl weiterer Besitztümer von Frank Gould in Frankreich: Die Villa Alba, die an das »Provençal« in Juan-les-Pins angrenzte und von dem zaristischen Offizier Perebinosow, der nach der Revolution aus Russland geflüchtet war, 1923 zu einer Hotelpension umgebaut worden war. Die Société La Gauloise übernahm die Villa als Annex des »Provençal«. 1957 wurde sie renoviert, 1974 dann geschlossen. Das Hostellerie du Grand Cerf in Évreux, Rue de la Harpe, eine der besten Adressen auf halbem Weg von Paris an die Côte Fleurie, wurde 1940 von den Deutschen komplett zerbombt, heute befindet sich dort das »Grand Café«. Die Villa Les Adrets, Rue Thermale Nr. 56 in Vichy, eine Papiermühle und die Schokoladenfabrik Rozan, die 1958 in Chocolat Menier – heute Nestlé – aufging.

35 Der gebürtige Litauer Al Jolson (Asa Yoelson), Broadway-Star und Radio-Entertainer, wurde mit dem Film *The Jazz Singer* (1927) weltbekannt, einem der ersten kommerziell erfolgreichen Tonfilme, mit dem sich Warner Bros. vor der drohenden Pleite retten konnte. Jolson war in den USA seinerzeit etwa so berühmt wie Charlie Chaplin oder Buster Keaton.

36 Etwa Anekdoten über Henry James.

37 Im größtmöglichen Kontrast dazu befinden sich oberhalb der Bucht von Villefranche und am Cap Ferrat die teuersten Villen der Welt, noch teurer als am Cap d'Antibes. Sie wurden zumeist für den belgischen Kaiser und christlichen Kolonisationsverbrecher Leopold II. aus dem Hause Sachsen-Coburg-Gotha beziehungsweise dessen Geliebte Blanche Delacroix gebaut. So die Villa Leopolda, zwischendurch im Besitz der Agnellis, heute von der Milliardärswitwe Lily Safra bewohnt – Oligarch

Michail Dmitrijewitsch Prochorow leistete 2008 eine Anzahlung von rund 30 Millionen Euro an Frau Safra (bei einem vereinbarten Gesamtpreis von rund 380 Millionen Euro inklusive Mobiliar), verlor aber die Anzahlung, weil er die komplette Kaufsumme schließlich doch nicht aufbringen konnte. Für die ehemalige Leopold-Villa »Les Cèdres« forderten die Eigentümer, die Likörproduzenten Marnier-Lapostolle (»Grand Marnier«, inzwischen von Campari übernommen), so war 2016 in der Presse zu lesen, gar rund eine Milliarde Euro. Dies erscheint allerdings doch etwas übertrieben.

38 Porquerolles, eine der drei »goldenen Inseln« vor Toulon, war 1912 von dem mit Silberminen in Mexiko reich gewordenen belgischen Ingenieur François Joseph Fournier als Hochzeitsgeschenk für seine dritte Ehefrau Sylvia Johnston Lavis ersteigert worden. Simenon, zufällig auch ein Belgier, machte hier Mitte der 1920er Jahre Ferien, noch bevor er mit dem »Maigret«-Zyklus auf der Hitliste der weltweit meistübersetzten Autoren ganz nach oben rückte.

Bei all den möglichen »irdischen Paradiesen« der Côte liegt die autofreie Insel ziemlich weit vorn. 1937 schrieb Hannah Arendt von dort eine Postkarte an Walter Benjamin: »Lieber Benjamin! Gott schuf Adam u. Eva auf Porquerolles. (…) Einmal im Jahr soll der Mensch zu seinem Nutz u. Frommen dorthin zurückkehren (….) Ihre Hannah Stern, poste restante!« Dem Ratschlag kann man auch heute noch folgen, aber besser nicht im Juli oder August. Zuletzt eröffnete dort ein Öko-Avantgarde-Kunstmuseum der Fondation Carmignac, die Chanel-Gruppe kaufte 2019 das Weingut der Fournier-Erben (»Domaine de l'Île«).

39 Die Männer, die an der Riviera unter Brunner arbeiteten, kannten sich alle schon von den »Zentralstellen für jüdische Auswanderung« in Wien und Prag. Der *Spiegel* berichtete 1983 anlässlich eines der nicht besonders intensiv betriebenen Nachkriegsprozesse gegen die Täter über den gelernten Journalisten und SS-Hauptsturmführer Rolf Bilharz, einem der wenigen geständigen Täter: »Bilharz arbeitete unter dem Decknamen ›Gauthier‹ seinem Chef Brunner eifrig zu. Er führte die französischen Spitzel, die ihre jüdischen Landsleute an die Gestapo verrieten. Die Kopfprämie wurde von dem Geld gezahlt, das bei deportierten Juden konfisziert worden war. Was seine Opfer erwartete, wußte der Hauptscharführer spätestens seit Anfang 1943, dem vierten Kriegsjahr. Bilharz gestand, zu diesem Zeitpunkt bereits jene Lastwagen gekannt zu haben, auf deren geschlossenen Ladeflächen eingepferchte Juden mit Abgasen qualvoll getötet wurden. Und er habe erfahren, ›daß die Juden ausschließlich wegen ihrer Zugehörigkeit zu ihrer Rasse getötet‹ worden seien. Sein blutiges Wirken in Polen und in Frankreich umriß er einmal mit einem Wort: ›Drecksarbeit‹.«

40 Simone Veil wurde am 13. Juli 1927 in Nizza geboren. Ihr Vater André Jacob und ihr Bruder Jean starben nach der Deportation nach Litauen. Ihre Schwester Denise (1924–2013) war bei der Résistance und überlebte das KZ Ravensbrück. Simone Veil, ihre Mutter Yvonne und ihre Schwester Madeleine (1923–1952) wurden ins KZ Auschwitz-Birkenau deportiert. Die Selektion bei der Ankunft in Auschwitz überlebte Simone nur, weil sie vortäuschte, 18 Jahre alt zu sein. Im Januar 1945 gelangten die Veils mit dem »Todesmarsch« von Auschwitz in das KZ Bergen-Belsen, wo die Mutter am 15. März 1945 an Typhus starb. Simone und Madeleine wurden am 15. April 1945 in Bergen-Belsen von den Briten befreit. Simone Veil starb am 30. Juni 2017. Ihre sterblichen Überreste wurden am 1. Juli 2018 in die nationale Gedenkstätte des Panthéon überführt.

41 Im September 1939 war auch Philipp Rosenthal, später als Porzellanfabrikant und SPD-Politiker in der Bundesrepublik sehr profiliert, in die Villa seiner Mutter nach Juan-les-Pins gekommen und hörte in den Radionachrichten vom deutschen Einmarsch in Polen. Zum Entsetzen seiner Mutter meldete er sich daraufhin in Marseille zur französischen Fremdenlegion.

42 Pétain verfügte auch über ein üppiges Feriendomizil an der Côte, in Villeneuve-Loubet. Nach der Enteignung 1945 wurde es in eine Mischnutzung überführt, indem Schul- und Wohnräume darin untergebracht wurden.

43 Es versteht sich, dass ein Ort wie Juan-les-Pins ein Tummelplatz für reale wie fiktionalisierte Geheimagenten ist. Die stalinistische Geheimpolizei ließ hier 1936 Trotzkis Sohn Lew Sedow überwachen, der eine Zeitlang in der Pension Villa Marie untergekommen war; in einigen der Ursprungsromane von Ian Fleming erholt sich James Bond in Juan, und im schier endlosen, vielbändigen Lanny-Budd-Zyklus von Upton Sinclair wohnt der im internationalen Geschehen omnipräsente Held und Amateurdiplomat Lanny auch in einer Juan-Villa. Selbst für wenig glamouröse deutsche Spione war die Côte ein Sehnsuchtsort, etwa für den DDR-Überläufer Werner Stiller oder den von Interpol gesuchten Ex-BRD-Verfassungsschutzchef Ludwig-Holger Pfahls, und der biedere »Kanzlerspion« Günter Guillaume verbrachte den letzten Urlaub vor seiner Verhaftung (1974) in einem Gewerkschaftsheim der IG Bau-Steine-Erden in Sainte-Maxime. Kurz zuvor hatte er Kanzler Willy Brandt zu einem Treffen mit dem Publizisten Klaus Harpprecht und dem französischen Verleger Gallimard nach La Croix-Valmer bei Saint-Tropez begleitet.

44 Zu den merkwürdigsten, aber auch grausamsten »Collabos« gehörte der französische Fußballnationalspieler Alexandre Villaplane – 1930 Kapitän der Nationalmannschaft bei den Weltmeisterschaften in Uruguay, 1932/33 bei Olympique Antibes aktiv, immer mal wieder in Bestechungsaffären verwickelt, bis er als SS-Untersturmführer in die nordafrikanische »SS Mohamed« zu den Nationalsozialisten überwechselte. Wegen seiner Morde im Auftrag der Besatzer am 26. Dezember 1944 im Fort de Montrouge hingerichtet. Olympique Antibes (aktuell: Football Club Antibes Juan-les-Pins) spielt heute sechstklassig; die drei führenden Fußballclubs an der Côte (AS Monaco, Olympique Marseille, OGC Nice) befinden sich ausnahmslos in den Händen ausländischer Investoren.

45 Auf Einladung der aserbaidschanisch-französischen Schriftstellerin Umm El-Banine (1905–1992, *Ich habe das Opium gewählt*) kam Jünger dann in den Sommern 1950/51 auch nach Antibes. Er wohnte bei ihr in der Rue Barbacane (heute: Rue Barques-en-Cannes) nahe den erhalten gebliebenen Resten der Festungsmauern in einem kleinen Haus mit Meerblick. Banine hatte an Jünger geschrieben, dass Florence Gould »jetzt selten nüchtern werde«, abends »ihr Scheckbuch aus der Tasche zieht« und ihre »Conviven« bedenke. Zu einer erneuten Begegnung zwischen Jünger und Florence Gould kam es in Juan-les-Pins nicht. Jünger brauchte erstaunlicherweise knapp zehn Jahre, bis er seinen Essay *Ein Vormittag in Antibes* (1960) publizierte. Er notierte über den Sandstrand von Juan: »Es ist übervölkert dort. Jeder zweite Laden ist eine Bar oder ein Schönheitssalon. (…) In der Nähe des Strandes tauchen in Bikinis gekleidete Gestalten auf, Gazellen, die in kleinen Rudeln zum Meere ziehen. Es scheint ein Wettbewerb zu herrschen, der auf den geringsten Stoffaufwand zielt. Dabei muss aber immer etwas bleiben, die Ersparnis darf nicht absolut werden. Das gehört zu den Spielregeln.«

46 »Gould, Florence De Lacaze«, Akte 53642, NARA Box 203, »FBI Class Name«: Spionage.

47 2014 hat es eine eher versöhnliche Note gegeben. Alan Riding, vormals europäischer Kulturkorrespondent für die *New York Times*, der das preisgekrönte Buch *And The Show Went On: Cultural Life in Nazi-Occupied Paris* (2010) verfasst hat, schrieb auch ein in jenem Jahr in Belgien aufgeführtes, von Florence Gould inspiriertes Theaterstück mit dem Titel *Chez Florence*. Auf der Bühne treffen am reichhaltig gedeckten Tisch im Paris der Besatzungszeit zusammen: Jouhandeau, Cocteau, Jean Paulhan, Colette, Ernst Jünger, Florence und ihr Liebhaber Ludwig Vogel – Kollaborateure, Leute aus der Résistance und solche mit unklarer Attitüde. Sie weiß nicht, so der Plot, dass Göring persönlich Vogel damit beauftragt hat, sie zu verführen, um an ihr Geld zu kommen. Und nach der Libération, nach dem Finale ist Ludwig Vogel tot und Florence kommt davon. Paulhan hatte sie gebeten, zwölf Flieger der Alliierten zu verstecken.

48 Einen akzeptablen Flughafen erhielt Nizza erst im Mai 1949.

49 Weniger geblieben ist von der *Ariane*-Liebeskomödie. Cooper galt bald als Fehlbesetzung. Er war nun einmal fast dreißig Jahre älter als seine Filmpartnerin Audrey Hepburn.

50 Der britische Autor Leslie Charteris (1907–1993) wurde weltberühmt mit der 45-bändigen Krimireihe *The Saint* um Simon Templar, den Protagonisten mit Robin-Hood-Anleihen. Hier ein Auszug aus *The Saint in Europe*.

51 Blioch schwamm 1951 Weltrekord mit der 4 x 200-Meter-Freistilstaffel. Wegen seiner nach einem Autounfall im Jahr 1952 verletzten rechten Hand wurde er zum Erfinder der »Rollwende«.

52 Andrew Loog Oldham in *Stoned*. Loog Oldham, geboren 1944 in London, trampte 1961 als 17-Jähriger für einen Sommer nach Südfrankreich, schlug sich als Kellner in Juan-les-Pins durch, wo er mit schwarzem Anzug im Hochsommer auf sich aufmerksam machte, und als Stricher auf der Croisette in Cannes. Zurück in England, wurde er Musikmanager und fand seinen Platz in der Geschichte als Entdecker der Rolling Stones.

53 Die Anwohner hatten schließlich genug. Das »Maxim's« musste wegen Lärmbelästigung schließen. Aus dem »Maxim's« wurde »La Fiesta«, eine Kegelbahn, »La taverne bavaroise», das »Chah in Chah« und das »Bureau«.

54 Im Keller des nach der Pariser Adresse in der Rue du Vieux-Colombier im 6. Arrondissement benannten Theaters.

55 In einschlägigen Internetportalen wird auch ein Ableger des »Carrousel« in Juan-les-Pins erwähnt.

56 Loog Oldham schreibt in *Stoned* von einer Erinnerung der anderen Art, als er den bekanntermaßen heroinsüchtigen Ray Charles am Meer sitzen sah: »Ich musste morgens zum Festival und mithelfen, die Bühne aufzubauen. Da sah ich ihn. Ich seh es noch genau vor mir. Es war unheimlich. (…) Ich konnte genau sehen, dass Charles die Kontrolle über sein Leben verloren hatte. Wenn Alles um dich herum so schön war, wie es da war, schien es mir einfach sehr dumm in der Sonne zu frieren. (…) Das Heroin hatte die Kontrolle übernommen – als wollte er sein Leben verschwenden.« Und Jeremy Paul Solomon erzählte: »Ray Charles war bis zum Hals zugedröhnt. Er wurde auf die Bühne gehoben, ans Klavier gesetzt. Sie legten ihm buchstäblich seine Hände auf die Tasten und los ging's. Dann, als er fertig war, hoben sie ihn hoch und brachten ihn weg. Echt beängstigend. Andrew fand es super.«

57 Weniger renommiert und geläufig als das Jazzfestival war das Schlagerfestival »Rose d'Or d'Antibes«, das von 1962 bis 1976 in der Regel im Casino von Juan-les-Pins stattfand. International entfaltete es wenig Strahlkraft, in Frankreich ist es jedoch sehr beliebt. 1968 musste das Festival nach den Mai-Unruhen ausfallen, obwohl es seit 1966 eine Live-Übertragung der in »Rose de France« umbenannten Veranstaltung im Fernsehen gab.

58 Ursprünglich war Cannes vorgesehen als kulturelles und politisches Gegengewicht zu der mit dem Mussolini-Regime verstrickten Mostra in Venedig, dem ältesten Filmfestival der Welt, das es seit 1932 gab. Nachdem das erste geplante Festival im September 1939 wegen des Krieges ausfallen musste, ging es gleich 1946 los. Heute gilt Cannes mit dem obligatorischen Treppenaufstieg über den roten Teppich zum Palais des Festivals an der Croisette als das wichtigste Filmfestival weltweit.

59 Die von Kriegers waren bei Kriegsausbruch nach Monaco und in die Schweiz retiriert. Baroness Gisela von Krieger, die später in den USA lebte, kam noch zu postumem Ruhm, als 1989 ihr Mercedes-Benz 540K-Roadster, der jahrzehntelang in einer Garage überwintert hatte, gut erhalten aufgefunden wurde und schließlich für 11,7 Millionen Dollar versteigert werden konnte. Die Baroness wurde später halb verwest auf einem Regieklappstuhl gefunden, nachdem ihre Schweizer Wohnung aufgebrochen worden war. Da war sie seit über einem Monat tot.

60 Auf telefonische Nachfrage, wie es um das Hotel Provençal stehe und was Emerald Ventures genau damit zu tun habe, bestritt er jede Verbindung. »I have never seen this site before, my name must have been put down in error«, erklärte er brüsk und legte auf. Auf Andrea Dennis angesprochen, erklärte eine Sekretärin von Capital and Provident Management Limited in London knapp: »Andrea Dennis ist hier, aber ich ziehe es vor, Ihnen nicht zu sagen, in welcher Form.« Marc Delane, damals bei dem Unternehmen für das Projekt zuständig, war ebenfalls nicht amüsiert über die Recherchen: »Wir reden nicht in der Öffentlichkeit über das Hôtel Provençal. Unsere Strategie geben wir nicht bekannt.«

61 Saint-Tropez war ursprünglich ein von Phöniziern aus Marseille in der Antike – wahrscheinlich als Athenopolis – gegründeter Ankerplatz, den die Römer in »Heraclea« umbenannten. Nach dem Ende Roms rückten diverse Invasoren an, am Ende des ersten Jahrtausends war von Heraclea nichts mehr übrig. Im späten Mittelalter entstand Saint-Tropez ein zweites Mal, als eine von Fischerei, Schiffsbau, Handel und Landwirtschaft geprägte Ansiedlung an der gleichnamigen, strategisch wichtigen Bucht.

62 Bereits das Buch von 1973 sorgte für Aufruhr. Thema der Geschichte: Symphorophilie, also sexuelle Erregung durch das Betrachten schwerer Verkehrsunfälle. Ein Verleger schrieb: »This author is beyond psychiatric help. Do not publish!« Mehr als 20 Jahre nach Cronenbergs Film kam es zum Eklat, siehe die aggressive Kampagne der *Daily Mail* für ein Verbot von *Crash* in England.

LITERATUR

1918–1958. La Côte d'Azur et la Modernité, Paris 1997.
Aarons, Slim: *Poolside with Slim Aarons*, New York 2007.
Abescat, Bruno: *La saga des Bettencourt*, Saint-Amand-Montrond 2010.
Abramovici, Pierre: *Un rocher bien occupé. Monaco pendant la guerre (1939–1945)*, Paris 2001.
Abramovici, Pierre: *Szkolnikoff. Le plus grand trafiquant de l'Occupation*, Paris 2014.
Adenis, Jules: *Les étapes d'un touriste en France. De Marseille à Menton*, Paris 1892.
Agostini, Julie, und Yannick Forno: *Les écrivains et Marseille*, Marseille 1997.
Altmann-Loos, Elsie: *Mein Leben mit Adolf Loos*, Wien 2013.
Amar, Cécile: *Jusqu'ici tout va mal*, Paris 2014.
Ambler, Eric: *Nachruf auf einen Spion*, Zürich 2002.
Améry, Jean: *Werke*, Band 4: *Charles Bovary, Landarzt. Aufsätze zu Flaubert und Sartre*, hg. von Hanjo Kesting und Irene Heidelberger-Leonhard, Stuttgart 2006.
Anderson, George Parker, und Matthew J. Bruccoli: *Dictionary of Literary Biography*, Volume 273: *F. Scott Fitzgerald's Tender Is the Night. A Documentary Volume*, Farmington Hills 2003.
Andral, Jean-Louis, u. a.: *M. Pablo's Holidays. Picasso in Antibes Juan-les-Pins 1920–1946*, Trento u. a. 2018.
Angoff, Allan: *Eileen Garrett and the World Beyond the Senses*, New York 1974.
L'annuaire d'Antibes. Juan-les-Pins – Le Cap, le présent Guide-Poche, Antibes 1959.
Antier, Jean-Jacques: *La Côte d'Azur. Ombres et lumières*, Paris 1972.
Ardisson, Thierry, und Philippe Kieffer: *Confessions d'un babyboomer*, Paris 2005.
Arène, Paul: *Antibes ou la permanence. Un des portraits d'Antibes de Paul Arène à Jacques Audiberti*, Antibes-en-Provence 1983.
Ari: *L'amour n'oublie jamais*, Paris 2011.
Aronson, Theo: *The Coburgs of Belgium*, London 2015.
Aronson, Theo: *Defiant Dynasty*, New York u. a. 1968.
Arthaud, Christian, und Eric L. Paul: *La Côte d'Azur des écrivains*, Aix-en-Provence 1999.
Arthur, Anthony: *Radical Innocent. Upton Sinclair*, New York 2006.
Astier, Martine d', und Martine Ravache: *Lartigue. Life in Color*, New York 2015.
Aubenas, Florence: *Le quai de Ouistreham*, Mesnil-sur-L'Estrée 2010.
Aubray, Camille: *Cooking for Picasso*, New York 2016.
Aubry, Bruno: *Les Milliardaires de la Côte. Vie et mœurs des super riches de Monaco à Saint-Tropez*, Paris 2010.
Audiberti, Jacques: *Cent Jours*, Lagny-sur-Marne 1950.
Audigier, François: *Histoire du S.A.C. La part d'ombre du gaullisme*, Paris 2016.
Aussel, Jean: *»Le Bosquet« ou La Ronde des Destinées*, Nizza 2012.
Azadeh, Carol: *The Marriage at Antibes*, New York 2000.
Bach, Steven: *Marlene Dietrich. Life and Legend*, Minneapolis, MN, 2011.
Bair, Deirdre: *Simone de Beauvoir. A Biography*, New York 1990.

Baker, Amy J.: *Mediterranean Odyssey*, New York 1942.
Ballard, J. G.: *Super-Cannes*, London 2001.
Bardot, Brigitte: *B.B. Memoiren*, Bergisch Gladbach 1996.
Baring-Gould, S.: *The Riviera*, London 1928.
Barozzi, Jacques: *Le goût de Nice*, o. O. 2008.
Basch-Ritter, Renate: *Die k. u. k. Riviera*, Wien 2002.
Baxter, John: *French Riviera and Its Artists. Art, Literature, Love and Life on the Côte d'Azur*, New York 2015.
Beauchamp, Cari: *Joseph P. Kennedy's Hollywood Years*, London 2009.
Beauchamp, Cari, und Henri Béhar: *Hollywood on the Riviera. The Inside Story of the Cannes Film Festival*, New York 1992.
Beauvoir, Simone de: *Kriegstagebuch 1939–1941*, Reinbek bei Hamburg 1994.
Beauvoir, Simone de: *Der Lauf der Dinge*, Reinbek bei Hamburg 1970.
Behm, Marc: *Das Auge*, München 1993.
Belien, Paul: *A Throne in Brussels. Britain, the Saxe-Coburgs and the Belgianisation of Europe*, Exeter/Charlottesville, VA, 2005.
Bellaïche, André: *Ma vie sans postiche*, Paris 2007.
Benacquista, Tonino: *Homo Erectus*, Paris 2011.
Benaïm, Laurence: *Jean-Michel Frank. Le chercheur de silence*, Paris 2017.
Benjamin, Walter: *Selbstzeugnisse. Curriculum Vitae, Reisetagebücher, Aufzeichnungen, Protokolle zu Drogenversuchen*, Frankfurt am Main 1991.
Bennet, Arnold: *Journal 1929*, London/Toronto u. a. 1930.
Berg, A. Scott: *Max Perkins. Editor of Genius*, New York 2016.
Berger, Diane: *Riviera Style. Wohnen und Lebensart von Capri bis zur Côte d'Azur*, Köln 1999.
Bertrand, Claude: *Illusions et réalités de la vie politique à Marseille*, Paris 1998.
Bertraut, Jules: *Côte d'Azur*, Paris 1953.
Bianchini, Roger-Louis: *13 Mystères de la Côte*, Paris 2005.
Bianchini, Roger-Louis: *Crimes & arnaques sur la Côte d'Azur*, Nizza 2003.
Bilas, Charles, u. a.: *La Côte d'Azur. Années 20 et 30*, Paris 1999.
Binet, Laurent: *HHhH. Himmlers Hirn heißt Heydrich*, Reinbek bei Hamburg 2011.
Black, Charles Bertram: *The Riviera, Or the Coast from Marseille to Leghorn Including the Interior*, Delhi 2016.
Blei, Franz: *Talleyrand. Oder der Zynismus*, München 1984.
Bloch, Marc: *L'étrange défaite*, Saint-Amand-Montrond 1990.
Bloch, Michael: *The Duke of Windsor's War*, London 1982.
Blondel, Nathalie: *Mary Butts. Scenes from the Life*, Kingston, NY, 1998.
Bloomenkranz, Sol: *Charles Bedaux – Deciphering an Enigma*, Bloomington, IN, 2012.
Blume, Mary, und Martine D'Astier: *La Côte d'Azur de Jacques-Henri Lartigue*, Paris 1997.
Bocca, Geoffrey: *Bikini Beach. The Wicked Riviera As It Was and Is*, New York 1960.
Borel, Sylvie: *Mon Père Francis le Belge*, Paris 2005.
Borgé, Jacques, und Nicolas Viasnoff: *Archives de la Côte d'Azur*, Mailand 1994.
Borniche, Roger: *Le Play-Boy*, Paris 1976.
Borniche, Roger: *Tatort Côte d'Azur*, Frankfurt am Main 1978.
Bouchet, Marie du: *Nicolas de Staël. Une illumination sans précédent*, Luçon 2003.
Bouilhaguet, Alix, und Christophe Jakubyszyn: *La frondeuse*, Paris 2012.
Bower, Tom: *Fayed. The Unauthorized Biography*, London 1998.

Boyer, Marc: *L'invention de la Côte d'Azur. L'hiver dans le Midi*, Gémenos 2001.
Boyer, Marc: *Les villégiatures du XVIe au XXIe siècle. Panorama du tourisme sédentaire*, Colombelles 2008.
Brassaï (Halász, Gyula): *Henry Miller. Happy Rock*, Chicago/London 2002.
Braude, Mark: *Making Monte Carlo. A History of Speculation and Spectacle*, New York 2016.
Braudel, Fernand: *Das Mittelmeer und die mediterrane Welt in der Epoche Philipps II.*, drei Bände, Frankfurt am Main 1994.
Bronsen, David: *Joseph Roth. Eine Biographie*, München 1981.
Broustra, Jean-Claude: *Le combat de Raymond Patenôtre*, Paris 1969.
Brown, Tina: *Diana. Die Biographie*, München 2007.
Bruccoli, Matthew J.: *The Only Thing That Counts. The Ernest Hemingway–Maxwell Perkins Correspondence*, Columbia 1996.
Bruccoli, Matthew J.: *Some Sort of Epic Grandeur. The Life of F. Scott Fitzgerald*, Columbia 2002.
Brunner, Bernhard: *Der Frankreich-Komplex. Die nationalsozialistischen Verbrechen in Frankreich und die Justiz der Bundesrepublik Deutschland*, Göttingen 2004.
Bryer, Jackson R., und Cathy W. Barks (Hgg.): *Dear Scott, Dearest Zelda. The Love Letters of F. Scott and Zelda Fitzgerald*, New York 2002.
Burke, Carolyn: *Lee Miller. A Life*, Chicago 2007.
Caigny, F. de: *Petite histoire de la cité d'Antibes*, Antibes 1942.
Caigny, F. de, u. a.: *Indicateur commercial et touristique. 1947–1948*, Antibes 1947.
Calcocoressi, Richard: *Lee Miller. Begegnungen. Die Porträts einer großen Fotografin des 20. Jahrhunderts*, Berlin 2002.
Callil, Carmen: *Bad Faith. A Forgotten History of Family, Fatherland and Vichy France*, New York 2007.
Calvi, Fabrizio, und Marc J. Masurovsky : *Le festin du Reich. Le pillage de la France occupée 1940–1945*, Paris 2006.
Cannes. En noir & blanc. In Black & White. Collection Traverso 1919–1939, Badalona 2003.
Carli, Félicien: *Antibes. Petite histoire de l'architecture*, Paris 2017.
Carli, Félicien: *Nice. A Short History of Architecture*, Paris 2017.
Carr, Virginia Spencer: *Dos Passos. A Life*, New York 1984.
Castle, Charles: *La belle Otéro. La dernière grande courtisane*, Paris 1983.
Cazon, Christine: *Stürmische Côte d'Azur. Der dritte Fall für Kommissar Duval*, Köln 2016.
Cervera, Suzanne: *Destins sombres & lumineux de la Côte d'Azur*, Saint-Laurent-du-Var 2016.
Chabrun, Laurent: *Monaco. Plongée en eaux troubles*, Paris 2016.
Chalon, Jean: *Florence et Louise Les Magnifiques. Florence Jay-Gould et Louise de Vilmorin*, Châtillon 1987.
Chaplin, Charles: *Die Geschichte meines Lebens*, Frankfurt am Main 1964.
Chapman, Gary: *The Delectable Dollies*, Sparkford 2006.
Charteris, Leslie: *The Saint in Europe*, Reading/Fakenham 1958.
Churchill, Peter: *All About the French Riviera*, London 1960.
Clais, Anne-Marie, und Sylvie Kleimann-Lafon: *Les anges de la Côte*, Paris 2001.
Clifford Larson, Kate: *Rosemary. The Hidden Kennedy Daughter*, Boston/New York 2015.
Cloetta, Yvonne: *In Search of a Beginning. My Life with Graham Greene*, London 2004.
Cocteau, Jean: *Tagebuch eines Unbekannten*, Berlin 1960.
Cointet, Jean-Paul: *Paris 40–44*, Paris 2001.

Cointet, Jean-Paul: *Sigmaringen*, Paris 2003.
Connolly, Cyril: *The Rock Pool*, New York 1981.
Considine, Millie, und Ruth Pool: *A Dead Giveaway*, New York 1974.
Coote, C.-D.: *Antibes en poche. Guide des étrangers à Antibes*, Antibes 1870.
Corbin, Alain: *Meereslust. Das Abendland und die Entdeckung der Küste*, Frankfurt am Main 1999.
Cornut-Gentille, Gilles, und Philippe Michel-Thiriet: *Florence Gould: une américaine à Paris*, Paris 1989.
Cosnard, Denis: *Dans la peau de Patrick Modiano*, Paris 2010.
La Côte d'Azur illustrée, Paris o. J.
Courcy, Anne de: *Diana Mosley*, London 2004.
Crosby, John: *With Love and Loathing*, New York u. a. 1963.
Daelewyn, Paul: *La Côte d'Azur de Georges Simenon. Lieux de vie et sources d'inspiration*, Nizza 2005.
Dallo, Roberte, u. a.: *Art déco: une Méditerranée heureuse*, Nizza 2015.
David, Angie: *Dominique Aury. La vie secrète de l'auteur d'histoire d'O*, Clamecy 2006.
David-Weill, Cécile: *Gutes Personal ist schwer zu finden*, München/Berlin 2015.
David-Weill, Cécile: *Les prétendants*, Paris 2011.
Decaux, Alain: *Les heures brillants de la Côte d'Azur*, Paris 1964.
Delpla, François: *Montoire. Les premiers jours de la collaboration*, Paris 1996.
Desti, Mary: *Isadora Duncan's End*, London 1929.
Destrem, Maja: *L'été 39*, Genf 1976.
Devoluy, Pierre, und Pierre Borel: *The French Riviera*, London/Boston, MA, 1924.
Dévoluy, Pierre, und Pierre-Ives Reichenecker: *Les secrets du Sentier des Douaniers. A pied du cap d'Antibes au cap de Nice*, Nizza 2014.
Dietrich, Marlène, und Erich Maria Remarque: *»Dis-moi que tu m'aimes«. Témoignages d'une passion*, Paris 2002.
Dodge, David: *The Rich Man's Guide to the Riviera*, Boston/Toronto 1962.
Donaldson, Scott: *Hemingway vs. Fitzgerald. The Rise and Fall of a Literary Friendship*, New York 1999.
Donaldson, Scott: *Fool for Love. F. Scott Fitzgerald*, Lincoln/NE, 2001.
Donnadieu, A.: *Paysages de Provence. La Côte d'Azur. De Saint-Raphaël à la baie de Nice*, Paris 1936.
Dor de la Souchère, Elena: *Antibes. 2500 ans d'histoire*, Gémenos 2006.
Dos Passos, John: *The Best Times. An Informal Memoir*, London 1966.
Drinkwater, Carol: *The Olive Season. Amour, a New Life and Olives Too*, London 2003.
Ducatillion, Catherine, und Landy Blanc-Chabaud: *L'art d'acclimater les plantes exotiques. Le jardin de la villa Thuret*, Versailles Cedex 2010.
Duclos-Arkilovitch, Jonathan: *Jazzin' Riviera. 70 ans de jazz sur la Côte d'Azur*, Nizza 1997.
Duménil, Renaud: *Antibes – Juan-Les-Pins de A à Z*, Saint-Cyr-sur-Loire Cedex 2009.
Dumont-Beghi, Claude: *Les milliards cachés des Wildenstein*, Paris 2012.
Durand-Souffland, Stéphane, und Pascale Robert-Diard: *Jours de crimes*, Paris 2018.
Eastman, Max: *Love and Revolution. My Journey through an Epoch*, New York 1964.
Edwards, Anne: *Throne of Gold. The Lives of the Aga Khans*, London 1995.
Emerson, Maureen: *Riviera Dreaming. Love and War on the Côte d'Azur*, London/New York 2018.
Erkelenz, Michael: *Und jeder König nur ein Mann. Die Geschichte der schönen Otero*, Juan-les-Pins 2000.

Eschapasse, Baudouin: *Enquête sur un guide de voyages. Dont on doit taire le nom,* Paris 2006.
Evleth, Donna (Hg.): *The Authorized Press in Vichy and German-Occupied France, 1940–1944,* Westport, CT, 1999.
Figueras, André: *Strictement confidentiel,* Paris 1978.
Fitzgerald, F. Scott: *Der große Gatsby,* Gütersloh u. a. o. J.
Fitzgerald, F. Scott: *Die Liebe des letzten Tycoon,* Zürich 2007.
Fitzgerald, F. Scott: *Die Schönen und Verdammten,* Zürich 1998.
Fitzgerald, F. Scott: *Die Straße der Pfirsiche,* Berlin 2015.
Fitzgerald, F. Scott: *Früher Erfolg. Über Geld und Liebe, Jugend und Karriere, Schreiben und Trinken,* Zürich 2017.
Fitzgerald, F. Scott: *Tender is the Night,* London 2000.
Fitzgerald, F. Scott: *The Crack-Up,* New York 1993.
Fitzgerald, F. Scott: *This Side of Paradise,* New York 1996.
Fitzgerald, F. Scott: *Zärtlich ist die Nacht,* Berlin 1968.
Fitzgerald, Zelda: *Ein Walzer für mich,* Zürich 2011.
Flament, Albert: *Côte d'Azur,* Paris 1932.
Flaubert, Gustave: *Bouvard und Pécuchet,* Zürich 1979.
Flaubert, Gustave: *Briefe,* hg. von Helmut Scheffel, Zürich 1977.
Flügge, Manfred: *Wider Willen im Paradies. Deutsche Schriftsteller im Exil in Sanary-sur-Mer,* Berlin 1996.
Fodor, Eugene: *1937 … in Europe. Aldor's Entertaining Travel Annual,* London 1937.
Foenkinos, David: *Charlotte,* Paris 2014.
Foster, Mark S.: *Castles in the Sand. The Life and Times of Carl Graham Fischer,* Gainesville, FL, 2000.
Fournier-Le Ber, Lelia: *Porquerolles, une île en cadeau de mariage,* Île de Porquerolles 1997.
Fuld, Werner, und Thomas F. Schneider (Hgg.): *»Sag mir, dass du mich liebst«. Erich Maria Remarque–Marlene Dietrich. Zeugnisse einer Leidenschaft,* Köln 2003.
Furst, Alan: *Das Reich der Schatten,* München 2002.
Franco, Jean-Robert: *Nice,* Paris 2013.
Frenkel, Françoise: *Nichts, um sein Haupt zu betten,* München 2016.
Frischauer, Willi: *Europas Grand-Hotels,* o. O. o. J.
Galatopoulos, Stelios: *Maria Callas. Die Biographie,* Frankfurt am Main 1999.
Gallier, Thierry: *Nice, baie des ombres,* Luçon 2006.
Garrett, Eileen J.: *Many Voices. The Autobiography of a Medium,* New York 1968.
Gastaud, J. (Hg.): *Juan-Les-Pins. Commune d'Antibes. Balcon fleuri de la Méditerranée,* Nizza o. J.
Gayraud, Didier: *Belles demeures en Riviera. 1835–1930,* Nizza 2005.
Gellhorn, Martha: *Ausgewählte Briefe,* hg. von Caroline Moorehead, Zürich 2009.
Georges-Michel, Michel: *La vie mondaine sur la Riviera et en Italie,* Paris 1925.
Georges-Michel, Michel: *Riviera … Riviera …,* Paris 1933.
Gershuny, Theodore: *Soon to be a Major Motion Picture. The Anatomy of an All-Star, Big-Budget, Multimillion-Dollar Disaster,* New York 1980.
Gezzi, Kathleen Havens (Hg.): *Journey Between Mountains,* Bloomington, IN, 2006.
Ghiglion, Robert L. M.: *De 1900 … à nos jours l'Île de Porquerolles,* Bandol 1979.
Gibbons, Herbert Adams: *Riviera Towns,* New York 1931.
Gidel, Henry: *Les Pompidou,* Paris 2014.
Gilot, Françoise, und Carlton Lake: *Leben mit Picasso,* Zürich 1981.

Glass, Charles: *Americans in Paris. Life and Death under Nazi Occupation 1940–1944*, London 2009.
Glassco, John: *Die verrückten Jahre. Abenteuer eines jungen Mannes in Paris*, München 2010.
Glatt, John: *The Royal House of Monaco. Dynasty of Glamour, Tragedy and Scandal*, New York 1998.
Gloaguen, Phillipe, u. a. (Hg.): *Le guide du routard. Provence*, Paris 2000.
Goebel, Anne: *An südlichen Gestaden. Die italienische Riviera der Künstler und Literaten*, Berlin 2013.
Görz, Heinz: *Urlaub an der Riviera*, Gütersloh 1961.
Gosetti, Giorgio, u. a.: *The Other Side of The Wind*, Locarno 2005.
Goudot, Alain: *Juan-les-Pins. Naissance d'un mythe*, Nizza 2016.
Graves, Charles: *None But the Rich. The Story of the Greek Syndicate*, London 1963.
Graves, Charles: *The Riviera Revisited*, Frome/London 1948.
Graves, Charles: *Royal Riviera*, London u. a. 1957.
Gray, Fred: *Designing the Seaside. Architecture, Society and Nature*, London 2006.
Greene, Graham: *Fluchtwege*, Reinbek bei Hamburg 1984.
Greene, Graham: *Gespräche mit Marie-Françoise Allain*, Reinbek bei Hamburg 1985.
Greene, Graham: *In meiner eigenen Welt*, Göttingen 1995.
Greene, Graham: *Leihen Sie uns Ihren Mann?*, Reinbek bei Hamburg 1986.
Greene, Graham: *Der stille Amerikaner/Ich klage an*, Berlin 1984.
Greenfield, Robert: *Exile on Main Street. A Season in Hell with the Rolling Stones*, Philadelphia, PA, 2006.
Greenfields, Maurice von: *Tre stelle Michelin. La storia dei 130 ristoranti consacrati dalla celebre guida rossa in Francia, Europa e USA. Con ricette e menù*, Rom 2007.
Greenwall, Harry J.: *Three Years of Hell*, London 1943.
Gregory, Martyn: *Diana. The Last Days*, London 2000.
Greilsamer, Laurent: *Le prince foudroyé. La vie de Nicolas de Staël*, Paris 1998.
Grisham, John: *Das Original*, München 2017.
Gritti, Claude: *Les enfants de l'Île du Levant*, Paris 1999.
Guilledoux, Frédéric-Joël: *Le Pen en Provence*, Paris 2004.
Guillet, Jean-Luc: *American's Riviera. »Les années folles«*, Saint-Rémy-de-Provence 2005.
Guillet, Jean-Luc: *L'été de Zelda*, Nizza 2011.
Guillet, Jean-Luc: *Rafles. Nice 1942–1944*, Nizza 2013.
Guillet, Joël, und Jacques Gantié: *La cuisine du mas du Langoustier*, Nizza 1998.
Guéhenno, Jean: *Journal des années noires. 1940–1944*, Paris 2002.
Guerini, Marie-Christine: *La saga Guerini*, Paris 2003.
Guide de Juan-les-Pins, Antibes 1907.
Gumprecht, Holger: *»New Weimar« unter Palmen. Deutsche Schriftsteller im Exil in Los Angeles*, Berlin 1998.
Gunther, Robert, und Michael Klepper: *The Wealthy 100. From Benjamin Franklin to Bill Gates – A Ranking of the Richest Americans, Past and Present*, Secaucus, NJ, 1996.
Habich, Christiane (Hg.): *Lilian Harvey*, Berlin 1990.
Hale, Julian: *The French Riviera. A Cultural History*, New York 2009.
Hamnett, Nina: *Laughing Torso*, New Delhi 2013.
Hare, Augustus J. C.: *North-Eastern France*, London o. J.
Hare, Augustus J. C.: *The Rivieras*, London 1897.
Harel, Xavier, und Thomas Hofnung: *Le scandale des biens mal acquis. Enquête sur les milliards volés de la Françafrique*, Paris 2011.

Harpprecht, Klaus: *Mein Frankreich. Eine schwierige Liebe*, Reinbek bei Hamburg 2000.
Hasenclever, Walter: *Briefe*, Band I: *1907–1932*, Mainz 1994.
Hasenclever, Walter: *Briefe*, Band II: *1933–1940*, Mainz 1994.
Hass, Hans: *Erinnerungen und Abenteuer*, Wien 2004.
Haven, Lisa Stein (Hg.): *Charlie Chaplin. A Comedian Sees the World*, Columbia, MO, 2014.
Havet, Mireille: *Journal 1927–1928*, Paris 2010.
Hawkins, Ruth A.: *Unbelievable Happiness and Final Sorrow. The Hemingway-Pfeiffer Marriage*, Arkansas 2012.
Hazzard, Shirley: *Begegnung auf Capri. Erinnerungen an Graham Greene*, Wien 2002.
Hecht, Ingeborg, und Kurt Kreiler (Hgg.): *Stella Silberstein (Simha Naor). Hotel Excelsior. Tagebuch einer Spurensuche 1945/46*, München/Hamburg 2005.
Heinze-Greenberg, Ita, und Regina Stephan: *Luise und Erich Mendelsohn. Eine Partnerschaft für die Kunst*, Ostfildern-Ruit 2004.
Hemingway, Ernest: *Der Garten Eden*, Reinbek bei Hamburg 1992.
Hemingway, Ernest: *Paris – ein Fest fürs Leben*, Reinbek bei Hamburg 1971.
Henry, Michel: *Agnelet. L'homme que l'on n'amait pas*, Paris 2008.
Henry, Michel: *La nièce. Le phénomène Marion Maréchal-Le Pen*, Paris 2017.
Herald, George W., und Edward D. Radin: *The Big Wheel. Monte Carlo's Opulent Century*, New York/Toronto 1963.
Higham, Charles, und Roy Moseley: *Princess Merle. The Romantic Life of Merle Oberon*, New York 1983.
Highsmith, Patricia: *Der Schneckenforscher*, Zürich 2005.
Highsmith, Patricia: *The Talented Mr. Ripley*, London 1999.
Highsmith, Patricia: *Der talentierte Mr. Ripley*, Zürich 2003.
Hillert, P., u. a.: *Grundig-Hotels. Tradition, Elegance, Luxus*, Offenburg u. a. o. J.
Hochschild, Adam: *King Leopold's Ghost. A Story of Greed, Terror, and Heroism in Colonial Africa*, London 2000.
Hoffman, David E.: *The Oligarchs. Wealth and Power in the new Russia*, New York 2011.
Hooker, Denise: *Nina Hamnett. Queen of Bohemia*, Constable/London 1986.
Hopkins, Robert Sydney: *Riviera. A Novel About the Cannes Film Festival*, New York 1980.
Hörner, Unda: *Elsa Triolet und Louis Aragon*, Berlin 1998.
Houellebecq, Michel, und Bernard-Henri Lévy: *Ennemis Publics*, Paris 2008.
Hoving, Thomas: *Making the Mummies Dance*, New York 1993.
Howarth, Patrick: *When the Riviera Was Ours*, London/Henley 1977.
Hoyt, Edwin P.: *The Goulds. A Social History*, New York 1969.
Iacub, Marcela: *Through the keyhole. A History of Sex, Space and Public Modesty in Modern France*, Manchester 2016.
Isaïa, Henri: *Fulgurances noires*, Charlieu 1995.
Jäckel, Eberhard: *La France dans l'Europe de Hitler*, Paris 1968.
Jacquemin, Odile, und Catherine Berro: *Territoires littéraires, des îles à la Ville Hyères-les-Palmiers*, Hyères 1998.
Jahandiez, Emile: *Les Îles d'Hyères. Monographie des Îles d'Or*, Marseille 1997.
Jansen, Peter W., und Wolfram Schütte (Hg.): *François Truffaut*, Reihe Film 1, München/Wien 1977.
Jérôme, Philippe: *1860–1960. Nice. Un siècle d'histoire populaire*, Nizza 2016.
Jérôme, Philippe: *Une histoire populaire de la Côte d'Azur*, o. O. 2011.

Jirat-Wasiutyński, Vojtěch (Hg.): *Modern Art and the Idea of the Mediterranean*, Toronto/Buffalo/London 2007.
Joannon, Pierre: *Antibes, l'Éden retrouvé*, Paris 2001.
Joannon, Pierre: *La Riviera de Maupassant*, Nizza 1997.
Joeres, Annika: *Ein Jahr an der Côte d'Azur. Reise in den Alltag*, Freiburg/Basel/Wien 2014.
Joffo, Joseph: *Ein Sack voll Murmeln*, Berlin u.a. 1975.
Jones, Nigel: *Rupert Brooke. Life, Death & Myth*, Wales 1999.
Jones, Ted: *The French Riviera. A Literary Guide for Travellers*, New York 2009.
Jünger, Ernst: *Siebzig verweht V*, Stuttgart 1998.
Kanigel, Robert: *High Season in Nice. How One French Riviera Town Has Seduced Travellers for Two Thousand Years*, London 2002.
Keller, Barbara: *Orgasmic Days in the South of France*, o. O. 2000.
Kelly, Grace, und Gwen Robyns: *My Book of Flowers*, New York 1980.
Kelly, Martin J., und John T. Cahill: *Anne Vilbert de Sairigne, Petitioner, v. Frank Jay Gould. U.S. Supreme Court Transcript of Record with Supporting Pleadings*, Milton Keynes o. J.
Kert, Bernice: *Die Frauen Hemingways*, Reinbek bei Hamburg 1977.
Klarsfeld, Beate und Serge: *Mémoires*, Lonrai 2015.
Klaussmann, Liza: *Villa America*, München 2016.
Klee, Felix (Hg.): *Paul Klee. Briefe an die Familie*, Band 2: *1907–1940*, Köln 1979.
Klee, Paul: *Reisen in den Süden*, Ostfildern/Ruit bei Stuttgart 1997.
Klein, Maury: *The Life and Legend of Jay Gould*, London 1986.
Klein, Richard, und Dominique Delaunay: *La Côte d'Opale. Architectures des années 20 et 30*, Paris 1998.
Klöckner-Draga, Uwe: *»Wirf weg, damit du nicht verlierst ...«. Lilian Harvey – Biographie eines Filmstars*, Berlin 1999.
Knowles, John: *Morning in Antibes*, New York 1962.
Koeppen, Wolfgang: *Reisen nach Frankreich*, Frankfurt am Main/Leipzig 1999.
Korda, Michael: *Another Life. A Memoir of other People*, New York 1999.
Kracht, Christian, und Eckhart Nickel: *Ferien für immer*, Köln 1998.
Krauss, Karl: *Briefe an Sidonie Nádherný von Borutin. 1913–1936*, zweiter Band, München 1974.
Krenn, Günter: *Romy & Alain. Eine Amour fou*, Berlin 2015.
Kundall, George G.: *The Riviera at War. World War II on the Côte d'Azur*, London/New York 2017.
Lacey, Robert: *Grace*, Thorndike, ME/Bath, Avon 1995.
Lahme, Tilmann: *Die Manns. Geschichte einer Familie*, Frankfurt am Main 2015.
Langer, William L.: *Our Vichy Gamble*, New York 1966.
Lartigue, Jacques-Henri: *L'œil de la mémoire. 1932–1985*, Paris 1986.
Lavassière, Gérard (Hg.): *Le gout d'Antibes*, o. O. 2004.
Leider, Emily W.: *Dark Lover. The Life and Death of Rudolph Valentino*, New York/London 2004.
Lemonier, Marc: *Des lieux cultes du cinéma en France*, Paris 2005.
Lentheric, Charles: *Petite histoire et origines de la Provence Maritime. Ancienne et moderne*, Orthez 2007.
Leopold, Christopher: *The Night Fishers of Antibes*, London 1981.
Le Roux, Renée: *Une femme face à la Mafia. Avec la collaboration de Jean-Charles le Roux*, Paris 1989.

Leroy, Gilles: *Alabama Song*, Zürich 2008.
Leslie, Peter: *The Liberation of the Riviera. The Resistance to the Nazis in the South of France and the Story of its Heroic Leader Ange-Marie Miniconi*, New York 1980.
Lévy, Bernard-Henri: *Sartre. Der Philosoph des 20. Jahrhunderts*, München/Wien 2002.
Levy, Shawn: *The last Playboy. The High Life of Porfirio Rubirosa*, London 2005.
Lewis, Michael: *Aus der Welt. Grenzen der Entscheidung oder Eine Freundschaft, die unser Denken verändert hat*, Frankfurt am Main 2017.
Licari, Luc: *Antibes. Au début du siècle*, Ramonville Saint-Agne 1995.
Liégeard, Stéphen: *La Côte d'Azur*, Nizza 1988.
Litschgy, Émile: *La vie des palaces. Hôtels de séjour d'autrefois*, Spéracèdes 1997.
Loog Oldham, Andrew: *Stoned*, London 2001.
Loos, Claire: *Adolf Loos privat*, Wien 2007.
Lo Porto, Tiziana, und Daniele Marotta: *Superzelda. The Graphic Life of Zelda Fitzgerald*, New York 2013.
Loquai, Franz (Hg.): *Land des Lichts. Ein Provence-Lesebuch*, München/Berlin 2001.
Lorrain, Jean: *Le poison de la Riviera*, Paris 1992.
Loubes, Olivier: *Cannes 1939. Le festival qui n'a pas eu lieu*, Paris 2016.
Loustal, Jacques de: *Porquerolles*, Mailand 2008.
Luret, William: *L'homme de Porquerolles*, Paris 1996.
Lyall, Archibald: *Frankreich am Mittelmeer*, München 1995.
Lyons, Tom, und Richard Curran: *Fingers. The Man who Brought Down Irish Nationwide and Cost Us €5.4bn*, Croydon 2013.
Madeline, Laurence (Hg.): *Pablo Picasso, Gertrude Stein. Correspondence*, Kalkutta 2018.
Mann, Erika und Klaus: *Das Buch von der Riviera*, Reinbek bei Hamburg 2002.
Mann, Golo: *Erinnerungen und Gedanken. Lehrjahre in Frankreich*, Frankfurt am Main 1999.
Marret, Carine: *Romain Gary. Promenade à Nice*, Nizza 2010.
Martino, Claude: *»Le Rendez-vous des quais«. Un film de Paul Carpita et ses histoires*, Mallemoisson 1996.
Matton, (Pierre-Ernest) Général: *Par la Provence à la Côte d'Azur*, Nizza 1933.
Maupassant, Guy de: *Auf dem Wasser. Von Saint-Tropez bis Monte-Carlo*, Juan-les-Pins 2000.
Maupassant, Guy de: *Auf See*, Hamburg 2012.
Mauriès, Patrick: *Nietzsche à Nice*, Mayenne 2009.
Maurt, Paul: *Antibes. Juan-les-Pins. Le temps retrouvé*, Barbentane 1997.
Mazower, Mark: *Hitlers Imperium. Europa unter der Herrschaft des Nationalsozialismus*, München 2009.
Mazzeo, Tilar: *15, place Vendôme. Le Ritz sous l'Occupation*, Paris 2014.
McBrien, William: *Cole Porter. The Definitive Biography*, New York/Toronto 1998.
McCambridge, Mercedes: *The Quality of Mercy. An Autobiography by Mercedes McCambridge*, New York 1981.
Meade, Marion: *Dorothy Parker. A Biography*, New York 1988.
Mehlman, Jeffrey: »Un tandem de pouvoir dans Paris occupé«, in: *Revue d'Histoire de la Shoah* 1 (2013).
Meiffret, J.-B.: *Guide d'Antibes et de ses campagnes*, Nizza 1877.
Méjean, Paul, und Henri Bordas: *D'Antipolis a Juan-Les-Pins*, o. O. 1969.
Meletta, Cédric: *Diaboliques. Sept femmes sous l'Occupation*, Paris 2019.

Meletta, Cédric: *Jean Luchaire. L'enfant perdu des années sombres*, Paris 2013.
Mellen, Joan: *Kay Boyle. Author of Herself*, New York 1994.
Mellow, James R.: *Walker Evans*, New York 1999.
Menzel-Ahr, Katharina: *Lee Miller. Kriegskorrespondentin für Vogue. Fotografien aus Deutschland 1945*, Marburg 2005.
Merrien, Jean, und P. M. Bourdeaux: *Petits ports d'azur*, Paris 1958.
Meyer, Ahlrich (Hg.): *Der Blick des Besatzers. Propagandaphotographie der Wehrmacht aus Marseille 1942–1944*, Bremen 1999.
Michels, Eckard: *Guillaume, der Spion. Eine deutsch-deutsche Karriere*, Berlin 2013.
Milford, Nancy (Hg.): *The Selected Poetry of Edna St. Vincent Millay*, New York/Toronto 2002.
Milford, Nancy: *Zelda. Die Biographie des amerikanischen Traumpaares Zelda und F. Scott Fitzgerald*, München 1980.
Mille, Raoul (Hg.): *Balade à Nice et dans les Alpes-Maritimes*, Condé-sur-Noireau 2012.
Mille, Raoul: *Ma Riviera. Chroniques*, Nizza 2002.
Mille, Raoul: *Ma Riviera III. Chroniques*, Nizza 2004.
Mille, Raoul: *Ma Riviera IV. Chroniques*, Nizza 2005.
Mille, Raoul: *Le roman de Marie Bashkirtseff*, Paris 2004.
Miller, William: *Wintering in the Riviera*, o. O., 1879.
Miltoun, Francis: *Rambles in Provence and on the Riviera*, Boston 1911.
Ming, Alain: *Une histoire politique des intellectuels*, Paris 2010.
Ministère de la Région de Bruxelles-Capitale (Hg.): *La Villa Empain*, Brüssel 2009.
Minkmar, Nils: *Das geheime Frankreich. Geschichten aus einem freien Land*, Frankfurt am Main 2017.
Missen, François: *Marseille Connection. Comment la cite phocéenne est devenue la ville de tous les trafics*, Paris 2013.
Mizener, Arthur: *The Far Side of Paradise. A Biography of F. Scott Fitzgerald*, Boston 1965.
Mizener, Arthur: *Scott Fitzgerald and his World*, New York 1972.
Modiano, Patrick: *Dora Bruder*, Barcelona 2014.
Modiano, Patrick: *Du plus loin de l'oubli*, Saint-Amand-Montrond 2010.
Modiano, Patrick: *Die Gasse der dunklen Läden*, Berlin 2014.
Modiano, Patrick: *Gräser der Nacht*, München 2014.
Modiano, Patrick: *Hochzeitsreise*, Frankfurt am Main 1991.
Modiano, Patrick: *Livret de famille*, Saint-Amand-Montrond 1996.
Modiano, Patrick: *Sonntage im August*, Frankfurt am Main 1989.
Modiano, Patrick: *Ein Stammbaum*, München 2014.
Modiano, Patrick: *Voyage de noces*, Barcelona 2014.
Monmarché, Marcel (Hg.): *La Côte d'Azur. De Marseille à San Remo*, Paris 1925.
Moore, Grace: *You're Only Human Once. The Autobiography of Grace Moore*, London 1947.
Moorehead, Caroline: *Gellhorn. A Twentieth-Century Life*, New York 2003.
Morand, Paul: *Aufzeichnungen eines notorischen Schwimmers*, Hamburg 2005.
Morris, Lloyd: *A Threshold in the Sun*, London 1948.
Murciano, Jean-Pierre: *Juge sur la Côte d'Azur. Missions impossibles*, Neuilly-sur-Seine 2001.
Musée Picasso, Antibes (Hg.): *Nicolas de Staël. Un automne, un hiver*, Paris/Antibes 2005.
Musso, Guillaume: *La jeune fille et la nuit*, Paris 2019.

Namuroy, Jean de: *Louis XVII ... mort au Temple*, Cannes 1950.
Negulesco, Jean: *Things I Did and Things I Think I Did*, Jefferson, NC, 2008 (Erstveröffentlichung New York 1984).
Neilsen Blum, Shirley: *Henri Matisse. Chambres avec vue*, London 2010.
Nelson, Michael: *Americans and the Making of the Riviera*, London/Jefferson, NC, 2008.
Nelson, Michael: *The French Riviera. A History*, Leicestershire 2017.
Nelson, Michael: *Queen Victoria and the Discovery of the Riviera*, London/New York 2017.
Némirovsky, Irène: *Suite française*, Paris 2004.
Nestmeyer, Ralf: *111 Orte an der Côte d'Azur, die man gesehen haben muss*, Köln 2015.
Neumann, Robert: *Hochstaplernovelle*, Stuttgart 1930.
Niebelschütz, Wolf von: *Provence*, München/Ahrbeck/Hannover 1956.
Oetker, Maja, u. a.: *Hôtel du Cap-Eden-Roc. Cap d'Antibes*, Paris 2007.
O'Keeffe, Paul: *Some sort of Genius. A Life of Wyndham Lewis*, London 2000.
Olmi, Véronique: *Die Promenade*, München 2009.
Onfray, Michel: *Le miroir aux alouettes. Principes d'athéisme social*, Paris 2016.
Oppenheim, E. Phillips: *The Pool of Memory*, London 1941.
Ormesson, Jean d', u. a.: *Grand Hotel. The Golden Age of Palace Hotels. An Architectural and Social History*, New York/Paris 1984.
Panicacci, Jean-Louis: *En territoire occupé. Italiens et Allemands à Nice. 1942–1944*, Paris 2012.
Panicacci, Jean-Louis: *Les Alpes-Maritimes dans la Guerre 1939–1945*, Paris 2013.
Péan, Pierre: *Compromissions. La République et la mafia corse*, Paris 2015.
Péan, Pierre: *Une jeunesse française. François Mitterrand 1934–1947*, Paris 1994.
Pérez, Jean-Louis: *Anne Lauvergeon. Le pouvoir à tout prix*, Paris 2014.
Perrin, Elula: *Nur Frauen können lieben. Der erotische Lebensroman einer Pariserin*, Gütersloh 1979.
Peyrefitte, Roger: *Manouche. Eine Frau in unserer Zeit*, München u. a. 1973.
Pickard, Frederick W.: *Monaco and the French Riviera*, New York 1937.
Pigoreau, Olivier: *Un espion nazi à Paris. Interrogatoire du SS Roland Nosek*, Paris 2014.
Pissarro, Joachim: *Monet and the Mediterranean*, New York 1997.
Pizzichini, Lilian: *The Blue Hour. A Life of Jean Rhys*, New York 2009.
Poliakov, Léon, und Joseph Wulf: *Das Dritte Reich und die Juden. Dokumente und Berichte*, Wiesbaden 1989.
Popov, Dusko: *Superspion. Der Doppelagent im 2. Weltkrieg*, Wien/München/Zürich 1975.
Post-Martens, Annemarie: *PAN-Logismus. René Schickeles Poetik im Jahr der »Wende« 1933*, Frankfurt am Main/Basel 2002.
Post-Martens, Annemarie: *René Schickele. Die blauen Hefte*, Frankfurt am Main/Basel 2002.
Potron, Jean-Paul: *Paysages de Cagnes. Antibes et Juan-les-Pins*, Nizza 2002.
Pouliquen, Jean-Luc: *Robert Louis Stevenson à Hyères*, Wrocław 2015.
Pujol, Phillipe: *La Fabrique du monstre. 10 ans d'immersion dans les quartiers nord de Marseille, parmi les plus inégalitaires de France*, Paris 2016.
Quillien, Christophe: *Nos années »Salut les copains«. 1959–1976*, Paris 2009.
Quine, Judith Balaban: *Inside the Privileged World of Grace Kelly and Six Intimate Friends. The Bridesmaids*, New York u. a. 1990.
Quinn, Edward: *Riviera Cocktail. Die goldenen Fünfziger an der Côte d'Azur*, Herrsching 1980.
Raspail, Jean: *Das Heerlager der Heiligen*, Paris 1973.

Ratignier, Vanessa, und Pierre Péan: *Une France sous influence. Quand le Qatar fait de notre pays son terrain de jeu*, Paris 2014.
Recasens, Olivia, Didier Hassoux und Christophe Labbé: *L'espion du president. Au cœur de la police politique de Sarkozy*, Paris 2012.
Reeves, May, und Claire Goll: *Charlie Chaplin intime. Souvenirs recueillis par Claire Goll*, Paris 1935.
Reeves, May, und Claire Goll: *The intimate Charlie Chaplin*, Jefferson, NC, 2001.
Reinbold, Michael: *Robert Louis Stevenson*, Reinbek bei Hamburg 1995.
Renehan, Edward J.: *Dark Genius of Wall Street*, New York 2005.
Retaillaud-Bajac, Emmanuelle: *Mireille Havet. L'enfant terrible*, Paris 2008.
Rhein, Eduard: *Ein Jahrhundertmann. Hans-Ulrich Horster erzählt die Geschichte seines Lebens und seiner Zeit*, Berlin 1992.
Richard, Jean-Jacques: *Renée Rachel Van Cleef, l'oubliée de la place Vendôme*, Paris 2015.
Richard, R., und C. Bartoli: *La Côte d'Azur. Assassinée?*, Paris 1971.
Richardson, John: *A Life of Picasso. The Triumphant Years, 1917–1932*, New York/Toronto 2007.
Richardson, Leslie: *Things Seen on the Riviera*, New York 1923.
Riding, Alan: *And the Show Went On. Cultural Life in Nazi-Occupied Paris*, New York 2011.
Rietra, Madeleine, und Rainer Joachim Siegel (Hgg.): *»Jede Freundschaft mit mir ist verderblich«. Joseph Roth und Stefan Zweig. Briefwechsel 1927–1938*, Göttingen 2011.
Ring, Jim: *Riviera. The Rise and Rise of the Côte d'Azur*, London 2004.
Ritzi, Matthias, und Erich Schmidt-Eenboom: *Im Schatten des Dritten Reiches. Der BND und sein Agent Richard Christmann*, Berlin 2011.
Riva, Maria: *Meine Mutter Marlene*, München 1992.
Robert-Diard, Pascale: *La Déposition*, Paris 2016.
Robinson, David: *Chaplin. Sein Leben. Seine Kunst*, Zürich 1993.
Robinson, Jeffrey: *Rainier and Grace*, London u. a. 1997.
Robuck, Erika: *Call Me Zelda*, New York 2013.
Rochebrune, Renaud de, und Jean-Claude Hazera: *Les Patrons sous l'Occupation*, Paris 1995.
Rolin, Dominique: »Lettre ouverte à Florence«, in: *L'Infini* 17 (1987). S. 74ff.
Ronald, Susan: *A Dangerous Woman*, New York 2018.
Rosenthal, Philip: *Einmal Legionär*, Hamburg 1980.
Roth, Joseph: *Im Bistro nach Mitternacht. Ein Frankreich-Lesebuch*, hg. von Katharina Ochse, Köln 1999.
Rothschild, Deborah (Hg.): *Making It New. The Art and Style of Sara & Gerald Murphy*, Williamstown, MA, 2007.
Rott, Wilfried: *Das süße Leben der Playboys. Geschichte einer Kultfigur*, Berlin 1998.
Rousso, Henry: *Vichy. Frankreich unter deutscher Besatzung 1940–1944*, München 2009.
Roy, Jules: *Un après-guerre amoureux*, Paris 1995.
Roy, Jules: *Mémoires barbares*, Paris 1989.
Ruggiero, Alain (Hg.): *Histoire de Cannes*, Toulouse 2011.
Ryan, Donna F.: *The Holocaust and the Jews of Marseille*, Urbana, IL, 1996.
Sachs, Maurice: *Der Sabbat. Eine Chronique scandaleuse*, München 1986.
Sacquard de Belleroche, Maud: *Du Dandy au Play-Boy*, Paris 1964.
Sampson, Anthony: *Die Waffenhändler. Von Krupp bis Lockheed. Die Geschichte eines tödlichen Geschäfts*, Reinbek bei Hamburg 1977.
Sartre, Jean-Paul: *Der Aufschub*, Reinbek bei Hamburg 1983.

Savigneau, Josyane: *Marguerite Yourcenar. Die Erfindung eines Lebens*, München 2003.
Sch., H. (Von einer Elsässerin): *An der Riviera*, Straßburg 1902.
Schaenzler, Nicole: *Klaus Mann. Eine Biographie*, Frankfurt am Main/New York 1999.
Schenkar, Joan: *Die talentierte Miss Highsmith*, Zürich 2015.
Scherer, Hans: *Côte d'Azur*, Frankfurt am Main/Leipzig 2007.
Schirach, Henriette von: *Der Preis der Herrlichkeit*, München 2003.
Schopenhauer, Johanna: *Promenaden unter südlicher Sonne. Die Reise durch Frankreich 1804*, Wien 1993.
Schöttker, Detlev, und Erdmut Wizisla: *Arendt und Benjamin. Texte, Briefe, Dokumente*, Frankfurt am Main 2006.
Schulberg, Budd: *Der Entzauberte*, Zürich 1954.
Schweighofer, Anton (Hg.): *Adolf Loos. Entwürfe für den öffentlichen Bau*, Wien 2002.
Scott, W.: *The Riviera*, New York/Toronto/Calcutta 1907.
Sebba, Anne: *That Woman. The Life of Wallis Simpson, Duchess of Windsor*, London 2012.
Seitz, Don C.: *The James Gordon Bennetts. Father and Son*, Indianapolis 1928.
Seldes, George: *Witness to a Century. Encounters With the Noted, the Notorious, and the Three SOBs*, New York 1987.
Sharrar, Jack F.: *Avery Hopwood. His Life and Plays*, Jefferson, NC, 1989.
Shaw, Irwin: *Ende in Antibes*, München u. a. 1979.
Sherry, Norman: *The Life of Graham Greene*, Volume Three: *1955–1991*, London 2004.
Sica, Emanuele: *Mussolini's Army in the French Riviera. Italy's Occupation of France*, Urbana, IL, 2016.
Sieurin, Isabelle: *Qui a tué Eva Freud? Fragments d'une vie à Nice*, Saint-Laurent-du-Var 2018.
Silver, Kenneth E.: *Making Paradise. Art, Modernity, and the Myth of the French Riviera*, Cambridge, MA/New York 2001.
Simenon, Georges: *Le Destin des Malou*, Paris 1947.
Simenon, Georges: *Die Ferien des Monsieur Mahé*, Zürich 1993.
Simenon, Georges: *Die Glocken von Bicêtre*, Zürich 1984.
Simenon, Georges: *Maigret in der Liberty Bar*, Zürich 2008.
Simenon, Georges: *Mit Maigret an die Côte d'Azur. Zwei Romane. Maigret in der Liberty Bar/Maigret und die verrückte Witwe*, Zürich 2015.
Simenon, Georges: *Sonntag*, Zürich 1977.
Simenon, Georges: *Vor Gericht*, Zürich 1989.
Simister, Kirsten: *Living Paint. J. D. Fergusson 1874–1961*, Edinburgh/London 2001.
Slusher, Katherine: *Lee Miller. Roland Penrose. The Green Memories of Desire*, München u. a. 2007.
Smith, Glenn C.: *The Juan-les-Pins Affair*, West Conshohocken, PA, 2007.
Smollett, Tobias: *Travels Through France and Italy*, Wrocław o.J. (Erstausgabe 1766).
Sola, Yann: *Gefährliche Ernte. Ein Südfrankreich-Krimi*, Köln 2017.
Sorman, Joy: *La discothèque*, Paris 2017.
Spada, James: *Grace Kelly. Das geheime Vorleben einer Fürstin*, Berlin 1999.
Spargo, R. Clifton: *Beautiful Fools. The Last Affair of Zelda and Scott Fitzgerald*, New York/London 2013.
Sperling, Warner Cass, und Cork Millner: *Hollywood Be Thy Name. The Warner Brothers Story*, Lexington, KY, 1998.
Spoto, Donald: *Marlene Dietrich. Die große Biographie*, München 2000.
Staël, Nicolas de: *Lettres. Présentées par Pierre Daix*, Neuchâtel 1998.

Standish, Robert: *The Prince of Storytellers. The Life of E. Phillips Oppenheim*, London 1957.
Sternburg, Wilhelm von: *»Als wäre alles das letzte Mal«. Erich Maria Remarque. Eine Biographie*, Köln 2000.
Steve, Michel: *L'architecture Belle Époque à Menton*, Nizza 1998.
Steve, Michel: *Histoire de l'architecture à Nice. De 1830 à nos jours*, Nizza 2018.
Strasburger, E.: *Streifzüge an der Riviera*, Jena 1904.
Summerscale, Kate: *The Queen of Whale Cay*, London u. a. 2008.
Sword, Helen: *Ghostwriting Modernism*, Ithaca/London 2002.
Taylor, Kendall: *The Gatsby Affair. Scott, Zelda, and the Betrayal that Shaped an American Classic*, Maryland 2018.
Theroux, Paul: *An den Gestaden des Mittelmeeres*, Hamburg 1996.
Thies, Heinrich: *Fesche Lola, Brave Liesel. Marlene Dietrich und ihre verleugnete Schwester*, Hamburg 2017.
Tödt, Daniel: *Vom Planeten Mars. Rap in Marseille und das Imaginäre der Stadt*, Wien/Berlin 2011.
Toobin, Jeffrey: *American Heiress. The Wild Saga of the Kidnapping, Crimes and Trial of Patty Hearst*, New York 2017.
Tosan, Pierre: *Dictionnaire d'Antibes Juan-Les-Pins*, Antibes 1998.
Toursier, G. (Hg.): *Guide Régional de Cannes, Antibes L'Esterel*, Valence o. J.
Treves, Frederick: *The Riviera of the Corniche Road*, London/New York u. a. 1921.
Trimborn, Jürgen: *Romy und ihre Familie*, München 2008.
Troller, Georg Stefan: *Ein Traum von Paris. Frühe Texte und Fotografien*, Wiesbaden 2017.
Turnbull, Andrew: *F. Scott Fitzgerald. Das Genie der wilden zwanziger Jahre*, München 1996.
Turnbull, Andrew: *Scott Fitzgerald*, London 2004.
Turner, Margaret: *Last Boat to England. Juan-les-Pins – Whitechapel – Paris*, West Marton 2013.
Tye, Larry: *Bobby Kennedy. The Making of a Liberal Icon*, New York 2016.
Ullmann, Bernard: *Lisette de Brinon, ma mère*, Brüssel 2004.
Urbain, Jean-Didier: *At the Beach*, Minneapolis, MN, 2003.
Urbain, Jean-Didier: *Au Soleil. Naissance de la Méditerranée estivale*, Condé-sur-Noireau 2014.
Vadon, Bernard: *Antibes. Juan les pins*, Paris 1978.
Vaill Amanda: *Everybody Was So Young. Gerald and Sara Murphy. A Lost Generation Love Story*, New York 1999.
Vanderbeke, Birgit: *Gebrauchsanweisung für Südfrankreich*, München 2003.
Vanderbilt, Gloria: *Damals schien all das wichtig zu sein. Die Männer meines Lebens*, München 2010.
Vaughan, Hal: *Sleeping with the Enemy. Coco Chanel's Secret War*, New York 2011.
Veil, Simone: *Und dennoch leben. Die Autobiographie der großen Europäerin*, Berlin 2009.
Verne, Jean-Michel: *Riviera Nostra. L'emprise des mafias italiennes sur la Côte d'Azur*, Paris 2017.
Vilmorin, Louise de: *Par le don de Florence Gould*, Paris o. J.
Vincent, Isabel: *Gilded Lily*, New York 2011.
Vincent, Jean-Yves, und Samuel Dhote: *Côte d'Opale et Audomarois*, Paris 2000.
Violet, Bernard: *La saga Monaco*, Paris 2002.
Vitaglione, Daniel: *A Literary Guide to Provence*, Ohio 2001.

Voswinkel, Ulrike, und Frank Berninger: *Exil am Mittelmeer. Deutsche Schriftsteller in Südfrankreich von 1933–1941*, München 2014.
Vuillard, Éric: *L'ordre du jour*, Arles 2017.
Wagner-Martin, Linda: *Zelda Sayre Fitzgerald. An American Woman's Life*, Chippenham/Eastbourne 2004.
Wallace, Irving: *Palais Rose*, München/Zürich 1977.
Walter, Natasha: *A Quiet Life*, London 2016.
Walton, Emily: *Der Sommer, in dem F. Scott Fitzgerald beinahe einen Kellner zersägte*, Wien 2016.
Waters, Helena L.: *The French & Italian Rivieras*, London 1924.
Waugh, Alec: *A Year to Remember. A Reminiscence of 1931*, London 2012.
Wayne, Jane Ellen: *Grace Kelly's Men*, Oxford/Santa Barbara, CA, 1991.
Weitemeier, Hannah: *Yves Klein. 1928–1962*, Köln 2006.
Welles, Orson: *Mr. Arkadin*, Hamburg 1996.
Werth, Léon: *33 Tage. Ein Bericht*, Frankfurt am Main 2016.
Werth, Léon: *Als die Zeit stillstand. Tagebuch 1940–1944*, Frankfurt am Main 2017.
Weiss, Andrea: *Paris war eine Frau. Die Frauen von der Left Bank*, Reinbek bei Hamburg 2014.
West, James L. W.: *The Perfect Hour. The Romance of F. Scott Fitzgerald and Ginevra King, His First Love*, New York 2005.
White, Cuchi, u. a.: *Rêveuse Riviéra*, Paris 1983.
Widmaier Picasso, Olivier: *Picasso. The Real Family Story*, München u. a. 2004.
Wiesner, A. C.: *Ein Winterfrühling in Nizza*, Leipzig 1859.
Winkler, Daniel: *Transit Marseille. Filmgeschichte einer Mittelmeermetropole*, Bielefeld 2007.
Witte, Ysabel de: *The Romance and Legend of the Riviera*, London o. J.
Wood, Naomi: *Als Hemingway mich liebte*, Hamburg 2016.
Wunderlich, Heinke: *Spaziergänge an der Côte d'Azur der Literaten*, Zürich 1993.
Young, Gordon: *Le Prince Doré. Vie et aventures du Prince Ali Khan*, Paris 1956.
Yourcenar, Marguerite: *Liebesläufe. Eine Familiengeschichte*, München 2003.
Zeepvat, Charlotte: *Queen Victoria's Youngest Son. The Untold Story of Prince Leopold*, London 2013.
Zeitz, Joshua: *Flapper. A Madcap Story of Sex, Style, Celebrity, and the Women Who Made America Modern*, New York 2006.
Zolton, Marilyn und Raymond: *Artists in Light. A Biographical Guide to Southern France*, Bethlehem, NH, 1998.
Zuccotti, Susan: *The Holocaust, the French, and the Jews*, New York 1993
Zweig, Stefan: *Tagebücher*, Frankfurt am Main 1984.

BILDNACHWEIS

Akademie der Künste, Berlin: 99 (Bertolt-Brecht-Archiv, Fotoarchiv 06/110)
akg-images: 29 o. (Sotheby's)
Alinari: 53 (Archivio GBB)
Archives Hôtel Belles Rives, Juan-les-Pins: 91
Beinecke Rare Book and Manuscript Library, Yale Collection of American Literature, Yale University, New Haven: 83 (Gerald Murphy, *On the beach of La Garoupe*, Sara and Gerald Murphy Papers © VG Bild-Kunst, Bonn 2020), 86/87 (Gerald Murphy, *View from Villa America*, Sara and Gerald Murphy Papers © VG Bild-Kunst, Bonn 2020) Bridgeman Images: 29 u. (PVDE)
Commission du Film Alpes-Maritimes Côte d'Azur, Nizza: 35
Dazy, René: 75
Donation Jacques Henri Lartigue, Charenton-le-Pont: 105, 139 (Photographie Jacques-Henri Lartigue © Ministère de la Culture (France)/MAP-AAJHL)
Edward Quinn Archive: 185 (Foto Edward Quinn, © edwardquinn.com)
Getty Images: 69 (Corbis/George Rinhart), 121 (Gamma-Keystone/Keystone-France), 141 u. (Universal Images Group/Photo12)
Hôtel du Cap-Eden-Roc, Juan-les-Pins: 177
imago images: 171 (PanoramiC)
Interfoto: 63 (Mary Evans/Illustrated London News Ltd)
Library of Congress: 55, 57 (George Grantham Bain Collection)
Privatsammlung Lutz Hachmeister: 11 o., 11 u., 21 o., 21 u., 47, 71, 95, 141 o., 161, 163, 167, 181, 195, 203
Varian Fry Institute: 127 (Dr. Hans Cahnmann)

Vorsatz: Paul Signac, *Juan-les-Pins. Soir, 1914*, Privatsammlung © Foto Maurice Aeschimann, Genf; Montreal Museum of Fine Arts
Nachsatz: Pablo Picasso, *Juan-les-Pins, 1924*, Privatsammlung © Succession Picasso/VG Bild-Kunst, Bonn 2020; Bridgeman Images

Der Verlag hat sich bemüht, alle Rechteinhaber ausfindig zu machen, verlagsüblich zu nennen und zu honorieren. Sollte uns dies im Einzelfall aufgrund des Zeitablaufs und der schlechten Quellenlage bedauerlicherweise einmal nicht möglich gewesen sein, werden wir begründete Ansprüche selbstverständlich erfüllen.